CLAUDIA ROSSBACHER

Steirertanz

CLAUDIA ROSSBACHER

Steirertanz

Sandra Mohrs elfter Fall

GMEINER

Immer informiert

Spannung pur – mit unserem Newsletter informieren wir Sie regelmäßig über Wissenswertes aus unserer Bücherwelt.

Gefällt mir!

Facebook: @Gmeiner.Verlag
Instagram: @gmeinerverlag
Twitter: @GmeinerVerlag

MIX
Papier aus verantwortungsvollen Quellen
FSC® C014496

Besuchen Sie uns im Internet:
www.gmeiner-verlag.de

Im Ehnried 5, 88605 Meßkirch
Telefon 07575/2095-0
info@gmeiner-verlag.de

1. Auflage 2021

Lektorat: Claudia Senghaas, Kirchardt
Herstellung: Mirjam Hecht
Umschlaggestaltung: U.O.R.G. Lutz Eberle, Stuttgart
unter Verwendung eines Fotos von: © alamy und Hannes Rossbacher – www.hannes-rossbacher.com
Druck: GGP Media GmbH, Pößneck
Printed in Germany
ISBN 978-3-8392-2861-6

Personen und Handlung sind frei erfunden. Ähnlichkeiten mit lebenden oder toten Personen sind rein zufällig und nicht beabsichtigt.

Zugunsten der Verständlichkeit und Lesbarkeit wurde auf Ausseer Dialekt im Buch weitestgehend verzichtet. Ein Glossar der steirischen beziehungsweise österreichischen Ausdrücke und Abkürzungen befindet sich am Ende.

»Gib deinen Lesern, was sie erwarten,
aber überrasche sie dabei.«

© Claudia Rossbacher

VORWORT DER AUTORIN

Liebe Leserinnen und Leser!

Jedes Jahr aufs Neue versuche ich, dem nebenstehenden Leitspruch mit meinen Steirerkrimis gerecht zu werden, und hoffe, dass mir das auch im vorliegenden elften Fall gelingt. Diesmal wurde ich beim Schreiben des Buches selbst überrascht. Plötzlich war alles anders. Sie ahnen den Grund: Corona.

Ursprünglich hätte *Steirertanz* am Abend des 8. Jänner 2021 erscheinen sollen – beim elften Steirerball in der Wiener Hofburg. So weit der Plan, den der Verein der Steirer in Wien als Veranstalter, der Gmeiner-Verlag und ich bereits vor Jahren geschmiedet hatten.

Als im März 2020 dann der erste Lockdown kam, waren die ersten 50 Seiten des Buches geschrieben. Doch nichts war mehr so, wie es hätte sein sollen. Nichts von der Handlung, die ich im Jänner 2021 angesetzt hatte – damals noch in der Zukunft –, stimmte mehr. Um eine plausible Geschichte zu erzählen, musste die Pandemie auch in den Köpfen meiner Figuren stattgefunden haben. Als gnadenlose Optimistin habe ich im späten Frühjahr noch gehofft, der Steirerball könnte wie geplant im folgenden Winter abgehalten werden, und erst einmal die vorhandenen Seiten »post Corona« umgeschrieben. Mit dem Blick in die Glaskugel habe ich von da an weitergeschrieben und, stets der Realität folgend, etliche Male wieder umgeschrieben.

Spätestens mit den neuerlich steigenden Covid-19-Fallzahlen im Herbst 2020 war klar, dass der Steirerball 2021 nicht wie geplant stattfinden würde. Also habe ich die Handlung kurzerhand in eine fernere Zukunft verlegt. Die Zukunft nach Corona, wenn wir uns alle wieder nahe sein und uneingeschränkt miteinander feiern dürfen. Ob alles so eintreffen wird wie in der Fiktion, darf bezweifelt werden, soll Ihren Lesegenuss aber keinesfalls schmälern.

So lade ich Sie nun herzlich ein, mit den LKA-Ermittlern Sandra Mohr und Sascha Bergmann ins Ausseerland zu reisen, das seit der Entdeckung der Sommerfrische Mitte des 19. Jahrhunderts als besonderer Anziehungspunkt vor allem, aber schon lange nicht mehr nur, für Wiener gilt. Die Ermittlungen führen vom Steirischen Salzkammergut zum Showdown am Steirerball in die Hofburg, auf den ich mich schon jetzt freue. Wann auch immer er stattfinden wird können.

Passen Sie gut auf sich und andere auf und bleiben Sie gesund!

Herzlich

Ihre Claudia Rossbacher

PS.: Über Ihre Rezensionen im Internet oder persönlichen Zuschriften an office@claudia-rossbacher.com freue ich mich. Sollten Sie Fehler im Buch entdecken, können Sie mir diese gerne per E-Mail melden, damit sie in den nächsten Auflagen nicht wieder auftauchen. Vielen Dank!

Reinischkogel, im November 2020

PROLOG

Freitag, 8. Jänner
Wien

Kaum hatte das Taxi das Burgtor passiert, geriet der Verkehr ins Stocken. Und wieder addierte das Taxameter 20 Cent zum Fahrpreis hinzu. Angespannt blickte sie auf ihr Handy. Der VIP-Empfang am Steirerball in der Hofburg würde ohne sie beginnen müssen. Für den Einzug der Ehrengäste war sie allemal früh genug dran.

Aus dem Radio schmetterte Falco *Vienna Calling*. Wie lange war es eigentlich her, dass das Idol ihrer Mutter tödlich verunglückt war? Beinahe ein Vierteljahrhundert, rechnete sie zurück. Zum Zeitpunkt seines Verkehrsunfalls in der Dominikanischen Republik war sie keine zehn Jahre alt gewesen. Nichtsdestotrotz erinnerte sie sich noch sehr gut an die Todesnachricht. Denn von da an war nichts mehr wie zuvor gewesen.

Ihre Mutter weinte tagelang, als wäre ein guter Freund von ihr gegangen, und konnte sich kaum beruhigen. Seither fuhr sie nur mehr ungern mit dem Auto, litt auf Überlandstrecken unter Panikattacken. Nach und nach kamen immer weitere Phobien hinzu. Psychopharmaka, Suizidversuche, psychiatrische Klinik.

Der Vater ignorierte den labilen Zustand seiner Ehefrau, die er einfach nicht verstehen konnte. Oder wollte. Lieber genoss er sein Leben, vergnügte sich mit anderen Frauen, während sich die eigene fast zu Tode fürchtete, bis sie schließlich gemeinsam ums Leben kamen. Ausgerechnet bei einem Verkehrsunfall wie zehn Jahre zuvor der große österreichische Popstar.

Auf der Fahrt von Wien ins Steirische Salzkammergut geriet der Vater im Tanzenbergtunnel auf die Gegenfahrbahn, krachte frontal in einen Lkw. Sekundenschlaf, nahmen die Sachverständigen an. Wegen Sanierungsarbeiten war nur eine Tunnelröhre befahrbar gewesen. Der Lkw-Fahrer kam mit einem Schock davon. Die beiden Pkw-Insassen verstarben noch an der Unfallstelle. An jenem verregneten Juliabend warteten die 20-jährigen Töchter vergeblich auf ihre Eltern.

Und jetzt war eine von ihnen gestorben. Sie konnte es nicht fassen, dass ihre Schwester tot war.

Der finstere Blick des jungen Taxifahrers begegnete ihr im Rückspiegel. Dunkle, funkelnde Augen. Schwarze buschige Brauen. Große, krumme arabische Nase. Dichter Vollbart. Ob er einer dieser radikalen Islamisten war, die nur darauf warteten, im Namen Allahs unschuldige Menschen zu ermorden? Je mehr, desto besser? Wie jener Attentäter, der am Abend vor dem zweiten Corona-Lockdown wahllos in der Wiener Innenstadt um sich geschossen und dabei mehrere Personen verletzt und getötet hatte. Beim Anblick des Taxlers drohte die Fantasie mit ihr durchzugehen. Sie wandte sich ab, sang im Geist den Refrain mit Falco mit. »Oh-oh, Vienna Calling …«

Der schmerzhafte Gedanke an die verstorbene Schwester ließ sich nicht so einfach abschütteln. Länger als zwei Wochen waren sie noch nie voneinander getrennt gewesen.

Lilli und Luise.

Luise und Lilli.

Die Lex-Zwillinge.

Ein Herz und eine Seele.

Ohne ihre zweite Hälfte fühlte sie sich verloren, mutterseelenallein auf dieser Welt. Wie sollte sie bloß ohne sie weiterleben? Ihre beste Freundin, ihre großherzige Schwester, die ihr Leben für sie gegeben hätte?

Sie durfte jetzt nicht an sie denken. Schon gar nicht an ihren gewaltsamen Tod. Die Trauer lastete zentnerschwer auf der Brust, raubte ihr die Luft zum Atmen. Die Angst kroch über ihren Rücken bis in den Nacken hinauf, krallte sich dort fest, ließ sie zittern.

Ob sie noch eine Beruhigungspille schlucken sollte? Lieber nicht. Sie musste einen klaren Kopf bewahren, sich ablenken, um ihre Gefühle, so gut es ging, zu verdrängen. Sie schaute aus dem Fenster, konzentrierte sich auf die Fußgänger, die an der Blechkolonne vorbeihuschten. Die meisten paarweise oder in Grüppchen. Alle in Tracht unter ihren dicken Jacken und Wintermänteln. Bestimmt würden sie schneller an ihr Ziel gelangen als die Fahrgäste, die in den Taxis und Limousinen ausharrten.

Ob sie aussteigen und ebenfalls zu Fuß gehen sollte? Nein, das war stillos, entschied sie sich dagegen. Eine Lilli Lex fuhr vor, nahm den Haupteingang, stellte sich der Öffentlichkeit. Gerade jetzt. Nach allem, was passiert war. Außerdem blies da draußen dieser grässliche Wind, der beinahe ständig um die Häuser ihrer Geburtsstadt wehte.

Die Winter in Wien fand sie schrecklich. Von November bis Februar lag meist Hochnebel über der Stadt, der alles in schäbiges Grau tauchte. Die Sonne zeigte sich nur selten, was über kurz oder lang aufs Gemüt drückte. Wenn es schneite, verkam der Schnee binnen kürzester Zeit zu dreckigem Gatsch. Kaum war es wärmer, sorgte der Rollsplitt für staubige Straßen, Autos und Fensterscheiben. Bis weit in das Frühjahr hinein.

Die schwülen Sommer in der Stadt waren kaum besser. Wer es sich leisten konnte, verbrachte die Ferien in den Bergen oder an den Seen. Die Sommerfrische hatte in Österreich Tradition. Selbst der Kaiser hatte sich seinerzeit lieber im Salzkammergut als in der Hofburg aufgehalten. Sein Hofstaat, Adelige, Künstler, Literaten und wohlhabende Industrielle folgten ihm. Auch ihr Ururgroßvater hatte eine Villa am Grundlsee gebaut, damit die Familie fortan ihre Ferien dort verbringen konnte. Wann immer es die Arbeit des Zuckerlfabrikanten aus Wien zuließ, schaute er selbst für einige Tage in der *Lex-Villa* vorbei.

Jetzt lag das altehrwürdige Haus in Schutt und Asche, die Leiche ihrer Schwester im Kühlfach der Grazer Gerichtsmedizin. Die Tränen schnürten ihr den Hals zu. Der Kloß ließ sich kaum hinunterschlucken. Sie durfte nicht weinen. Nicht hier, nicht jetzt. Vielleicht später.

KAPITEL 1

Sechs Tage zuvor
Samstag, 2. Jänner

1.

Graz

»Happy Birthday, liebe Sandra, happy Birthday to you!« Die letzten Töne der Gäste waren noch nicht verklungen, als sich Sandra Mohr über ihre Geburtstagstorte beugte, um die Kerzen darauf auszublasen. 43 hätten es sein müssen. Aus Platzmangel hatte ihre beste Freundin die selbst gebackene Kürbiskern-Schilcher-Torte mit zwei Ziffernkerzen dekoriert. Die beiden Traubengelee-Kreise dürfe man durchaus als Handschellen interpretieren, erklärte Andrea. Was lediglich auf den Beruf des Geburtstagskindes anspielen sollte, setzte sie vor versammelter Gästeschar hinzu, die herzlich darüber lachte.

Einzig die Abteilungsinspektorin des LKA Steiermark fand den Kommentar der Freundin, der sie an ihr nicht vorhandenes Liebesleben erinnerte, überhaupt nicht witzig. Möglicherweise hatte Sascha Bergmann ja recht, und sie war wirklich völlig humorbefreit, wie ihr der Chefinspektor gelegentlich vorwarf.

Wo waren nur all die Jahre geblieben, fragte sich Sandra insgeheim. Halbzeit. Wenn sie Glück hatte und die durchschnittliche Lebenserwartung einer Grazerin erreichte. Ihre Kindheit und Jugend am Land brachten ihr vielleicht noch ein paar Bonuswochen oder sogar -monate ein. Rein theoretisch. Falls nicht wieder eine Seuche ausbrach, sie der Krebs oder eine andere tödliche Krankheit frühzeitig dahinraffte. Oder diese verrückte Welt vorher unterging.

Sie holte tief Luft. Wenngleich es ein Kinderspiel war, die beiden Kerzen mit einem Atemzug auszublasen. Umso schwieriger fand sie es, sich das Richtige zu wünschen. Ihren Kinderwunsch hatte sie bereits an den sprichwörtlichen Nagel gehängt. Ein liebe- und verständnisvoller Mann kam ihr in den Sinn. Allerdings hatte sie kein Glück mit Männern. Gesundheit. Ja, Gesundheit wünschte sie sich. Ohne die war alles nichts wert. Das hatte ihr nicht erst die Corona-Pandemie klargemacht, die Millionen Todesopfer gefordert und der Wirtschaft eine tiefe Rezession beschert hatte, wie die Welt sie zuletzt in den 1930er-Jahren gesehen hatte. Dabei war man hierzulande vergleichsweise glimpflich davongekommen.

Noch näher war Sandra die Sepsis gegangen, an der Sascha Bergmann beinahe gestorben wäre. Nach einem Wespenstich, der sich entzündet hatte. Es hatte Monate gedauert, bis der Chefinspektor nach seinem Nierenversagen genesen und wieder einsatzfähig war. Eines der beiden Organe hatte die Funktion nicht mehr aufgenommen, die andere Niere sich nahezu vollständig regeneriert. Eine lebenslange Dialyse oder Organtransplantation war ihm glücklicherweise erspart geblieben. Mittlerweile fühlte er sich wieder topfit. Nur das Taekwondo-Training hatte er zum Schutz seiner intakten Niere aufgegeben und seither ein paar Kilo um die Leibesmitte herum zugelegt. Dafür, dass er in zwei Jahren seinen 50er feierte, war er aber noch recht gut in Schuss, fand Sandra. Sie hob ihr Sektglas, bedankte sich bei ihren Gästen für das Ständchen und prostete ihnen zu.

Bergmann sah sie an, als hätte er ihre letzten unausgesprochenen Gedanken gelesen. Das Grinsen verging ihm, als er sein vibrierendes Handy aus der Sakkotasche holte.

Dass er in die Küche verschwand, um den Anruf entgegenzunehmen, ließ Sandra nichts Gutes ahnen. Aktuell waren einige Kollegen des LKA mit Infekten im Krankenstand. Seit Corona war es ihnen ausdrücklich untersagt, mit Fieber oder anderen grippeähnlichen Symptomen den Dienst in der Landespolizeidirektion anzutreten. Bergmann und Sandra fühlten sich aktuell gesund und waren auf Stand-by. Geburtstag hin oder her.

»Herzlichen Glückwunsch, meine Liebe!«, lenkte Andrea ihre Aufmerksamkeit auf sich und drückte Sandra das Messer in die Hand. »Worauf wartest du? Los, schneid die Torte an!«

»Andrea!«, rügte ihr Mann sie für ihre vermeintliche Gier.

Einige Gäste kicherten.

Dass die groß gewachsene Blondine zu genießen verstand, verrieten ihre üppigen Kurven. Während der Corona-Ausgangsbeschränkungen hatte die fantastische

Köchin ihre Leidenschaft fürs Backen entdeckt. Wie so viele in dieser Zeit. Nach dem ersten Run auf Toilettenpapier und Nudeln hatte kurz vor Ostern ein Engpass bei Germ geherrscht. Das war längst kein Thema mehr. Doch wer wusste schon, was die Zukunft bringen würde?

Sandra posierte mit dem Messer und der Torte für jene Freunde, die sie fotografieren wollten, wenngleich keiner dieser Schnappschüsse auf den Social Media-Plattformen gepostet oder anderweitig veröffentlicht werden durfte. Das wussten sie alle. »Riesling«, lächelte sie in die Smartphones, anstatt das übliche »Cheese« zu bemühen. Eine Topfentorte mit Erdbeeren wäre ihr fast noch lieber gewesen. Doch die Erdbeersaison war nun mal vorbei. Ebenso die Zeiten, in denen sie zu Obst und Gemüse gegriffen hatte, das um die halbe Welt geflogen werden musste, ehe es in den Supermarktregalen landete.

Eingekauft wurde möglichst nur mehr regional und saisonal am Bauernmarkt auf dem Lendplatz, Kaiser Josef Markt oder direkt ab Hof. Das sah Andrea genauso wie sie. Wobei die Freundin das Glück hatte, in der Erdbeersaison ihren Geburtstag zu feiern. Den unsensiblen Kommentar hatte sie ihr längst verziehen. Schließlich war sie von Bergmann schlimmere Sprüche gewöhnt. Sandra schnitt die Torte an und reichte Andrea den Teller. »Das erste Stück geht an die Zuckerbäckerin!«

»Danke, Schatzi! Ich hoffe, sie schmeckt dir.« Freudig leerte Andrea ihr Glas und nahm den Teller an sich.

»Ganz bestimmt. Sekt wird gleich nachgeliefert«, versprach Sandra. »Kaffee und Tee nehmt euch bitte selbst. Steht alles dort drüben.« Mit dem Messer wies sie zu den Thermoskannen und dem Kaffeegeschirr auf der Kommode, bevor sie weitere Segmente aus der Torte schnitt.

Kaum waren die ersten Kuchenteller ausgeteilt, kehrte Bergmann aus der Küche zurück. Lächelnd streckte sie ihm sein Tortenstück entgegen.

Sein Gesichtsausdruck verhieß nichts Gutes. »Wir müssen leider ein andermal weiterfeiern«, raunte er ihr zu, als er seinen Teller übernahm.

Sandra war das Lächeln vergangen.

»Das ist doch nicht dein Ernst, Sascha«, protestierte Andrea, die direkt neben ihnen stand. »Das Jahr hat noch nicht einmal richtig begonnen.«

»Für den Täter leider schon«, erwiderte er leise. »Kommst du mit mir in die Küche, Sandra?«

Sie nickte. »Kannst du bitte weiter Torte austeilen?«, fragte sie ihre Freundin.

Seufzend stellte Andrea ihren Teller beiseite. »Sicher kann ich das«, meinte sie wenig begeistert, dennoch hilfsbereit. »Was für einen scheiß Job ihr doch habt's«, maulte sie ihnen unverblümt hinterher. Und wusste ganz genau, wovon sie sprach. Sandras spontane Einsätze kannte sie seit etlichen Jahren. Dazu hatte sie mit Robert auch noch einen Polizisten des Sondereinsatzkommandos Cobra Süd geheiratet.

Sandra schloss die Küchentür hinter sich. »Andrea hat vollkommen recht. Ein scheiß Job ist das«, schimpfte sie.

»Aber irgendwer muss ihn machen.« Bergmann lehnte sich gegen den Küchentisch.

Sandra seufzte. »Dann schieß los!«

Bergmann hatte die Filterkaffeemaschine im Visier, die Sandra eigens für die Geburtstagsfeier aus dem Kellerabteil geholt hatte. Sie selbst trank kaum Kaffee, sondern lieber Tee. »Bekomme ich einen Kaffee? Dann erzähl ich dir, was ich weiß«, sagte er. Dass eine Thermoskanne mit seinem Lieblingsgetränk im Wohnzimmer stand, war ihm wohl entgangen.

»Ich mach dir einen Espresso«, bot Sandra ihm an. Der war ihm sowieso lieber als Filterkaffee, wusste sie.

Bergmann schob sich das erste Stück Torte in den Mund, während Sandra in die Hocke ging, um den Espressokocher von ganz hinten aus dem Küchenkasten hervorzukramen. »Und? Wie schmeckt dir die Torte?«, fragte sie, als sie sich wieder umwandte.

»Sensationell.« Bergmanns Daumen zeigte nach oben. »Magst kosten?«

Sandra stellte den Espressokocher auf die Arbeitsplatte. Sein Angebot lehnte sie dankend ab. »Die Kaffeetassen und Häferln sind alle im Wohnzimmer. Ich geb dir am besten einen Thermosbecher. Den kannst du gleich für die Fahrt mitnehmen. Ach ja, Zucker findest du im Kasten dort drüben.«

Bergmann schob sich einen weiteren Bissen von der Torte in den Mund, ehe er im Hochschrank nach dem Zucker suchte.

Sandra befüllte den unteren Teil des Espressokochers mit Wasser, den Siebeinsatz mit gemahlenem Kaffee, schraubte das Oberteil der Alukanne wieder drauf und stellte sie auf das rot glühende Ceranfeld.

Währenddessen schilderte Bergmann ihr mampfend, was ihm Lubensky von der Landesleitzentrale berichtet hatte. Vergangene Nacht war ein Wohnhaus im Ausseerland abgebrannt, in der Brandruine eine weibliche Leiche aufgefunden worden. Allem Anschein nach die Hausbesitzerin. Die Brandexperten des LKA hatten sich vor Ort bereits umgesehen und gingen von Brandstiftung aus. Ein Mord war nicht auszuschließen. »Wir sollten gleich aufbrechen«, beschloss Bergmann seine Schilderung.

Mit Schaudern erinnerte sich Sandra an den ausgebrannten Stall im südoststeirischen Oberlamm, in dem vor einigen Jahren eine verkohlte Frauenleiche aufgefunden worden war. Damals hatte sie um Andreas Leben bangen müssen und war schließlich selbst in Gefahr geraten.

Das Brodeln im Espressokocher ließ sie aufhorchen und den Herd ausschalten. Auch die Kaffeelöffel lagen alle auf der Kommode im Wohnzimmer, fiel ihr ein. Sie reichte Bergmann einen langstieligen rosa Plastiklöffel aus der Bestecklade, während das Brodeln stärker wurde.

Argwöhnisch betrachtete er den Löffel, als wäre er allergisch gegen die Farbe, das Plastik oder gegen beides.

Sandra hob den Espressokocher vorsichtig vom Herd. Dennoch vergoss sie einige Kaffeetropfen, die zischend auf dem glühenden Ceranfeld tanzten, ehe sie dort verdampften.

»Wo genau im Ausseerland war denn dieser Brand?«, wollte sie wissen. Zügig wischte sie mit dem feuchten Schwammtuch über die heiße Herdplatte.

»Grundlsee. Die Adresse und Koordinaten wollte dir Lubensky gleich aufs Handy schicken.«

Dann hatte er das bestimmt längst getan, war sich Sandra sicher. Ihr Smartphone musste auf dem Wohnzimmertisch liegen, erinnerte sie sich und reichte Bergmann den vollen Thermosbecher. Von seiner Torte war nicht mehr viel übrig, stellte sie fest, während er seinen Kaffee ausgiebig zuckerte, umrührte und daran nippte. »Der schmeckt ausgezeichnet«, lobte er den Kaffee. »Was ist das für einer?«

Sandra reichte ihm die Packung, die Andrea neulich dagelassen hatte, damit sie ihren Lieblingskaffee aus Biobohnen jederzeit auch bei Sandra trinken konnte.

»Stainzer Kaffee, Äthiopien Hochland«, las Bergmann von der Packung ab.

»Frag am besten Andrea, woher sie den hat.«

»Ich nehme an, aus Stainz?«

»Oder aus Äthiopien?«

Bergmann grinste.

»Was mache ich denn jetzt mit meinen Gästen? Ich kann sie doch nicht wieder heimschicken«, überlegte Sandra laut.

»Andrea soll sich um sie kümmern. Wozu hat man denn Freunde?« Er schob sich das letzte Tortenstück in den Mund.

»Kein Wunder, dass du keine hast«, entgegnete Sandra stirnrunzelnd.

»Solange du an meiner Seite bist, brauche ich keine Freunde, *Liebling*«, erwiderte er schmatzend.

»Sascha!«, warnte ihn Sandra.

Er grinste sie mit vollen Backen an.

Sandra seufzte. »Na schön, was bleibt mir anderes übrig? Wenn du sofort aufbrechen möchtest, frage ich halt Andrea.«

Bergmann schluckte den letzten Bissen hinunter. »Vergiss deine Zahnbürste nicht.«

Sandra schnitt eine Grimasse. Als hätte sie nicht ohnehin immer eine gepackte Reisetasche für weiter entfernte Einsätze parat gehabt. Genervt nahm sie ihm den leeren Teller samt Kuchengabel ab und steckte beides in den Geschirrspüler. Dann holte sie zwei Flaschen *Blanc de Blancs Sekt* aus dem Kühlschrank und legte zwei neue nach.

Zurück im Wohnzimmer überreichte sie die eisgekühlten Flaschen ihrer besten Freundin und bat sie, die Gäste weiterhin mit Getränken und den vorbereiteten Häppchen zu bewirten. Solange der Vorrat eben reichte. Zum Abendessen hatte sie glücklicherweise nicht eingeladen. Wohl wissend, dass sie schlimmstenfalls zu einem Einsatz gerufen werden konnte. Dennoch war es ihr unangenehm, dass es nun tatsächlich so weit gekommen war, entschuldigte sie sich zum Abschied bei ihren Gästen.

Niemand schien ihr böse zu sein. Alle, außer ihr, waren bestens gelaunt. Auch Andrea wirkte wieder vergnügt.

»Würdest du mir bitte ein Stück Torte aufheben?«, wandte sich Sandra noch einmal an sie.

»Ich stell es dir in den Kühlschrank. Oder soll ich's lieber einfrieren? Wer weiß, wann du wieder nach Hause kommst?«

Sandra seufzte erneut. »Heute vermutlich nimmer. Hoffentlich morgen. Stell's bitte in den Kühlschrank, ja?«

»Wird gemacht. Ich schalte dann den Geschirrspüler ein, wenn die Party vorbei ist«, versprach Andrea.

»Hast du meinen Wohnungsschlüssel mit?« Die Freundinnen hatten diese schon vor Jahren untereinander ausgetauscht. Für solche und ähnliche Notfälle, die bereits eingetreten waren und vielleicht noch eintreten würden.

Andrea nickte. »Ich sperr die Tür dann ab.«

Sandra lächelte die Freundin dankbar an, ehe sie Bergmann aus dem Wohnzimmer folgte.

2.

Kurz vor Stainach warf Sandra einen Blick auf das Armaturenbrett des zivilen Dienstwagens. Unterwegs war die Außentemperatur auf minus sechs Grad Celsius gesunken. Zehn Grad weniger als bei ihrer Abfahrt vor anderthalb Stunden in Graz, wo es für die Jahreszeit ziemlich warm war. Außer ein paar unergiebigen Flocken im November hatte es in der Landeshauptstadt in diesem Winter noch gar nicht geschneit.

Auch den Jahreswechsel hatte Sandra bei Plusgraden im Freien gefeiert. Beim raketenfreien Silvesterspektakel am Hauptplatz, das nach Corona-bedingter Absage im Vorjahr heuer wieder stattgefunden hatte. Vereinzelt waren aus den Nebengassen der Altstadt verbotene Böller zu hören, noch weiter entfernt Raketen am Nachthimmel zu sehen gewesen. Am Hauptplatz selbst schossen die Wasserfontänen bis übers Rathaus hinaus in die Höhe, eindrucksvoll choreografiert zu Musik, Licht- und Feuereffekten. Was in einer klirrend kalten Winternacht geschehen würde, wenn das Wasser in der Luft gefror und als Eisregen auf die umstehende Menschenmenge herniederprasselte, wollte sich Sandra lieber nicht ausmalen. Oder würde das Silvesterspektakel bei Minusgraden abgesagt werden? Die extradicke Salzschicht, die vorsichtshalber auf dem Hauptplatz gestreut worden war, konnte kaum verhindern, dass dieser sich zumindest stellenweise in eine gefährliche Eisfläche verwandelte. Anscheinend vertrauten die Veranstalter auf die Erderwärmung. Auch Sandra konnte auf Eis und Matsch in der Stadt verzichten. Ein paar Bäume auf dem mit Beton versiegelten Hauptplatz, die an heißen Sommertagen Schatten spendeten und für Abkühlung sorgten, hätte sie sich dennoch gewünscht.

Sie folgte weiterhin der Ennstal-Bundesstraße. Die Gipfel der verschneiten Berge leuchteten in der untergehenden Sonne. Heuer war der Schnee dort, wo er hingehörte. In den Alpen. Wenn auch nicht in solchen Massen wie im Winter 2019/20, als die Obersteiermark regelrecht im Schnee versunken war. Bis zu zehn Meter hohe Schneewehen hatte man damals am Altausseer Loser gemessen. Und auch andernorts Rekordwerte verzeichnet. Ein kurzes Schnaufen an ihrer Seite ließ sie zu ihrem Beifahrer hinüberblicken.

Bergmann döste vor sich hin.

Wenigstens konnte sie sich ungestört dem Verkehr und dem Alpenglühen widmen. Vor ihnen thronte Schloss Trautenfels auf einem Felsvorsprung über der Enns. Rechter Hand ragte der schneebedeckte Grimming eindrucksvoll in den Abendhimmel. Früher hatte man den mächtigen frei stehenden Gebirgsstock für den höchsten Berg der Steiermark gehalten. Jedoch reichte das Dachsteingebirge noch um einiges höher hinauf, bis zum Gipfel des Hohen Dachsteins auf fast 3.000 Meter.

An der Ampel hielt Sandra an und setzte den Blinker, um gleich auf die Salzkammergutstraße abzubiegen, als Bergmann die Augen öffnete und sich umsah. Auf seiner Seite lag die Ortschaft Pürgg malerisch auf einem kleinen Felsplateau.

»Na? Ausgeschlafen?«, erkundigte sich Sandra.

Bergmann antwortete mit einem Gähnen.

»Voll schön hier, gell?«, fragte sie rein rhetorisch. Sandra wusste genau, dass der gebürtige Wiener kein Freund der Berge war. Unabhängig von der Jahreszeit. Nomen est omen traf gewiss nicht auf *Berg*mann zu. Woher auch immer sich sein Familienname ableitete. Ebenso wenig konnte sich der Chefinspektor mit Bergbewohnern anfreunden. Was zumeist auf Gegenseitigkeit beruhte. Weiter als bis zum nächsten Grat oder Gipfel können die engstirnigen Provinzler nicht sehen, war er überzeugt. Selbstredend galt das für ihn auch im übertragenen Sinn. In einigen Fällen mochte er damit sogar recht haben. Sandra glaubte auch, dass die Mentalität der Menschen nicht zuletzt von der Landschaft geprägt wurde. Aber sie versuchte wenigstens, ihnen möglichst vorurteilsfrei zu begegnen. Selbst wenn das nicht immer ganz einfach war.

Der Blick nach Tirol zeigte, dass Felix Mitterer mit seiner *Piefke-Saga* sogar noch untertrieben hatte. An Weitblick fehlte es im »Heiligen Land« so manchem, der auf Profite aus der Tourismuswirtschaft nicht verzichten wollte. Selbst wenn er Menschenleben gefährdete. Warum sonst hatte man Liftanlagen und Bars in Ischgl nach Bekanntwerden der ersten Covid-19-Fälle erst nach Tagen geschlossen? Wäre verantwortungsvoll und unverzüglich reagiert worden, hätte sich das Corona-Virus nicht dermaßen rasant in halb Europa verbreiten können. Aber nachher war man bekanntlich immer schlauer. Hoffentlich. Am Imageschaden und an den Schadenersatzprozessen hatte nicht nur Tirol, sondern ganz Österreich zu kiefeln gehabt.

Bergmann blieb ihr eine Antwort schuldig und widmete sich seinem Smartphone.

Sandra musste schmunzeln. Nicht zum ersten Mal fiel ihr auf, dass sie sich wie ein altes Ehepaar verhielten. Wenngleich sie nicht unterwegs in den Urlaub waren, sondern zu einem Einsatzort, um die Ermittlungen in einem mutmaßlichen Tötungsdelikt aufzunehmen.

Endlich schaltete die Ampel auf Grün. »Schau mal, dort oben liegt Pürgg!«, sagte Sandra. »Der steirische Heimatdichter Peter Rosegger hat dem romantischen Örtchen seinerzeit den Namen ›Steirisches Kripperl‹ verpasst.«

Bergmann blickte über seine Lesebrille hinweg und gähnte demonstrativ.

»Die Häuser und Gassen drängen sich um zwei Kirchengebäude herum. Um die Pfarrkirche und die Johanneskapelle, die für ihre romanischen Fresken bekannt ist«, gab sie die Fremdenführerin. Weniger um Bergmanns Interesse zu wecken als aus Stolz auf ihre steirische Heimat.

Ihr Beifahrer war längst wieder mit seinem Handy beschäftigt.

»Jetzt schau dir doch wenigstens die wunderbare Landschaft an, bevor es finster wird!«

»Ich hasse Landschaft«, brummte Bergmann, ohne aufzublicken. »Noch dazu, wenn Schnee liegt.«

Sandra verdrehte die Augen. Das konnte ja heiter werden. Landschaft gab es im Salzkammergut reichlich. Vor allem Berge und Seen. Dazu Schnee in Hülle und Fülle. Sie verzichtete darauf zu erwähnen, dass sich die gesamte weitestgehend autofreie Ortschaft in den ersten beiden Adventwochen in einen zauberhaften Weihnachtsmarkt verwandelte. Mangels Interesse ihres Beifahrers behielt sie auch für sich, dass in Pürgg nicht die üblichen Standln, sondern Ställe, Garagen, Tennen und Privathäuser der Bewohner als Ausstellungs- und Verkaufsräume dienten, in denen vor allem traditionelles Kunsthandwerk präsentiert wurde. Dazu gab es musikalische Darbietungen, stimmungsvolle Lesungen und Führungen in der Kirche beziehungsweise Kapelle. Entsprechend gut besucht war der *Advent auf der Pürgg* alle Jahre wieder. Außer 2020, als er, wie die meisten Veranstaltungen, der Corona-Pandemie zum Opfer gefallen war.

Nichts von alledem interessierte den Chefinspektor. Weder zählte er zu den Romantikern, noch war er ein Fan von Weihnachten oder anderen Familienfesten, wusste Sandra. Die letzten beiden Punkte trafen allerdings auch auf sie zu.

»Wie lange brauchen wir noch bis zum Einsatzort?« Bergmann steckte sein Handy ein.

»Eine halbe Stunde ungefähr«, schätzte Sandra. Linker Hand würde jeden Moment die Kulm Skiflugschanze auftauchen. Bei Kainisch musste sie dann von der Salzkammergutstraße in Richtung Grundlsee abfahren. Ab Gößl würde sie dem Navi vertrauen müssen, um ohne Umwege ans Ziel zu gelangen, das irgendwo am hintersten Winkel am Grundlsee lag.

Bergmann wollte sich dort zuallererst die Brandruine ansehen, außerdem mit dem Brandexperten und den Ausseer Polizisten sprechen, um sich ein möglichst umfassendes Bild zu machen.

3.

Am Einsatzort wurden die Ermittler bereits erwartet. Ein silberfarbener Minibus mit Grazer Kfz-Kennzeichen und ein Streifenwagen standen vor dem Polizei-Absperrband, das die Brandruine vor gleichwohl unerlaubten wie gefährlichen Zutritten absicherte.

Der Boden war an dieser Stelle spiegelglatt, stellte Sandra fest, als sie den Wagen abbremste. Anscheinend hatte die Feuerwehr mit Streusalz gespart.

Bergmann erstarrte mit schreckgeweiteten Augen, während Sandra den rutschenden Wagen abfing und rechtzeitig vor dem Flatterband zu stehen kam. »Meine Nerven«, beschwerte er sich und blies Luft aus.

»Geh bitte …« Sandra war in den Bergen aufgewachsen, hatte dort ihren Führerschein gemacht und kam entsprechend gut mit winterlichen Straßenverhältnissen zurecht. Im Gegensatz zu Bergmann, der ein hundsmiserabler Autofahrer war und es tunlichst vermied, sich hinters Steuer zu setzen. Lieber ließ er sich von ihr herumkutschieren. Noch dazu war sein Orientierungssinn unterentwickelt. Seine Ortskenntnisse in der Steiermark sowieso.

Im Licht der Autoscheinwerfer erkannte Sandra, dass das gemauerte Erdgeschoß dem Feuer einigermaßen standgehalten hatte. Das Dach und die ortsüblichen Holzelemente des Hauses wie die Fassade, Veranden, Balkone und das Obergeschoß waren ein Raub der Flammen geworden. Ebenso der angrenzende Schuppen. Oder war das eine Garage gewesen? So genau ließ sich das im Dunkeln nicht feststellen.

Unwillkürlich kam Sandra die Brandleiche im Vulkanland in den Sinn. Der Anblick des verkohlten Körpers mit den abgespreizten Armen und den angewinkelten Beinen hatte sich in ihrem Gedächtnis eingebrannt. Fechterstellung nannten die Mediziner diese Haltung, die durch die hitzebedingte Schrumpfung der Muskeln und Sehnen zustande kam. Die Oberhaut platzte auf, was den typischen Eindruck von Schnittverletzungen bei Brandopfern hinterließ. Wurde der Dampfdruck im Schädelinneren zu hoch, barst die Schädeldecke. Sandra spürte Übelkeit aufkommen. Wenngleich ihr ein ähnlich grausiger Anblick diesmal erspart bleiben würde. Die Brandleiche war längst nach Graz überstellt worden, wo sie am Montag, gleich in der Früh, obduziert werden sollte. Der Leichenöffnung in der Gerichtsmedizin wollte Bergmann beiwohnen, wofür sie ihm insgeheim sehr dankbar war. Sie öffnete ihren Sicherheitsgurt, schloss die Augen und atmete einige Male tief durch, während der Chefinspektor im Handschuhfach nach der Taschenlampe kramte. Die leuchtete weiter als die Handy-App.

Als Sandra wieder aufblickte, sah sie zwei uniformierte Kollegen, eine Frau und einen Mann, die geschickt auf die Brandruine zuschlitterten. Das andere Paar in Zivilkleidung, das sie vom LKA in Graz kannte, folgte ihnen weitaus vorsichtiger.

Dem Wagen entstiegen, setzte Sandra ihre Haube auf und zog den Reißverschluss ihres Anoraks bis zum Kinn hoch. In der Nähe des »Steirischen Meers«, wie der Grundlsee als größter See der Steiermark auch genannt wurde, fühlten sich die minus neun Grad Celsius, die das Außenthermometer zuletzt angezeigt hatte, noch kälter an. Sie ließ ihre Hände in die Handschuhe gleiten und wickelte den Wollschal mehrfach um ihren Hals.

Bergmann rutschte aus, konnte sich aber wieder fangen. Der Kraftausdruck, der seinem Mund entwich, bildete eine Atemwolke vor seinem Gesicht, die sich rasch auflöste.

Selbst schuld, dachte Sandra. Warum zog er keine Winterschuhe an? Kein vernünftiger Mensch trug zu dieser Jahreszeit Sneakers. Schon gar nicht in den Bergen. Dafür Haube und Handschuhe. Sein dünner Baumwollschal eignete sich bestenfalls für den Herbst oder fürs Frühjahr. Seine Jacke zählte bestimmt auch nicht zu den allerwärmsten.

»Aufpassen!«, rief ihnen die Landpolizistin zu. »Haltet's euch weiter links, damit's net herfallt's!«

»Ich falle nicht *her*, sondern höchstens *hin*«, schnauzte Bergmann zurück. Als ob die abweichenden Ausdrücke der Wiener und Steirer einen Unterschied gemacht hätten. Lag er erst einmal auf dem Boden, war das Ergebnis dasselbe.

Sandra konzentrierte sich wieder auf sich selbst. Wie damals in Oberlamm stieg ihr beißender Brandgeruch in die Nase, der sich auf ihre Zunge legte. Erneut kamen die Bilder der verkohlten Brandleiche hoch. Prompt drehte sich ihr der Magen um. Gleichzeitig versuchte sie, nicht auszurutschen und den brandigen Geschmack hinunterzuwürgen.

Bergmann, der ihr folgte, schafft es ebenfalls, nicht *her-* beziehungsweise *hin*zufallen.

»Griaß enk!« Die Inspektionskommandantin aus Bad Aussee stellte ihren rangniedrigeren Kollegen und sich selbst vor.

Sandra nannte im Gegenzug ihren und Bergmanns Namen.

Der Chefinspektor wandte sich direkt an den Experten des LKA. »Wir haben es also mit Brandstiftung zu tun?« Sein Blick folgte dem Lichtkegel seiner Taschenlampe, der über Schutt und Asche tanzte.

»Das Feuer wurde zweifelsfrei vorsätzlich gelegt«, bestätigte der Kriminaltechniker und zauberte einen Plan des Hauses hervor, den er aufgefaltet der Kollegin in die Hände drückte, um ihn hernach mit seiner Taschenlampe zu beleuchten. »Der Spürhund hat an mehreren Stellen angeschlagen. Im Erdgeschoß, hier und da.« Sein Finger zeigte auf die Punkte, an denen Brandbeschleuniger eingesetzt worden war. »Auch im Obergeschoß konnten wir zwei Brandherde ausmachen.« Die Taschenlampe senkte sich wieder. »Jedenfalls wusste der Brandstifter, wie man es anstellt, dass die Flammen möglichst rasch das gesamte Haus erfassen.«

»Und mit dem Haus auch die Frau«, sagte Bergmann. »Hat der Hund auch bei der Leiche angeschlagen?«

»Er war erst heute Nachmittag am Tatort, nachdem die Leiche bereits in die Gerichtsmedizin überstellt wurde.«

»Dann werden wir dort klären müssen, ob die Leiche mit dem Brandbeschleuniger in Kontakt gekommen ist. Die Vermutung, dass hier jemand versucht hat, die Spuren einer Gewalttat durch Brandzehrung zu beseitigen, liegt jedenfalls nahe.«

Der Brandexperte stimmte dem Chefinspektor zu. »Das ist ihm auch gelungen. Außer dem Brandbeschleuniger konnten wir keine tatrelevanten Spuren im Haus sicherstellen«, sagte er. »Unter Umständen liefert uns die chemische Analyse einen Hinweis. Es dauert allerdings einige Tage oder sogar Wochen, bis uns das Laborergebnis vorliegt.«

»Die Obduktion wird zumindest klären, ob die Frau gelebt hat, als das Feuer ausgebrochen ist«, sagte Bergmann. »Oder ob ihre Leiche verbrannt wurde. Damit wären wir dann schon etwas schlauer.« Er trat von einem Bein auf das andere, um sich warm zu halten, was ihm auf Dauer kaum gelingen würde.

Sandra machte momentan weniger die Kälte als ihre Übelkeit zu schaffen.

»Wie gesagt, der Täter ist planvoll vorgegangen«, fuhr der Brandexperte fort. »Brandbeschleuniger und Zündquellen waren optimal positioniert. Die Fensterscheiben in den Veranden müssen zuerst geborsten sein. Durch den Sauerstoff, der in der Folge in das Haus gesogen wurde, hatten die Flammen leichtes Spiel. Das Feuer konnte sich zügig über die Dachbalken und Sparren ausbreiten, bis das Dach einstürzte.

Auch die Garage und das darin abgestellte Fahrzeug wurden erfasst. Wir haben einen ausgebrannten Kastenwagen sichergestellt und nach Graz abgeschleppt, um ihn dort nach Spuren zu untersuchen. Es handelt sich dabei um ein französisches beziehungsweise italienisches Modell aus demselben Autokonzern.«

»Wie lange hat es vom Entzünden des Feuers bis zum Eintreffen der Feuerwehr ungefähr gedauert?«, erkundigte sich Bergmann.

»Schwer zu sagen. Ich schätze, zwischen ein und zwei Stunden. Kommt auf das Baumaterial des Hauses und die Einrichtung an.«

»Und wo wurde die Leiche aufgefunden?«, wollte Bergmann wissen.

»In ihrem Bett. Oder was davon noch übrig war, nachdem es verbrannte. Wir haben Metallstücke sichergestellt, bei denen es sich um die Reste von Taschenfedern handeln dürfte, wie sie in Matratzen verwendet werden. Einige haben sich regelrecht in die Leiche eingebrannt.«

»Wo war denn das Schlafzimmer?«, hakte Bergmann nach.

»Im Obergeschoß.« Der Kollege zeigte auf die entsprechende Stelle am Grundrissplan. »Laut Hausbesitzerin haben sich dort drei weitere Schlafzimmer und zwei Bäder befunden.«

»Laut Hausbesitzerin?«, wunderte sich Bergmann. »Die ist doch verbrannt, dachte ich.« Er wandte sich erstmals an die Landpolizisten.

»Oane von zwoa«, erklärte der Uniformierte.

Mit hochgezogenen Augenbrauen sah Bergmann den älteren kleineren Mann von oben herab an. »Wie meinen?«

»Eine von zwei«, übersetzte seine etwas jüngere ranghöhere Kollegin, die ihn auch mit ihrer Körpergröße überragte. »Es haben zwei Schwestern in dem Haus gewohnt. Lex Lilli und Lex Luise.«

»Unter uns Dosign hoaßen s' Liesl und Loisl«, erläuterte der Polizist.

»Und welche von beiden ist verstorben?«

»Die Loisl.«

»Luise Lex. Lilli Lex war nicht daheim, als es gebrannt hat«, erläuterte die Kollegin.

»Aha, die Dame hat demnach woanders genächtigt?«, fragte Bergmann.

»Nein, sie war in der Arbeit, als ich sie von dem Brand verständigt hab'«, berichtete die Landpolizistin weiter.

»Und wer hat den Brand gemeldet?«

»Der Gaiswinkler Werner von der Sonnseit'n.« Der Polizist streckte seinen Arm aus, um über die Brandruine und den Grundlsee hinweg zu den Lichtern in der Ferne zu zeigen. »Er schöpft in der Bäckerei in Aussee.«

Laut Lubensky war der Brand zu nachtschlafender Zeit gegen viertel vier über den Notruf gemeldet worden, rief sich Sandra in Erinnerung. Bäcker standen wohl auch samstags früh auf. Aber was hatte die überlebende Schwester mitten in der Nacht zu tun gehabt? War sie Frühaufsteherin, arbeitete in der Nachtschicht oder litt sie unter Schlafstörungen, überlegte sie.

»Was arbeitet die Dame denn nachts?«, sprach Bergmann ihre nicht gestellte Frage aus.

»Schneiderin«, antwortete der Landpolizist.

»Den Lex-Schwestern gehört die *G'wandschneiderei* in Aussee«, sagte seine Kollegin.

»Eine Schneiderwerkstatt?«, fragte Sandra nach.

»Und ein Trachtengeschäft.« Die Polizistin schien sich über ihre Frage zu wundern, als wäre die *G'wandschneiderei* über die Grenzen des Ausseerlandes hinweg weltberühmt.

»Die eine Chefin hat also geschlafen oder war bereits tot, als der Brand ausgebrochen ist, während die andere nachts in der Schneiderei gearbeitet hat«, fasste Bergmann zusammen.

Die Provinzpolizistin bestätigte das.

»Hat es in letzter Zeit Fälle von Brandstiftung bei euch oder auch in der näheren Umgebung gegeben?«, erkundigte sich Bergmann als Nächstes. Seine Hände waren tief in den Jackentaschen vergraben. Aus einer ragte zudem seine Taschenlampe.

»Die letzten Brandfälle hat's gehäuft in Bad Mitterndorf gegeben«, erwiderte die Polizistin. »Im Frühjahr ist dort ein Hof samt Wohnhaus, Stallgebäude und Garagen ebenfalls in den frühen Morgenstunden abgebrannt. Am Grundlsee wüsste ich nicht.«

Der Kollege gab ihr recht.

»Konnte der Brandstifter von Bad Mitterndorf ausgeforscht werden?«

»Er verbüßt zurzeit eine Haftstrafe.«

»Und wie sieht es mit anderen Brandstiftern beziehungsweise Pyromanen aus? Wurde vielleicht kürzlich jemand aus der Haft entlassen?«

Den Landpolizisten war kein weiterer Fall aus der jüngeren Vergangenheit bekannt.

Bergmann zog seine Hand samt der Taschenlampe aus der Jackentasche, um damit die Umgebung auszuleuchten. Außer ein paar kahlen Büschen und Bäumen war nichts zu erkennen. »Hätte der Brand nicht schon früher entdeckt werden müssen?«, überlegte er laut, den Blick auf die Lichter am gegenüberliegenden Ufer gerichtet. »So eine gewaltige Feuersbrunst fällt doch auf. Überhaupt in der Dunkelheit.«

»Sollte man meinen«, stimmte ihm der Brandexperte zu.

»Jo mei, am Land gehen die Leute früher liegen«, meinte der Polizist.

»Weder diese Ecke des Grundlsees noch das Ufer direkt gegenüber sind stark besiedelt«, ergänzte seine Kollegin.

Sandra blickte in der Dunkelheit um sich. So abgeschieden dieser Ort auch lag, dass der Feuerschein in der Nacht nicht schon früher jemandem aufgefallen war, verwunderte auch sie. Vereinzelte Spätheimkehrer gab es doch immer. Noch dazu, wo gerade Weihnachtsferien waren. Oder Frühaufsteher beziehungsweise Leute, die nicht schlafen konnten. Möglicherweise hatte den Leuten die Silvesternacht so sehr zugesetzt, dass sie die folgende Nacht verschliefen. Bis auf den Bäcker, der aufstehen musste.

»Hier sagen sich vermutlich nicht einmal Fuchs und Hase Gute Nacht.« Bergmann sah sich ebenfalls um.

Die beiden Uniformierten warfen einander Blicke zu.

Wieder zwei Kollegen in der Provinz, bei dem sich der Chefinspektor als arroganter LKA-Ermittler aus der Landeshauptstadt unbeliebt machte, dachte Sandra.

Damit nicht genug, setzte er noch eins drauf. »Es heißt doch: ›Im Salzkammergut kann man gut lustig sein‹«, bezog er sich auf das bekannte Lied, das er vermutlich aus dem Film *Im weißen Rössl* kannte. Die gleichnamige Operette von Ralph Benatzky hatte er wohl kaum gesehen, vermutete Sandra. Zumindest nicht freiwillig. So gut kannte sie den Chefinspektor allemal.

Die beiden Landpolizisten ersparten sich eine Antwort. Aus ihren Gesichtern ließ sich dennoch einiges ablesen. Nur nichts Gutes. Wenngleich die Ausseer an Kummer mit Fremden gewöhnt waren. Ob es sich nun um Touristen oder Zweitwohnsitzer handelte, von denen die meisten aus Wien stammten.

»Wenn du es lustig haben möchtest, musst du im Fasching wiederkommen«, meinte Sandra versöhnlich. »Der Ausseer Fasching ist sogar als immaterielles Kulturerbe ins Österreichische UNESCO-Verzeichnis eingetragen.« Dass in der fünften Jahreszeit drei Tage lang Ausnahmezustand im Ausseerland herrschte, war weit über die Grenzen der Region bekannt. Dann zogen die *Maschkera* – die Maskierten – durch die Straßen: die *Trommelweiber* in ihren Frauenmasken und weißen Gewändern, die farbenfroh glitzernden *Flinserl* und die Fetzen schwingenden *Pless*, die von den Kindern mit Schneebällen beworfen wurden, um den Winter symbolisch zu vertreiben. Allerorts wurde nach altem Brauchtum ausgelassen gefeiert.

»Bis zum Fasching wollte ich eigentlich nicht hierbleiben«, entgegnete Bergmann. »Eine Nacht sollte uns fürs Erste reichen.«

Allein für sein anzügliches Grinsen wäre ihm Sandra am liebsten an die Gurgel gesprungen. Vor den Kollegen schluckte sie ihre Antwort jedoch hinunter.

»Entschuldige, Sascha«, meldete sich der Brandexperte zu Wort. »Brauchst du uns hier noch? Wir würden sonst nach Graz aufbrechen.«

»Fahrt ruhig. Wir sehen uns beim Team-Meeting am Montag«, entließ er die Kollegen.

»Um welche Uhrzeit?«

»Miriam schickt den Termin rechtzeitig aus«, versprach Bergmann. »Ich hoffe zumindest, dass wir nur eine Nacht hier verbringen müssen.«

Das hoffte Sandra auch. Wenngleich noch nicht abzusehen war, wohin die Ermittlungen in den nächsten Stunden führen würden.

»Habt ihr ein Zimmer für uns organisiert?«, erkundigte sich der Chefinspektor bei den Landpolizisten.

»Zwei Zimmer«, zischte Sandra.

»Wir haben eine Ferienwohnung mit zwei Schlafzimmern für euch reserviert«, antwortete die Kollegin. »Was anderes war nimmer zu bekommen. Sind ja noch Ferien.«

Sandra bedankte sich einigermaßen erleichtert. Solange es eine Schlafzimmertür gab, die sie von Bergmann trennte, war ihr alles recht.

»Die Wohnung ist etwa fünf Minuten von hier entfernt und recht gemütlich«, versicherte ihr die Kollegin. »Es gibt sogar eine Sauna im Badezimmer, in der ihr euch aufwärmen könnts.«

Die Miene des Chefinspektors hellte sich augenblicklich auf.

Höchstwahrscheinlich dachte er an die Therme Loipersdorf, wo sie sich einmal unbeabsichtigt in der Sauna begegnet waren. Bergmann hatte ihr seinen Familienschmuck dermaßen breitbeinig präsentiert, dass Sandra dieses Bild bestimmt nie wieder aus ihrem Kopf bekommen würde. Auch jetzt wich sie seinem Blick aus und nahm den Wohnungsschlüssel entgegen, den ihr die Polizistin überreichte.

»Die Adresse und die Apartmentnummer stehen auf dem Schlüsselanhänger.«

Wie praktisch, dachte Sandra und steckte den Schlüssel ein. Wenn er in die falschen Hände geriet, wusste der potenzielle Einbrecher wenigstens gleich, wohin er fahren musste, um die Gästewohnung zu plündern.

»Ihr müsst's nur dem Wegweiser zum Biobauernhof …«, setzte die Polizistin zu einer Erklärung an, als Bergmann ihr ins Wort fiel.

»Wie bitte?« Das Grinsen war ihm schlagartig vergangen. »Ein Bauernhof?«, fragte er entsetzt.

Alle Blicke richteten sich auf ihn.

Jetzt grinste Sandra in sich hinein. Mit Bauernhöfen hatte der Chefinspektor wahrlich nichts am Hut, wusste sie. Erst recht nicht, wenn dort Tiere gehalten wurden, die auch nach Tieren rochen. Schon einmal hatten sie in einer bäuerlichen Notunterkunft übernachten müssen, als sie während der Alpinen Ski-WM in Schladming in einem Mordfall ermittelt hatten und in der restlos ausgebuchten WM-Stadt kein Quartier mehr aufzutreiben gewesen war. Zwar herrschte in den Weihnachtsferien auch im Ausseerland Hochbetrieb, jedoch waren die Gästezahlen nicht mit jenen von Schladming zu vergleichen, das Wintersportler und Skifans in Massen anzog. Vor allem zum Nightrace, wenn bis zu 45.000 Zuschauer den Nachtslalom auf der Planai live verfolgten.

»Ich übernachte ganz bestimmt nicht auf einem Bauernhof«, stellte Bergmann klar.

»Aber wieso?«, fragte die Polizistin irritiert. »Ihr müsst's am Biohof doch nur vorbeifahren. Und gleich nach der nächsten Kurve rechts zum Apartmenthaus abbiegen«, erläuterte sie.

»Ach so …« Bergmann blies erleichtert Luft aus, die erneut vor seinem Gesicht verdampfte. »Dann ist es ja gut.«

»Nimmer lang«, meldete sich der Landpolizist zu Wort. Bergmann sah ihn fragend an.

»Das Apartmenthaus und das gesamte Grundstück dahinter wurden an eine Immobiliengesellschaft verkauft«, erklärte die Kollegin. »Anfang Februar wird das Haus abgerissen. Es soll dort ein luxuriöses Feriendorf mit 30 Chalets im Ausseerstil errichtet werden, das bis hierher zum Lex-Grundstück reicht.«

»Schad' um die Gegend«, meinte der Kollege.

»Wieso schade? Wäre es nicht wünschenswert, wenn hier etwas mehr Leben einkehrt?«, fragte Bergmann. »Gegen höhere Tourismuseinnahmen habt ihr doch bestimmt auch nichts einzuwenden?«

»Wir Ausseer bleiben aber lieber unter uns«, erklärte ihm der Provinzpolizist, was wahrlich kein Geheimnis war. Da er auf zahlende Gäste nicht angewiesen war, sondern auf ein sicheres Einkommen aus Steuergeldern vertrauen durfte, traf das auf ihn wohl ganz besonders zu.

Prompt fiel Sandra der Brief wieder ein, den die Bürgermeister der Ausseerland-Gemeinden während des ersten

Corona-Lockdowns an die Landesregierung geschrieben hatten, um ein Betretungsverbot für Zweitwohnungsbesitzer zu erwirken, obwohl ein solches in Österreich nicht vorgesehen war. Ausgerechnet vor der Osterwoche hatte dieses Ansinnen gehörig Staub aufgewirbelt und der Region keine Sympathien beschert.

»Nicht, dass ihr glaubt's, wir sind fremdenfeindlich«, sprang die Polizistin in die Bresche.

»Großkopferte Weana Bazi und Zwoaheimische, die net ›griaß di‹, ›pfiat di‹, ›Danke‹ und ›Bitte‹ sog'n kennan, gibt's bei uns scho' gnua.«

Das traf in allen Punkten auf den Chefinspektor zu.

»Zweiheimische?«, wiederholte er.

»Zweitwohnsitzer, die nur wenige Wochen im Jahr in ihren Häusern und Wohnungen leben«, erklärte ihm die Polizistin. »Die meisten kommen aus Wien.«

»Wir leben und wir sterben von denen«, meinte der Kollege.

»In der Gemeinde Grundlsee dürfen schon lange keine Zweitwohnsitze mehr errichtet oder verkauft werden«, erklärte die Polizistin. »Deswegen schmeißen sich die Immobilienentwickler zunehmend auf Tourismusprojekte.«

»Und die Gemeinde unterstützt sie«, erklärte der Landpolizist wenig begeistert.

Seine Kollegin warf ihm einen mahnenden Blick zu.

»Bleiben wir doch bei diesem Haus hier.« Bergmann wies auf die Brandruine. »Sind die Lex-Schwestern Einheimische?«

Der Polizist verneinte.

»Die Villa hat ihr Ururgroßvater um die Jahrhundertwende errichten lassen. Damals durften Zweitwohnsitze noch gebaut werden«, erklärte die Kollegin. »Der alte Herr Lex war Fabrikant in Wien. Seine Familie hat die Ferien immer am See verbracht. Lilli und Luise Lex sind schon die fünfte Generation von Zweiheimischen. Aber die erste, die ihren Hauptwohnsitz hierher verlegt hat, seitdem sie in Aussee arbeiten«, erklärte sie.

»Wenn sie ausschließlich hier wohnen und arbeiten, dann sind sie doch *ein*heimisch«, meinte Bergmann spitzfindig.

Die Uniformierten warfen einander Blicke zu. Der Ermittler aus der Stadt hatte nicht die leiseste Ahnung von der Mentalität der Ausseer. Selbst in der fünften Generation zählte man hier noch zu den *Zwoaheimischen* oder zu den *Zuagroasten*. Selbst wenn man Miteigentümer der Salinen war und halb Altaussee sein Eigen nennen durfte. Oder hier geboren war und Jahrzehnte später als Oscar-Preisträger, hochgelobter Schriftsteller oder erfolgreicher Unternehmer die dereinst verlassene Heimat besuchte beziehungsweise den Rest seiner Tage hier verbrachte. Bestenfalls wurde man als *Heimischer* akzeptiert, von den Einheimischen jedoch höflich auf Distanz gehalten oder schlichtweg ignoriert. An den Stammtischen durften nur Einheimische Platz nehmen. Ab und zu auch ganz besonders privilegierte *Heimische*, wenn sie dazu aufgefordert wurden. Das geschah jedenfalls unabhängig von Stand, Prominenz, Einfluss oder Geld. Wenn es denn überhaupt jemals geschah. Bei den Lex-Schwestern verhielt es sich vermutlich nicht anders. Umso bemerkenswerter fand Sandra, dass sich die beiden ausgerechnet in der Trachtenhauptstadt Bad Aussee an das traditionelle *G'wand* heranwagten, was beinahe einem Sakrileg gleichkam.

»Hatte Luise Lex Streit mit irgendjemandem?«, fragte der Chefinspektor weiter. »Vielleicht mit einem Mitbewerber, Angestellten oder Geschäftspartner? Oder auch mit einem eifersüchtigen Partner respektive Ex-Partner?«

»In Aussee gibt's schon einige Neidhammeln, die die Lex-Schwestern am liebsten zum Teufel jagen täten«, bestätigte die Landpolizistin, was Sandra vermutet hatte. »Habt's ihr noch nie was von *Lilli & Luise* gehört?«, fragte sie die Ermittler aus Graz, als würden diese hinterm Mond leben. Was aus ihrer Sicht zutreffen mochte. Für sie war diese Region der Nabel der Welt. Tatsächlich war Bad Aussee der geografische Mittelpunkt von Österreich. Dennoch lag das Steirische Salzkammergut ziemlich abgeschieden, weshalb sich die eigentümliche Mentalität der Ausseer entwickeln hatte können. Auch der Salzabbau, der die Bevölkerung über die Jahrhunderte hinweg ernährt und ihr eine gewisse Unabhängigkeit beschert hatte, prägte den Charakter der Leute.

»Die Lex-Schwestern sind eh andauernd in der Zeitung und im Fernsehen«, erklärte die Polizistin weiter.

Sandra musste dennoch passen. Klatsch und Tratsch zählten ebenso wenig zu ihrem Metier wie Mode. Dazu konsultierte sie meistens ihre Freundin, die eine Boutique in der Grazer Altstadt führte. Ganz bestimmt kannte Andrea *Lilli & Luise*.

Die heimischen Trachtenproduzenten waren allesamt nicht erfreut gewesen, als die zwei Wienerinnen die alteingesessene Trachtenmanufaktur übernahmen, erfuhren sie von der Polizistin. Noch dazu, wo sich die Lex-Schwestern kaum den traditionellen Schnitten, Stoffen und Mustern unterwarfen. Ihre Trachtenmode trug eine eigene Handschrift, die vor allem bei den Gästen des Ausseerlandes und außerhalb der Region sehr gut ankam, plauderte die Polizistin aus dem Nähkästchen. Dass der große Erfolg der Schwestern Neider auf den Plan rief, die sie zum Teufel wünschten, lag nahe. Aber hasste jemand sie so sehr, dass er eine von ihnen getötet hatte?

»Kannst du mir eine vollständige Liste der Trachtenbetriebe im Salzkammergut zukommen lassen?«, fragte Sandra.

Die Landpolizistin versprach ihr diese für den nächsten Tag.

Sandra bedankte sich. »Und wie sieht es mit dem Privatleben der Verstorbenen aus?«, fragte sie weiter. »War Luise Lex liiert?«

»Nicht, dass ich wüsste.« Die Uniformierte sah ihren Kollegen an.

Ihr Kollege zuckte mit den Achseln.

»Gibt es Kinder?«, fragte Sandra.

»Zum Glück nicht.«

»Zum Glück?«, fragte Bergmann.

»Die Kinder wären jetzt ohne Mutter.«

»Und Lilli Lex hat auch keine Kinder?«

Die Polizisten schüttelten ihre Köpfe.

»Die Lilli war vielleicht ein halbes Jahr verheiratet. Mit dem Sulzbacher Otto, einem Geschäftsmann aus Wien«, erzählte sie.

»Auch ein Zweiheimischer?«, fragte Bergmann.

Die Landpolizistin verneinte. »Der Otto war immer nur sporadisch da. Er hat was mit dem geplanten Chalet-Dorf zu tun. Was genau, weiß ich nicht. Du?« Sie warf ihrem Kollegen einen fragenden Blick zu.

Der verneinte.

»Fragt's am besten die Lilli, die weiß bestimmt mehr.«

»Waren die Lex-Schwestern auch in dieses Feriendorf-Projekt involviert?« Sandra kreuzte die Arme, um ihre klammen Hände am Körper zu wärmen.

»Die beiden wollten das Feriendorf in ihrer Nachbarschaft verhindern.«

»Und wie war das Verhältnis der Schwestern untereinander?«

Die Polizistin zuckte mit den Achseln. »Was ich weiß, waren sie unzertrennlich. Wie man sich das bei Zwillingsschwestern eben vorstellt.«

»Ach, die beiden waren Zwillinge?«, hakte Sandra nach.

»Hab' ich das noch nicht erwähnt?«

Sandra verneinte. »Eineiige Zwillinge?«

»Kann sein. Sie haben sich schon recht ähnlich geschaut. Aber nicht zum Verwechseln. Die Lilli hat kürzere blonde Haare, die Luise längere braune gehabt.«

Falls sie es mit einem gezielten Mordanschlag zu tun hatten, war demnach auszuschließen, dass die Zwillingsschwestern verwechselt worden waren. Aber vielleicht hätten ja auch beide beseitigt werden sollen, und die eine hatte ihr Leben nur ihrer Abwesenheit zu verdanken. »Wo hält sich Lilli Lex zurzeit auf?«, erkundigte sich Sandra.

»In ihrer Wohnung in der *G'wandschneiderei.*«

»Gewohnt hat sie aber hier mit ihrer Schwester?« Sandra wies mit dem Daumen über ihre Schulter zur Brandruine.

Die Provinzpolizistin bestätigte die Frage und nannte ihr die Geschäftsadresse in Aussee.

»In Bad Aussee?«, vergewisserte sich Sandra.

»Aussee is immer Bad Aussee«, bestätigte der Landpolizist. »Altaussee hoaßt bei uns Olt'nausee«, erklärte er im Dialekt.

»Die Lilli ist ziemlich fertig mit den Nerven. Wir haben ihr jemanden vom KIT vorbeigeschickt, der sie psychologisch betreut. Vielleicht solltet's lieber bis morgen mit der Befragung warten«, meinte die Polizistin.

»Das lass unsere Sorge sein.« Bergmann bohrte seine Hände tiefer in die Jackentaschen.

Zitterte er vor Kälte, oder täuschte sich Sandra? »Sollte Frau Lex heute nicht mehr vernehmungsfähig sein, versuchen wir es morgen«, sagte sie. »Ansonsten werden wir sie in den nächsten Tagen nach Graz vorladen.«

»Gibt es noch etwas, was wir wissen sollten?«, fragte Bergmann ungeduldig.

»Ich weiß nicht, ob es relevant ist«, zauderte die Polizistin.

»Wenn es relevant ist, werden wir es überprüfen. Also raus mit der Sprache«, forderte Bergmann sie zum Reden auf.

Er schepperte vor Kälte, stellte Sandra fest.

»Die Lilli soll ein Pantscherl mit dem Köberl Fabian haben«, gab die Polizistin zögerlich preis.

»Mi'm Fabian? Dem Fischer vom Grundlsee?«, entrüstete sich ihr Kollege. »Der ist doch viel zu jung für sie.«

Wie die anderen überhörte Sandra das Vorurteil, zog einen Handschuh aus und zückte ihr Handy. »Wo wohnt Herr Köberl?«

Der Polizist nannte ihr eine Adresse im Dorf Gößl, die Sandra in ihr Handy sprach. Zwar wusste sie nicht, was der junge Mann mit dem Tod der Schwester seiner Geliebten zu tun haben sollte, aber irgendwo mussten sie mit den Ermittlungen ansetzen. Warum also nicht bei dem Fischer, der ihr vielleicht ein paar frische Fische verkaufen würde, wenn sie schon einmal am Grundlsee war. Der Gedanke an gebratenen Saibling ließ sie den brandigen Geschmack in ihrem Mund kurzfristig vergessen. Für das kompakte, gleichwohl zarte Fleisch der Fische aus den Salzkammergutseen ließ sie jeden Meeresfisch stehen.

Die LKA-Ermittler verabschiedeten sich von den Landpolizisten. Ebenso vorsichtig, wie sie hergekommen waren, rutschten sie zum Dienstwagen zurück.

»Was hältst du davon, wenn wir zuerst unser Gepäck in die Wohnung bringen und anständig einheizen?«, wandte sich Sandra an Bergmann. Ferienwohnungen wurden häufig auf Sparflamme beheizt, wenn sie gerade nicht bewohnt waren, wusste sie aus leidvoller Erfahrung. »Anschließend könnten wir nach Bad Aussee weiterfahren, um Lilli Lex zu befragen«, schlug sie vor. »Vorausgesetzt, sie ist vernehmungsfähig. Und danach gehen wir Abendessen.«

Bergmann zeigte sich einverstanden. »Jetzt sperr schon auf, Sandra! Ich frier mir noch den Hintern ab.«

»Das wundert mich nicht.« Sandra öffnete den Skoda mit dem Funkschlüssel.

Kaum lief der Motor, drückte Bergmann den Knopf, der seine Sitzheizung aktivierte.

Sandra schaltete ihre ebenfalls ein, ehe sie den Schlüssel für die Ferienwohnung aus der Jackentasche holte. »Hast du kein wärmeres Gewand mit? Wir sind hier in den Bergen.«

»Scheiß Berge«, schimpfte Bergmann. »Und hör auf, mich zu bemuttern.«

»Nichts liegt mir ferner als das. Aber jammere mich nicht an, wenn du dir eine Erkältung einfängst.«

Bergmann griff zu seinem Gurt. »Ich fang mir schon nichts ein. Ich werde heute nämlich noch in die Sauna gehen. Willst du mir nicht Gesellschaft leisten?«

Sandra ignorierte sein Angebot. »Kannst du die Adresse bitte ins Navi eingeben?« Sie überreichte Bergmann den Schlüssel der Ferienwohnung und fuhr los.

4.

Lilli Lex konnten sie heute nicht mehr befragen. Sie sei völlig durch den Wind, erklärte sie Sandra am Telefon, während Bergmann unter der Dusche der Ferienwohnung stand, um sich aufzuwärmen. Ihr Haus und ihr gesamtes privates Hab und Gut waren verbrannt. Am allermeisten aber machte ihr der Tod ihrer Schwester zu schaffen. Sie wollte gleich ein Schlafmittel nehmen und zu Bett gehen.

Sandra zeigte Verständnis für ihre Gemütslage. Dennoch bat sie um einen möglichst zeitnahen Termin, um ihr eine Vorladung nach Graz zu ersparen.

Lilli Lex willigte ein, sie am nächsten Vormittag in der *G'wandschneiderei* zu empfangen.

Um die Nerven der Frau nicht noch weiter zu strapazieren, erwähnte Sandra vorerst nichts von der Brandursache. Anscheinend hatte sie von der Brandstiftung noch nichts mitbekommen. Sie fragte auch nicht nach.

Für heute war Feierabend. Sandra wählte die Nummer des Restaurants, von dem Andrea nach ihrem letzten Sommerurlaub so geschwärmt hatte, um dort einen Tisch zu reservieren.

Eine Dreiviertelstunde später wurde ihnen der empfohlene Saibling in der Salzkruste mit Kapern-Zitronen-Pesto und Petersilerdäpfel serviert. Dazu gönnte sich Sandra ein Achtel Sauvignon Blanc aus der Südsteiermark. Ein zweites war für sie leider nicht mehr drin. Die Strecke bis zur Ferienwohnung musste sie noch mit dem Auto zurücklegen.

Vor dem Dessert überraschte Bergmann sie mit einem Geburtstagsgeschenk, das er ihr bereits bei der Feier in

Graz hätte überreichen wollen, wäre ihnen nicht der Einsatz im Ausseerland dazwischengekommen.

Dass er ihr ausgerechnet einen Strickschal schenkte, den er selbst bitter nötig gehabt hätte – wenn auch nicht unbedingt in diesem Himbeerfarbton –, amüsierte Sandra. »Hast du den selbst gestrickt?«, zog sie ihn auf, was der Macho nicht besonders witzig fand.

An der Garderobe wickelte sie ihm ihren alten Wollschal um den Hals, sich selbst den neuen aus kuscheliger Kaschmirwolle, der farblich zu ihrem Anorak passte. Wahrscheinlich hatte Bergmann sich von Andrea beraten lassen, vermutete sie, fragte aber nicht nach.

Zurück in der bacherlwarmen Ferienwohnung schaltete Bergmann die Sauna an. Gemeinsam schauten sie die *ZIB* an, die unter anderem von Ausschreitungen bei einer Demonstration in Paris und vom Hausbrand am Grundlsee berichtete. Bei der Frau, die ums Leben gekommen war, handle es sich mutmaßlich um eine Hausbewohnerin, deren Leiche in den kommenden Tagen obduziert werden würde, berichtete Armin Wolf, was die Polizeipressestelle unmittelbar nach dem Brand offiziell gemeldet hatte. Zudem erwähnte der ORF-Anchorman, dass die Brandexperten des LKA Steiermark ermittelten, um die Brandursache zu klären, während ein kurzer Videobeitrag vom nächtlichen Feuerwehreinsatz gezeigt wurde.

Nach den Nachrichten bot Bergmann ihr an, die Sauna zu benützen, die inzwischen auf 90 Grad Celsius aufgeheizt war. Wenn sie sich vor ihm schämte, würde er solange draußen warten. Einmal mehr lehnte sie sein Angebot ab. Auf Gluthitze konnte sie auch ohne den nackten Chefinspektor gut und gerne verzichten. Lieber schwitzte sie aktiv beim Sport als passiv in der Sauna. Aber nicht mehr heute.

Während Bergmann im eigenen Saft schmorte, schaute sie sich die Wiederholung eines steirischen Landkrimis an und trank dazu Muskateller, den sie im Kühlschrank gefunden hatte. Die heimische Filmreihe gefiel ihr wesentlich besser als die meisten *Tatort*-Folgen. Wenngleich sie auch bei diesem Film über einige realitätsferne Szenen den Kopf schütteln musste.

Andererseits wollte bestimmt niemand sehen, wie langwierig die Polizeiarbeit mit all dem Papierkram und unzähligen Vorschriften wirklich war, meinte Bergmann, der ihr nach dem Saunagang Gesellschaft leistete. Immer wieder mussten sie über die beiden TV-Ermittler schmunzeln, die sie verblüffend an sie selbst erinnerten. Noch bevor der Täter überführt werden konnte, den sie übereinstimmend längst zu kennen glaubten, war Bergmann auf der Couch eingeschlafen.

Sandra schaltete den Fernseher aus und spülte die Weingläser ab. Auf Socken schlich sie ins Badezimmer und machte sich fürs Bett fertig, um anschließend am schnarchenden Chefinspektor vorbei in ihr Schlafzimmer zu gelangen. Sollte er ruhig auf der Couch liegen bleiben, bis er von allein aufwachte. Bequem war sie ja.

Sie selbst fiel in ihrem frisch überzogenen Bett rasch in den Schlaf.

KAPITEL 2

Sonntag, 3. Jänner
Grundlsee

1.

Als Sandra die Schlafzimmertür öffnete, stieg ihr Kaffeeduft in die Nase. Wiewohl sie Teetrinkerin war, mochte sie diesen Geruch. Sie schaltete das Deckenlicht im Wohnzimmer aus, das noch brannte, obwohl die Sonne inzwischen aufgegangen war.

»Guten Morgen, *Liebling*!«, begrüßte sie der Chefinspektor gut gelaunt.

Ein anlassiger Bergmann auf nüchternen Magen hatte ihr gerade noch gefehlt. Verschlafen rieb sie sich die Augen. Während der notorische Frühaufsteher geschnäuzt und gekampelt mit einem Kaffeehäferl in der Hand an der Küchenzeile im Wohnzimmer lehnte, schlich sie barfuß im langen T-Shirt an ihm vorbei, um ins Badezimmer zu gelangen. »Morgen«, knurrte sie, ohne ihn eines weiteren Blickes zu würdigen. Dass er ihr hinterherstarrte, spürte sie auch so auf ihrem Rücken respektive in dessen Verlängerung.

»Möchtest du ein weiches Ei oder Ham and Eggs zum Frühstück?«, fragte er.

Erstaunt hielt Sandra an der Badezimmertür inne und wandte sich um. »Sag bloß, du warst einkaufen. Am Sonntag?«

Bergmann verneinte. »Jemand hat alles fürs Frühstück in einem Korb vor der Wohnungstür abgestellt. Mitsamt der Sonntagszeitung. Kaffee hab' ich im Küchenschrank gefunden.«

»Woher hast du denn gewusst, dass ein Korb vor der Tür steht?«

»Mit Körben kenne ich mich aus«, meinte Bergmann süffisant.

Sandra war klar, worauf er anspielte. Nach ihrem ersten gemeinsamen Fall hatte er bei ihr zu landen versucht und war kläglich gescheitert. Lange Zeit hatte sie ihn für einen Hallodri gehalten, der er im Grunde gar nicht war. Sie wollte sich abwenden, um ins Bad zu gehen, als er fortfuhr.

»Jemand hat in der Früh ein Grußkärtchen mit einem Hinweis auf den Frühstückskorb unter der Tür durchgeschoben.«

Sandra gähnte. »Ach so. Kannst du mir bitte Teewasser aufstellen, während ich im Bad bin?«

»Ist das alles?«

Sandra lehnte sich am Türrahmen an, überkreuzte die nackten Beine und Arme. »Gibt's auch Müsli und Joghurt?«

»Joghurt war im Frühstückskorb. Aber kein Müsli. Vielleicht finde ich welches im Küchenkasten.« Bergmann öffnete einen der Oberschränke.

»Ja, schau bitte nach. Eine Eierspeise hätte ich auch gern. Von zwei Eiern. Schön fluffig, nicht matschig, wenn's geht. Ohne Schinken.«

Schmunzelnd schloss Sandra die Badezimmertür hinter sich. Bergmann als Frühstückskoch. Wer hätte das gedacht? Verkühlt war er jedenfalls nicht. Die Sauna hatte ihm gutgetan, überlegte sie unter der Dusche, die wie die übrige Ausstattung der Ferienwohnung nicht gerade dem modernsten Standard entsprach. Aber immerhin war alles blitzsauber. Und es prasselte warmes Wasser aus dem Duschkopf.

Während sie sich die Zähne putzte und Bergmann das Frühstück machte, kam ihr erneut der Vergleich mit einem alten Ehepaar in den Sinn. Kein Wunder, dass es anfangs im LKA Gerüchte gegeben hatte, die ihr und dem Chefinspektor ein Verhältnis unterstellten. Im Gegensatz zu früher regte sie solches Gerede heute kaum mehr auf. Im Laufe der Jahre war sie um einiges gelassener geworden. Sollten die Leute doch glauben, was sie wollten.

Zurück in ihrem Zimmer zog Sandra die Vorhänge auf. Der Blick aus dem Fenster ließ ihr Herz höher schlagen. Kaum eine Wolke stand am azurblauen Himmel. Die schneebedeckten Berge des Toten Gebirges säumten den Grundlsee. Da und dort blitzten dunkelblaue Stellen durch die dünne Schneedecke auf der Eisfläche. Einige Blesshühner watschelten in der Nähe des Bootshauses am Seeufer entlang. Direkt vor dem Gästehaus glitzerte der Schnee in der Sonne. Vom Balkon, der über ihrem lag, tropfte Schmelzwasser.

Sie zog ihre Jeans und den Rollkragenpulli an, warf einen Blick auf ihr Handy. Keine verpassten Anrufe, dafür eine neue Nachricht mit der Liste heimischer Trachtenbetriebe, die ihr die Landpolizistin versprochen hatte. Die konnte sie sich später noch genauer ansehen. Jetzt wollte sie erst einmal frühstücken.

Bergmann saß am gedeckten Frühstückstisch, trank Kaffee und las die *Kleine Zeitung*. Mit dem Essen hatte er auf sie gewartet. So zuvorkommend wie heute hatte er sich in all den Jahren nicht gezeigt. Daran hätte sich Sandra bestimmt erinnern können.

Auf ihrem Platz wartete ein Häferl mit heißem Wasser, dazu mehrere Teebeutel zur Auswahl. Sandra entschied sich für Pfefferminztee. »Hey, du hast ja sogar Müsli gefunden«, freute sie sich über die Flocken, Körner und Nüsse im Rexglas.

Bergmann brummte zustimmend, weiterhin in die Zeitung vertieft.

Wenngleich Sandra ihn und seine provokanten Sprüche manchmal zum Teufel wünschte, hatte er durchaus auch seine netten Seiten. Für eine Überraschung war er sowieso immer gut. Diesmal sogar für eine positive. Während sie den Joghurtbecher öffnete, schlug er die Zeitung zu. Sandra leerte das Naturjoghurt über ihr Müsli.

»Dann mache ich uns jetzt die Eierspeise.« Bergmann erhob sich.

»Soll ich das übernehmen?«, bot sich Sandra an.

Bergmann winkte ab. »So weit reichen meine Kochkünste. Bleib sitzen und lies die Zeitung. Seite 18.«

»Geht es um den Brand?« Sandra leckte ihren Zeigefinger ab, der einen Klecks Joghurt abbekommen hatte.

Bergmann wandte sich wortlos ab.

Neugierig blätterte sie in der Zeitung bis zur genannten Seite.

Bergmann hantierte an der Küchenzeile.

»Da schau an!«, meinte sie überrascht. »Dein Herr Sohn ist ›Steirer des Tages‹! Wow!«, überschlug sie sich fast vor Begeisterung. Wie schön, dass David diese Ehre zuteilwurde, freute sie sich ehrlich für ihn. Endlich einmal stand der junge Musiker nicht im Schatten der steirischen Volkspop-Sängerin, in deren Band er die Lead-Gitarre spielte. Seit dem Tauschkonzert im Fernsehen waren Jessica Wind und ihre Hits auch in Deutschland bekannt. Jedoch nicht die Bandmitglieder, die stets im Hintergrund blieben. Nicht zuletzt, um möglichst austauschbar zu bleiben. Der Star war einzig und allein Jessica Wind.

»Was habt ihr eigentlich alle mit diesem ›Steirer des Tages‹?«, wunderte sich Bergmann, die Hand am Pfannengriff. »Als gäbe es nicht 365 oder sogar 366 Tage im Jahr.«

»Na und?« Sandra tauchte den Löffel in ihr Müsli, um es mit dem Joghurt zu vermengen. »›Steirer des Tages‹ zu sein, kommt beinahe einem Ritterschlag gleich. Wir sind eben stolz auf unsere Landsleute, die für ihre herausragenden Leistungen vor den Vorhang geholt werden.« Sie schleckte den Löffel ab.

»In Wien wären die Leute maximal neidisch«, meinte Bergmann, die Eier verquirlend.

»Mag sein. Und jetzt lass mich weiterlesen«, erwiderte sie. Im Bericht über David wurde erwähnt, dass er während der ersten Corona-Welle die Krankheit mit leichten Symptomen überstanden hatte. Sein Blut zu spenden, in dem Antikörper nachgewiesen worden waren, um dadurch abwehrgeschwächten Covid-19-Patienten lebensrettende Behandlungen zu ermöglichen, sei für ihn selbstverständlich gewesen. Davon hatte ihr Bergmann gar nichts erzählt. Doch die Gesundheit seines Sohnes war schließlich Privatsache.

Während Sandra weiterlas, brutzelte es in der Pfanne. Der Duft von gebratenem Schinken stieg ihr in die Nase. »Wie bitte? David hat die Band verlassen?« Auch davon hatte Bergmann kein Sterbenswörtchen erwähnt. »Ist er privat auch nicht mehr mit Jessica zusammen?«

»Privat haben sich die beiden bereits bei den Dreharbeiten in Südafrika getrennt, nachdem sich Jessica mit einem anderen prominenten Sänger vergnügt hat.« Bergmann verteilte die Eierspeise auf den Tellern.

»Ach ja?« Sandra überlegte, welcher der Musiker infrage kam. Einige Folgen der unterhaltsamen Sendung hatte sie sich damals wegen David angesehen.

Bergmann kam mit den Tellern an den Tisch zurück. Für sich selbst hatte er Schinken abgebraten. Auf die Beziehung seines Sohnes oder auf deren Ende ging er nicht näher ein.

Und Sandra wollte nicht nachfragen. Sie wusste auch so, dass der Chefinspektor heilfroh war, dass sich David von der egozentrischen Sängerin getrennt hatte. Vor einiger Zeit hatten sie in ihrem Umfeld ermittelt, nachdem der Bassist der Band in ihrem Haus über die Treppe in den Tod gestürzt war. Und David sich in Jessica verliebt hatte.

Sandra trank einen Schluck Tee und machte sich über die Eierspeise her. »Perfekt«, lobte sie den Chefinspektor. »Danke, Sascha!«

»Nichts zu danken. Nach unserer nächsten gemeinsamen Nacht bist du mit dem Frühstückmachen dran«, meinte er mit vollem Mund.

Sandra schnitt eine Grimasse »Sag bloß, du willst noch eine Nacht hierbleiben.«

»Habe ich nicht vor. Aber die nächste Übernachtung auswärts kommt bestimmt, *Liebling*!«

Sandra widmete sich wieder der Zeitung, anstatt ihn für den verhassten Kosenamen zu rügen, worauf er ohnehin nur wartete. Prompt blieb sie an einem Foto der nächtlichen Löscharbeiten am Grundlsee hängen. Wie die ORF-Nachrichten hielt sich auch dieser Artikel an die Fakten der Polizeimeldung. Allerdings konnte sich jeder, der die Umgebung gut kannte, anhand der Fotos ausmalen, dass eine der Lex-Schwestern in den Flammen ums Leben gekommen war. Vor Ort hatte sich bestimmt längst auch herumgesprochen, welche der beiden.

2.

Die Tür der Mansardenwohnung stand einen Spaltbreit offen, als die Ermittler die zweite Etage des Eckhauses mit seinen offenen Veranden erreichten. Sandra fragte sich, wie viele Generationen von Trachtenschneidern hier wohl schon treppauf, treppab von der Werkstatt beziehungsweise vom Geschäft in die Wohnung und wieder zurückgegangen waren. Sie klopfte an die Tür, um sich bemerkbar zu machen, putzte ihre Schuhe an der Sisalmatte ab und betrat das Vorzimmer.

Bergmann zog die Tür hinter sich ins Schloss, steckte seine Sonnenbrille ein und öffnete den Reißverschluss seiner Jacke, während Sandra sich im Vorzimmer der Landwohnung umschaute.

Hellgrau gestrichene Wände, weiße Stuckleisten, eine Garderobe aus Antikholz mit schmiedeeisernen Metallhaken. Ein langer, schwarzer taillierter Lodenmantel mit pinkfarbenem Kragen und ein Wollschal im selben Pink. Auf der Hutablage ein Damenhut aus grauem Filz mit einem pinkfarbenen Hutband. Ein Paar schwarze Lederstiefel, das an Reitstiefel erinnerte, in einer Abtropftasse auf dem alten Holzboden. Ansonsten nirgendwo Schuhe. Alles sehr aufgeräumt und geschmackvoll.

»Frau Lex?«, rief sie nach der Bewohnerin. »LKA Steiermark!«, fügte sie der Ordnung halber hinzu, wiewohl Lilli Lex die Kriminalpolizei aus Graz erwartete.

»Kommen Sie bitte weiter!«, tönte es aus einem Raum, dessen Tür sperrangelweit offen stand.

Sandra und Bergmann folgten der Stimme und fanden Lilli Lex im lichtdurchfluteten Wohnzimmer.

Die blonde Frau stand bei einer bemalten Bauernkommode, wo sie einen Strauß bunter Tulpen und Ranunkeln arrangierte. Sie rückte die gläserne Vase zurecht, ehe sie auf die Ermittler zukam. Bei ihrer schlanken Statur hätte Sandra etwas schwungvollere Bewegungen erwartet. Doch vielleicht wirkte das Schlafmittel noch nach, das sie gestern Abend einnehmen wollte. Lilli Lex grüßte, ohne ihnen die Hand zu reichen. Viele Menschen hatten sich das Händeschütteln und andere Rituale, die mit Körperkontakt einhergingen, zu Corona-Zeiten abgewöhnt und ihre früheren Gewohnheiten nicht wieder aufgenommen. Einige streckten einander noch immer die Ellenbogen oder Fäuste entgegen, um den Abstand zu wahren und sich dennoch zu berühren. Andere falteten die Hände vor der Brust und verbeugten sich, wie es in Indien üblich war.

Auf Make-up hatte die attraktive Frau weitestgehend verzichtet, lediglich eine leichte Grundierung und einen dezenten roséfarbenen Lippenstift aufgelegt. Ihre blonden Haare waren hinten zusammengebunden. Offen getragen mochten sie ein paar Zentimeter unters Kinn reichen, schätzte Sandra. Ein relativ breites Kinn, das auf Durchsetzungskraft schließen ließ.

Zu ihren Blue Jeans, deren hoher Bund bis zu ihrer schlanken Taille hinaufreichte, trug sie eine rosa Trachtenstrickweste, darunter eine schlichte weiße Bluse mit hochgeschlossenem Kragen, die dem ländlichen Look eine elegante Note verlieh. Die filigranen goldenen Ohrhänger mit Rosenquarz und farblich abgestimmten Süßwasserperlen passten perfekt dazu.

Sandra kondolierte ihr, nachdem sie sich persönlich vorgestellt hatten.

Lilli Lex bedankte sich mit trauriger Miene. »Wollen wir uns nicht hinsetzen?« Mit einer schwachen Geste deutete die Trachtendesignerin auf die Sitzlandschaft, die mit grob gewebtem grauem Stoff bezogen und mit verschiedenfarbigen Zierpölstern aus Loden dekoriert war. Nichts war hier dem Zufall überlassen, alles genau am richtigen Platz. Nicht zu viel und nicht zu wenig. In der Wohnung wie an der Bewohnerin selbst. »Stimmt es, dass das kein Unglück, sondern Brandstiftung war?«, erkundigte sie sich, nachdem die Ermittler Platz genommen hatten.

Sandra bejahte ihre Frage. »Deswegen haben wir kriminalpolizeiliche Ermittlungen aufgenommen.«

Lilli Lex schluckte. Ihre Augen füllten sich mit Tränen. »Dann ist die Luise also ermordet worden?«

Ob sie es mit Mord, Totschlag oder einer Selbsttötung zu tun hatten, stand noch nicht fest. »Wir können es nicht ausschließen. Gibt es jemanden, mit dem Sie oder Ihre Schwester in letzter Zeit Streit hatten? Wurden Sie vielleicht bedroht?«

Lilli Lex schüttelte den Kopf und zupfte ein Taschentuch aus einer Box, die auf dem Couchtisch stand, um damit ihre Tränen zu trocknen.

»Hat es nicht wegen des Feriendorfs, das unmittelbar neben Ihrem Anwesen errichtet werden sollte, Konflikte gegeben?«

Lilli Lex nickte abwesend.

»Sie und Ihre Schwester waren gegen dieses Projekt, nicht wahr?«

»Selbstverständlich waren wir dagegen. Mit der Idylle und unserer Ruhe wäre es vorbei. Nicht nur während der Bauarbeiten. Auch danach müssten wir mit erheblich mehr Verkehr auf der Zufahrtsstraße und Lärmbelästigung durch die vielen Touristen rechnen, die noch dazu ständig wechseln. Für uns hätte dieses Feriendorf eine drastische Wertminderung unserer Villa zur Folge. Auch wenn uns mein Ex-Mann immer vom Gegenteil überzeugen wollte. Er hat uns eine Aufwertung unserer Immobilie durch dieses *Hideaway Alpenresort* versprochen. Der gesamte Grundlsee soll als Tourismusdestination davon profitieren.«

»Damit liegt er vermutlich nicht ganz falsch«, wandte Bergmann ein.

»Aus seiner Sicht natürlich nicht. Aber Luise und ich konnten einem Haufen Chalets im fake Ausseerstil, dazu neuen stark frequentierten Sport- und Freizeitanlagen in unserer unmittelbaren Nachbarschaft, absolut nichts abgewinnen.«

»Die Villa hat Ihnen und Ihrer Schwester gehört?«

»Wir haben sie zu gleichen Teilen von unserem Vater geerbt«, bestätigte Lilli Lex. Weitere Geschwister gab es nicht.

»Die Villa hatte für uns nicht nur einen materiellen, sondern auch einen ideellen Wert. Unser Ururgroßvater hat sie 1901 erbauen lassen, damit die Familie ihre Sommerfrische in nahezu unberührter Natur verbringen kann. Er würde sich im Grab umdrehen, wenn er wüsste, was hier alles entstehen soll.«

»Ihr Mann hat das Feriendorf-Projekt also gegen Ihren Willen unterstützt.«

Lilli Lex nickte schwach. »Mein Ex-Mann. Der Otto und ich waren kein halbes Jahr lang miteinander verheiratet, haben uns aber schon eine halbe Ewigkeit gekannt. Er war Ferienstammgast im *Seehotel.*«

Dass eine Ehe an einem derartigen Interessenskonflikt scheiterte, war absehbar.

»Es gibt etliche einflussreiche Leute vom Salzkammergut bis nach Wien, die dieses Projekt unterstützen und davon profitieren wollen. Mit solchen und ähnlichen Ferienimmobilien soll am Grundlsee der sogenannte sanfte Tourismus forciert werden, der hier immer propagiert wird. Das ist doch ein Widerspruch in sich. Der Ausverkauf der Region geht bloß unter einem Deckmantel weiter. Ferienimmobilie? Luxus-Chalet? Zweitwohnsitz? Für die Einheimischen, die sich die Preise für Grund

und Boden in ihrer Heimat nicht mehr leisten können, macht das keinen großen Unterschied. Die Gemeinde bietet jungen Familien zwar günstiges Bauland an, die meisten ziehen trotzdem weg, und mit ihnen verschwindet die gewachsene dörfliche Infrastruktur, von der ohnehin kaum noch etwas übrig ist. Stattdessen entstehen immer neue künstliche Dörfer, die die Landschafts- und Naturzerstörung weiter vorantreiben.«

»Darf ich Sie fragen, inwiefern Ihr Ex-Mann in dieses Projekt involviert ist?«

»Der Otto ist Geschäftsführer seiner Immobilien-Entwicklungsgesellschaft in Wien. Er ist sehr gut vernetzt und nutzt seine Kontakte, um Investoren zu gewinnen, die dieses Buy-to-let-Projekt finanzieren.«

»Was genau dürfen wir uns darunter vorstellen?«

»Kaufen, um zu vermieten«, übersetzte Lilli Lex wörtlich.

»Wie bei einer Vorsorgewohnung?«

Lilli Lex verneinte. »Buy-to-let ist ein Kauf- und Rückpachtmodell. Die Chalets werden als Ferienimmobilien an Anleger verkauft und nach der Errichtung durch eine Hotelbetriebsgesellschaft an Feriengäste vermietet. Die Hauseigentümer sind an den Beherbergungskosten beteiligt und lukrieren damit relativ hohe Renditen. Mehr als sieben Prozent sind prognostiziert. So viel ist mit anderen Immobilieninvestments zurzeit kaum zu erzielen. Außerdem können die Hausbesitzer ihre Chalets bis zu 30 Tage im Jahr selbst bewohnen.«

»Man kauft sich also ein Ferienhaus im Luxus-Resort als ertragreiche Anlage und kann sie für den eigenen Urlaub nutzen«, fasste Sandra das Investmentmodell zusammen.

»Ganz genau.«

»Und was kostet ein solches Haus?«

»Ab einer halben Million aufwärts. Für eine Villa mit fünf Zimmern müssen Sie schon mit 800.000 Euro rechnen. Ohne Innenausstattung und Nebenkosten, versteht sich.«

»Und dann besitze ich ein Haus, in dem ich nicht wohnen darf, wann und wie lange ich möchte?«, wandte Bergmann ein.

»Es ist ein Anlagemodell für kaufkräftige Investoren, die keinen Wohnbedarf haben, sondern einen möglichst hohen Zinsertrag für ihr Kapital erwirtschaften möchten. Dass sie ihren Urlaub zudem in der eigenen Immobilie verbringen können, ist ein zusätzlicher Anreiz. Mehr als vier Wochen Urlaub im Jahr wollen sowieso die wenigstens an ein und demselben Fleck verbringen.«

»Ist das Projekt wegen Corona zum Stillstand gelangt?«, fragte Sandra.

»Es ist schon vorher zu Verzögerungen gekommen. Ursprünglich war der Baubeginn vor dem Ausbruch der Pandemie anberaumt.«

»Dann würden die Chalets heute schon stehen.«

Lilli Lex zuckte mit den Achseln. »Das war der ursprüngliche Plan.«

»Warum hat sich der Baubeginn verzögert?«

»Ich nehme an, dass die Finanzierung noch nicht ausreichend gesichert war. Obwohl angeblich bereits die Hälfte der Häuser verkauft war. Luise und ich sind wohl auch mit schuld an dieser Verzögerung. Wir haben unsere Einwendungen bei der Gemeinde eingebracht, die bearbeitet werden mussten. Außerdem haben wir eine Unterschriftenaktion gegen ein weiteres Tourismusprojekt am Grundlsee initiiert. Aber wenn Sie den aktuellen Stand der Dinge wissen möchten, fragen Sie am besten bei meinem Ex-Mann nach. Oder auf der Gemeinde.«

Sandra ließ sich die Kontaktdaten von Otto Sulzbacher geben.

»Dann haben Sie ja großes Glück gehabt«, sagte Bergmann.

Lilli Lex sah ihn mit großen blauen Augen an. »Glück? Weil sich die Errichtung der Chalets verzögert?«

Bergmann holte Luft, um zu antworten.

Lilli Lex ließ ihn nicht zu Wort kommen. »Was glauben Sie, wie wurscht mir das jetzt ist?«, echauffierte sie sich. Bergmanns Bemerkung neutralisierte auch noch die letzten Auswirkungen des Schlafmittels, das sie gestern Abend eingenommen hatte. »Meine Zwillingsschwester, mit der ich mein Leben lang innig verbunden war, ist tot. Ich habe Luise geliebt wie mich selbst. Ich fühle mich, als wäre ein Teil von mir gestorben.«

Während einer Atempause setzte Bergmann erneut zu einer Antwort an. Wiederum vergeblich.

»Mein Haus, alles, was sich meine Familie über Generationen mit viel Herzblut geschaffen hat, ist verbrannt. Jedes Erinnerungsstück unwiederbringlich zerstört. Ich habe nichts mehr, außer den paar Fotos dort drüben. Und Sie erzählen mir, dass ich Glück habe?« Wieder standen Tränen in den Augen der Frau, deren Hand zitterte, als sie zu den Bilderrahmen auf der Kommode wies. Ihre Wangen waren vor Zorn leicht gerötet.

Bergmann zog es vor zu schweigen. Fürs Erste hatte ihm Lilli Lex den Schneid abgekauft. Vielleicht hielt er sich auch deshalb zurück, weil sie in sein Beuteschema passte. Oder hatte er Mitleid mit ihr? Wortlos rückte er die Box mit den Taschentüchern auf dem Couchtisch näher zu ihr. Hätte Sandra ihn nicht besser gekannt, hätte sie seine Verlegenheitsgeste glatt als Entschuldigungsversuch missverstanden.

Tatsächlich griff Lilli Lex nach einem Taschentuch.

Bergmann nutzte die Chance, um endlich zu Wort zu kommen. »Ich habe gemeint, dass Sie Glück im Unglück hatten.« Er beugte sich erneut nach vorn und stellte die Schachtel an ihren Platz zurück. »Immerhin hätten Sie ja auch selbst bei dem Brand ums Leben kommen können. Wären Sie in jener Nacht nicht in Ihrer Werkstatt gewesen.«

»Wer weiß schon, ob das ein Glück war?«, meinte Lilli Lex bitter.

»Arbeiten Sie öfter noch so spät?«, fragte Sandra.

Lilli Lex schluckte, um Contenance bemüht. »Wir stehen kurz vor einer wichtigen Trachtenschau. Am Freitag wird die neue *Lilli & Luise*-Kollektion beim Steirerball in der Wiener Hofburg präsentiert. Das ist eine einmalige Chance für unser Label.«

»Kommenden Freitag?«, hakte Sandra nach. Wollte die Trachtendesignerin trotz ihrer privaten Tragödie allen Ernstes eine Modeschau in Wien durchziehen?

»Ja, sechs Tage bleiben mir noch bis dahin. Gestern wollte ich alles absagen, habe aber noch einmal darüber geschlafen. Meine Schwester hat sich für diesen Auftrag so sehr ins Zeug gelegt, nachdem uns die Anfrage der *Steirer in Wien* relativ kurzfristig ins Haus geschneit ist.«

»Welche *Steirer in Wien*?« Soweit Sandra wusste, lebten Zigtausende Steirer in der Bundeshauptstadt. Nach Einwohnern war Wien sogar die »zweitgrößte steirische Stadt« hinter Graz.

»Der *Verein der Steirer in Wien* ist der Veranstalter des Steirerballs in der Hofburg. Vor der Absage wegen Corona im letzten Jahr war immer eine Traditionswerkstatt aus Graz mit der Trachtenschau betraut. Umso mehr haben wir uns über diesen ehrenvollen Auftrag gefreut und wollten diese Chance unbedingt für uns nutzen. Abseits der Trachtenschau werden auch Rabatt-Gutscheine für die *G'wandschneiderei* und den Webshop mit den Goodie-Bags verteilt, die jeder Besucher vor dem Verlassen der Hofburg erhält. Davon erhoffe ich mir einiges an zusätzlichem Geschäft. Immerhin kommen beim Steirerball rund 4.000 Leute zusammen, die alle trachtenaffin sind. Und die mediale Berichterstattung ist für die *G'wandschneiderei* sowieso unbezahlbar.«

»Hatten Sie große Umsatzeinbußen wegen Corona zu verzeichnen?«, fragte Sandra.

»Auch an uns ist die Wirtschaftskrise nicht spurlos vorübergegangen«, fuhr Lilli Lex fort. »Wenn keine Feste gefeiert werden, kaufen sich die Leute kaum neue Trachten. Wir mussten schweren Herzens unsere Filiale in der Wiener Innenstadt aufgeben und dort die gesamte Belegschaft kündigen, um den Mutterbetrieb nicht zu gefährden. Unsere Produktion ist noch immer nicht auf demselben Niveau wie vor Corona. In den letzten Wochen haben wir alle verfügbaren Ressourcen, auch freie Mitarbeiterinnen, für den Steirerball mobilisiert und unzählige Nächte durchgearbeitet. Und jetzt das …« Lilli Lex konnte noch immer nicht fassen, was geschehen war.

»Weshalb war Ihre Schwester am Abend des Neujahrstages nicht mit Ihnen in der Werkstatt?«, wollte Bergmann wissen.

»Sie hat sich den ganzen Tag über nicht wohlgefühlt. Die Silvesternacht ist ihr nachgehangen, sonst wäre sie bestimmt mitgekommen, um sich um die Headpieces zu kümmern.«

»Headpieces? Meinen Sie Hüte?«

Lilli Lex wandte sich Sandra zu. »In diesem Fall keine Hüte, sondern exklusiven Kopfschmuck«, erklärte sie. »Die Luise hat kunstvolle Blumenkränze für das Jungdamenkomitee und Blütenkrönchen für die Trachtenschau angefertigt. Alle aus gereinigten Vintage-Seidenblumen, die sie mit Silberdraht aufwendig von Hand gefädelt und in Form gebracht hat, ohne Plastik und Kleber.«

»Ich verstehe.«

»Meine Schwester hat Blumen über alles geliebt.« Lilli Lex blickte mit feucht glänzenden blauen Augen ins Leere.

»Dann war Ihre Schwester ebenfalls Designerin?«, fragte Sandra nach.

»Wir haben beide die Modeschule Hetzendorf abgeschlossen. Ich habe anschließend ein Praktikum bei der Gexi Tostmann in Wien absolviert. Die Luise hat einen Lehrgang für Marketing und Verkauf an der Wirtschaftsuni belegt. Vertrieb und Marketing haben zu ihren Kernaufgaben im Betrieb gezählt, während ich mich in erster Linie um die Kreationen und die Produktion kümmere.«

»War Ihre Schwester auch für die Social Media-Aktivitäten zuständig?«, hakte Sandra nach.

»Dafür beschäftigen wir eine Agentur. Auch für unsere klassische Werbung. Wollen Sie die Kontaktdaten haben?«

Sandra bejahte die Frage für alle Fälle. »Würden Sie uns bitte auch die Handynummern und E-Mail-Accounts Ihrer Schwester zukommen lassen? Wenn Sie auch die Zugangsdaten haben, umso besser.«

»Den Agenturkontakt und die Handynummer meiner Schwester kann ich Ihnen sofort geben. Auch ihre E-Mail-Adressen. Die Zugangsdaten müssten sich in ihrem Büro befinden. Das dauert etwas länger.«

»So schnell wie möglich, bitte.«

Lilli Lex nickte.

Sandra überreichte ihr eine Visitenkarte und notierte sich die vorhandenen Daten.

»Meine Schwester konnte auch sehr gut mit Zahlen umgehen«, fuhr die Designerin fort. »Was soll ich denn jetzt bloß ohne sie tun?«, überlegte sie laut.

»Für die Zahlen wird sich bestimmt jemand finden«, sagte Bergmann.

Was möglicherweise als Trost gedacht war, trieb Lilli Lex die Tränen in die Augen. Sie erhob sich, um den Raum zu verlassen.

Auch von hinten erkannte Sandra, dass sie ihre Gefühle nicht länger zurückhalten konnte. »Du bist so was von unsensibel«, rügte sie den Chefinspektor, kaum, dass die schluchzende Frau das Wohnzimmer verlassen hatte.

»Das ist doch nichts Neues«, bestätigte er mit säuerlicher Miene, als würde das sein Verhalten rechtfertigen. »Wo ist sie überhaupt hingegangen?«

»Was weiß ich? Auf die Toilette, hoffe ich. Wenn sie sich wegen dir etwas einwirft, können wir die Vernehmung an dieser Stelle abbrechen.« Ärgerlich stand Sandra auf. In Abwesenheit der Bewohnerin wollte sie die Familienfotos auf der Kommode aus der Nähe betrachten.

Die Zwillingsschwestern waren in verschiedenen Lebensphasen, aber stets gemeinsam abgebildet. Eines der Kinderfotos fand Sandra besonders entzückend. Die Mädchen im Volksschulalter stopften einander Schwedenbomben in den Mund, die eine mit Kokosraspeln, die andere mit Schokoglasur. Damals waren sie beide strohblond gewesen. Im Laufe der Jahre waren ihre Haare nachgedunkelt wie bei vielen Brünetten, auch bei Sandra. Die eine Zwillingsschwester war ihrer haselnussbraunen Naturhaarfarbe treu geblieben, die andere war auf ein helles Blond umgestiegen. Damals mussten sie Teenager gewesen sein, schätzte Sandra.

Ein späteres Foto zeigte die Mädchen auf einem alten Steyr-Traktor mit BA-Kennzeichen. Prompt kam Sandra der Aufstand der eigenbrötlerischen Ausseer in den Sinn, denen im Zuge der letzten steirischen Bezirksfusionierungen ihr Kennzeichen genommen worden war. Seither verschwand dieses nach und nach aus dem Straßenbild. Ein Affront für die stolzen Ausseer, die sich weniger der Steiermark zugehörig fühlten als dem Salzkammergut, das sie als zehntes Bundesland betrachteten, das offiziell gar nicht existierte. Der Ärger über den Verlust der geliebten Nummerntafeln war dermaßen groß gewesen, dass die Arbeitertrommelweiber – Männer mit Frauenmasken, die traditionell beim Ausseer Fasching auftraten – dem seinerzeit amtierenden steirischen Landeshauptmann kurzerhand die Ehrenmitgliedschaft entzogen, die sie dem Sozialdemokraten erst wenige Jahre zuvor verliehen hatten.

Ein anderes Foto zeigte ein attraktives Paar mittleren Alters. Die Eltern der beiden, nahm Sandra an. Die hübsche Frau mit den hellbraunen Haaren und den hohen Wangenknochen sah ihren Töchtern sehr ähnlich, war jedoch unscheinbarer, wirkte introvertiert, fast verloren neben ihrem großen, stattlichen Mann, von dem die beiden Töchter die breite, kantige Kinnpartie geerbt hatten.

Auf einem alten Schwarz-Weiß-Foto posierten drei Generationen in Tracht vor einer mondänen Villa, die mit ihrem Türmchen und prachtvoll geschnitzten Veranden wie ein Schlösschen anmutete. Die älteren Herrschaften vermittelten einen honorigen Eindruck. Der Fabrikant aus Wien nebst Gattin, nahm Sandra an. Vor dem jüngeren

Paar stand ein Bub, der demnach der Großvater der Zwillinge sein musste. So also hatte die Lex-Villa früher einmal ausgesehen. Größer und prachtvoller, als sie es sich beim Anblick der Brandruine ausgemalt hatte.

»Lilli und Luise«, murmelte sie vor sich hin. Auffallend hübsch, die beiden, die aus gutem Hause stammten und, den Fotos nach zu schließen, ein schönes Leben geführt hatten. Wenn auch ohne eigene Familien. Was sich in Lillis Fall noch ändern konnte.

Sandra fotografierte die Bilder mit dem Handy ab und kehrte zur Couch zurück.

»Vielleicht hat Luise Lex das Feuer ja selbst gelegt«, sagte Bergmann, als sie ihren Platz neben ihm wieder eingenommen hatte.

»Ein Suizid, meinst du? Daran hab' ich auch schon gedacht. Obwohl diese Methode der Selbsttötung nur sehr selten vorkommt. Und wenn, dann handelt es sich vorwiegend um religiös oder politisch motivierte Männer, die sich selbst zumeist öffentlich in Brand stecken.«

Bergmann kratzte sich nachdenklich am Kinn. »Oder jemand wollte die Villa warm abtragen, um den Frauen zu schaden, ist aber davon ausgegangen, dass niemand zu Hause ist. Er könnte angenommen haben, dass beide nachts in der Werkstatt arbeiten«, spekulierte er weiter.

Sandra hielt diese Theorie für ebenso unwahrscheinlich wie einen Suizid, wenn auch nicht für unmöglich. »Dann war der Täter gar nicht in ihrem Schlafzimmer?«

»Wir wissen noch nicht, ob die Leiche mit dem Brandbeschleuniger Kontakt hatte«, erinnerte Bergmann sie.

»Na schön, wenn es der Brandstifter wirklich auf das Haus abgesehen hatte, nicht auf eine oder beide Schwestern, dann muss er ihnen einigermaßen nahestehen. Er hätte von ihren Nachtschichten wissen müssen, um davon ausgehen zu können, dass sich beide in der *G'wandschneiderei* aufhalten.«

»Ganz so nah aber auch wieder nicht, sonst hätte er gewusst, dass Luise Lex an diesem Abend zu Hause geblieben ist«, wandte Bergmann ein.

»Hätte er sich vor der Tat nicht vergewissert, dass keiner in der Villa ist, um nicht ein Menschenleben zu riskieren?«, kehrte Sandra zu seiner vorherigen Theorie zurück. »Hätte er in diesem Fall nicht angeläutet? Oder in der Garage nachgesehen, ob ein Auto drinnen steht?«, spielte sie auf den ausgebrannten Kastenwagen an.

»Er hätte auch annehmen können, dass beide Frauen gemeinsam mit einem Auto unterwegs sind.«

»Und was ist das Tatmotiv bei deiner Theorie? Wer profitiert von der Tat?«

»Das gilt es herauszufinden. Wenn es eine Feuerversicherung gibt, wird Lilli Lex finanziell entschädigt«, meinte Bergmann. »Sofern sie nicht als Brandstifterin überführt wird. Dann nämlich würde sie durch die Finger schauen.«

Sandra suchte das Foto der Villa auf ihrem Handy und zeigte es Bergmann. »Eine Feuerversicherung kann ihr diese prachtvolle Villa wohl kaum ersetzen. Ihre Schwester sowieso nicht.«

Bergmann pfiff anerkennend durch die Zähne. »Schicke Hütte, obwohl ich nicht auf alte Häuser stehe. Mit dieser Lage war die Villa bestimmt Millionen wert.«

Sandra legte ihr Handy weg. »Dass Lilli Lex ihre Schwester aus Habgier getötet hat, würde ich eher ausschließen.« Offenkundig hatte Lilli Lex an ihrer Zwillingsschwester und an der Villa sehr gehangen.

»Fragen wir sie trotzdem nach ihrem Alibi, wenn sie wiederkommt«, schlug der Chefinspektor vor.

»Falls sie in absehbarer Zeit wiederkommt und dann noch ansprechbar ist.«

»Die kommt wieder«, zeigte sich Bergmann überzeugt.

Warum war er sich da so sicher? »Viel wahrscheinlicher finde ich, dass dem Brandstifter Menschenleben schlichtweg egal sind«, sagte Sandra.

»Du denkst an einen Pyromanen?«

Sandra nickte.

»Wäre naheliegend, wenn Luise Lex zum Zeitpunkt der Brandstiftung noch gelebt hat. Sollten wir es aber doch mit einem Brandmord zu tun haben, werden wir uns den potenziellen Täterkreis näher ansehen müssen. Und uns die Frage nach konkreten Tatmotiven stellen«, sagte Bergmann.

»Vielleicht war es ja wirklich ein Mitbewerber«, meinte Sandra. »Neider haben die beiden bestimmt genug.«

»Ein Konkurrent hätte doch aber eher die Werkstatt abgefackelt, um die Produktion zu stören. Und nicht das Wohnhaus«, mutmaßte Bergmann.

Sandra musste ihm recht geben. »Es sei denn, er wollte die Schwestern aus blindem Hass, Neid oder Rache schädigen. Wir sollten Lilli Lex auf alle Fälle mit der Liste ihrer Mitbewerber konfrontieren.«

»Und wenn ein Mitarbeiter …« Bergmann verstummte mitten im Satz, als Lilli Lex mit einem Krug Wasser und einem Stapel Gläser zurückkehrte.

Sie wirkte einigermaßen gefasst, ging aufrecht, ohne zu taumeln, stellte Sandra fest.

»Möchten Sie ein Glas Wasser?«

»Gerne«, sagte Sandra und wunderte sich, dass Bergmann das Angebot ebenfalls annahm, anstatt, wie sonst üblich, nach Kaffee zu fragen. Nach dem feudalen Frühstück, das er für sie zubereitet hatte, war das schon die zweite Überraschung an diesem Tag. Während Lilli Lex ihnen Wasser einschenkte, erkundigte sie sich nach dem Fahrzeug, das in ihrer Garage ausgebrannt war. Sie erfuhren, dass der Peugeot Kastenwagen ebenso auf die Firma zugelassen war wie der Jeep, mit dem Lilli Lex in der Brandnacht in die *G'wandschneiderei* gefahren war.

»Haben Sie brennbare Flüssigkeiten im Haus oder in der Garage gelagert?«

»Zwei volle Kanister für Notfälle«, bestätigte Lilli Lex. »In einem war Benzin, im anderen Diesel.«

Sandra und Bergmann warfen einander Blicke zu.

Dass in der Brandruine irgendwelche Kanister sichergestellt worden wären, hatte der Brandexperte mit keiner Silbe erwähnt. Entweder hatte er es vergessen, oder der Brandstifter hatte den Inhalt für einen Brandsatz benutzt und die Kanister anschließend verschwinden lassen. Im zweiten Fall konnten sie die Suizidtheorie ausschließen, überlegte Sandra. »Hat Ihre Schwester schon einmal versucht, sich das Leben zu nehmen?«, hinterfragte sie dieses Szenario.

»Nicht einmal in ihren dunkelsten Stunden, nachdem unsere Eltern bei einem Autounfall verstorben sind«, sagte Lilli Lex.

»Oh, das tut mir leid«, sagte Sandra.

»Danke, aber das ist schon eine Weile her. Damals waren wir 20.«

Der Tod ihrer Zwillingsschwester war demnach nicht der erste Schicksalsschlag, den die Frau zu bewältigen hatte.

»Wann haben Sie Ihre Schwester das letzte Mal gesehen?«, fragte Bergmann.

Lilli Lex biss sich auf die Lippen, ehe sie antwortete. »Freitagabend. Wir haben zusammen gegessen und uns die Nachrichten im Fernsehen angeschaut. Nach der Wettervorschau hab' ich mich auf den Weg gemacht. Die Luise wollte sich hinlegen, ein paar Stunden schlafen und vielleicht später nachkommen.«

»Dann waren Sie am Neujahrstag gegen 20.15 Uhr in der Werkstatt?« Viel länger als 20 Minuten brauchte man für die Strecke von der Lex-Villa nach Bad Aussee nicht, überlegte Sandra.

»Ich hab' nicht auf die Uhr geschaut, aber das dürfte hinkommen«, bestätigte Lilli Lex.

»Also hat Ihre Schwester kurz vor 20 Uhr noch gelebt.«

Lilli Lex nickte, schloss ihre Augen und massierte sich die Schläfen.

»War außer Ihnen noch jemand am Freitagabend in der Werkstatt?«, fragte Sandra weiter.

Lilli Lex sah sie wieder an. »Ja, ich hab' eine Mitarbeiterin angerufen und sie gebeten, mir zu helfen. Ingrid Angerer. Sie ist etwas später in der Werkstatt eingetroffen, gegen 20.30 Uhr, schätze ich. Die Ingrid ist eine unserer fleißigsten und sorgfältigsten Näherinnen. Ihr fällt zu Hause die Decke auf den Kopf, seit sie verwitwet ist. Ihre Kinder sind auch schon aus dem Haus.«

»War Frau Angerer bei Ihnen, als Sie von dem Brand erfahren haben?«

Lilli Lex verneinte. »Sie ist ungefähr bis Mitternacht geblieben.«

Zeit genug für die Chefin, anschließend selbst nach Hause zu fahren und das Feuer zu legen. Oder für die Näherin. Rein theoretisch. Beides hielt Sandra für unwahrscheinlich. Brandstiftung sprach doch eher für einen männlichen Täter, ob er nun pyromanisch veranlagt war oder nicht. Dass er brandtechnisch versiert zu sein schien, ebenso. Dennoch notierte sie sich den Namen und die Telefonnummer der Mitarbeiterin. »Und nach Mitternacht waren Sie dann allein in der Werkstatt?«, fuhr sie fort.

»Ja, ich war gerade mit den Abnähern fertig, als um 3.26 Uhr mein Handy geklingelt hat. Ich dachte zuerst an die Luise, die als Einzige außer der Ingrid wusste, dass ich bei der Arbeit war. Sonst ruft mich ja keiner um diese Uhrzeit an. Es war aber eine Polizistin dran, die mich über den Brand informiert hat. Ich hab' mich sofort nach meiner Schwester erkundigt, doch sie konnte mir zu diesem Zeitpunkt noch nicht sagen …« Lilli Lex presste ihre Lippen aufeinander. »Ich hab' alles liegen und stehen lassen und bin nach Hause gerast.« Sie atmete tief durch. »Unterwegs hab' ich immer wieder versucht, die Luise anzurufen, aber es hat sich nur ihre Mailbox gemeldet. Ich hab' das Schlimmste befürchtet und …« Erneut kämpfte die Frau gegen ihre Tränen an.

»Ich nehme an, Sie sind feuerversichert?«, erkundigte sich Bergmann.

Lilli Lex nickte. »Das macht meine Schwester auch nicht wieder lebendig.«

»Haben Sie das Haus an diesem Abend im Streit verlassen?«, wollte Bergmann wissen.

Lilli Lex bestritt seine Frage.

»War irgendetwas anders an diesem Tag? War Ihre Schwester aufgeregt? Besorgt? Hatte sie Angst?«

»Nein.«

»Wie sieht es denn mit Mitbewerbern aus?«, wechselte Sandra das Thema, ehe der Chefinspektor die Frau noch einmal zum Weinen brachte. »Bestimmt sind nicht alle über Ihren Erfolg begeistert.«

»So ist es, leider. Die Platzhirsche haben uns von Anfang an gemieden, hinter unseren Rücken schlechtgemacht und ausgegrenzt, wo sie nur konnten. Das war sehr ärgerlich, um es gelinde auszudrücken. Aber wir hatten ja uns beide. Meine Schwester und ich haben uns gut ergänzt, uns gegenseitig unterstützt und unsere Pläne beharrlich weiterverfolgt.«

Mit Talent, solidem Handwerk, Fleiß und Beharrlichkeit war es meistens nur eine Frage der Zeit, bis sich der angestrebte Erfolg einstellte, glaubte Sandra.

»Während die anderen Trachtenproduzenten in Aussee von ihrem traditionellen G'wand keinen Zentimeter abrücken wollten, haben wir mit unserem Label *Lilli & Luise* neue Trends gesetzt, indem wir hochwertige ungewöhnliche Stoffe in unseren Modellen verarbeiten und Stilelemente aus anderen Modeströmungen zulassen. Wir haben unsere eigene Handschrift entwickelt, die vor allem jüngere, trendbewusste Kundinnen schätzen. Darunter auch etliche prominente wie Jessica Wind zum Beispiel. Sie liebt unser Label, trägt unsere Modelle auf der Bühne und privat. Das ist unbezahlbare Werbung für uns.«

Sandra und Bergmann tauschten Blicke aus. Schon wieder die Volkspop-Sängerin, mit der David liiert gewesen war.

»Schneidern Sie nach Maß?«, fuhr Sandra fort. Die Preise, die sie gegoogelt hatte, ließen es vermuten.

»Auch, ja. Besonders gefragt sind aber unsere teilkonfektionierten Dirndlkleider, die sich in Modulen zusammenstellen lassen. Also Leib, Kittel und Schürze extra. Bestellen kann man auch über unseren Webshop. Entweder in einer Konfektionsgröße, oder die Kundinnen geben uns ihre Maße bekannt. Drei bis vier Wochen später können sie persönlich zu einem Fitting vorbeikommen und ihr Dirndl mitnehmen. Oder sie lassen es sich direkt nach Hause schicken. Auch unsere Trachtenröcke sind immer stärker nachgefragt. Die fertigen wir ebenfalls aus hochwertigen Stoffen an, teilweise von Hand oder mit Fotomotiven bedruckt. Darüber hinaus bieten wir Blusen, Lederhosen und Accessoires an, die wir zukaufen. Dazu Luises exklusive Blumenkreationen.«

»Gibt es Mitbewerber, die Ihnen besonders gerne das Handwerk legen würden?« Im wahrsten Sinn des Wortes.

»Ein, zwei Leute fallen mir schon ein, die uns die Pest an den Hals wünschen. Aber dass sie deshalb unser Haus anzünden und meine Schwester töten?« Lilli Lex überlegte. »Das kann ich mir nicht vorstellen.« Ausschließen konnte sie es aber auch nicht.

Sandra öffnete das Dokument auf ihrem Handy. »Gibt es jemanden auf dieser Liste, den wir befragen sollten?« Sie reichte der Frau ihr Smartphone.

Lilli Lex überflog die Namen. »Wie schon gesagt, so etwas traue ich keinem von denen zu. Die Konkurrenz ist jetzt auch nicht mehr so groß wie früher. Die Spreu hat sich in der Corona-Krise vom Weizen getrennt. Zwei Betriebe auf dieser Liste gibt es nicht mehr. Den größten Pick von allen hat mit Sicherheit Franz Grimm von der *Trachtenheimat* auf uns. Er wollte diesen Betrieb damals kaufen, bevor wir den Zuschlag für die Übernahme bekommen haben. Außerdem hat er bis zuletzt gehofft, dass er heuer den Auftrag für den Steirerball an Land ziehen kann. Seine Frau, die Gerti, soll vor Wut geschäumt haben, als sie von der Vergabe an uns erfahren hat.«

Sandra nahm ihr Smartphone wieder an sich und fügte ihren Notizen zwei weitere Namen hinzu. »Woher haben Sie diese letzte Information, wenn ich fragen darf?«

»Von einer Näherin, deren Cousine als Verkäuferin bei der Gerti arbeitet.«

»Gibt es eventuell Mitarbeiter, die Ihnen Schaden zufügen wollen?«, fragte Bergmann weiter. »Oder ehemalige? Möglicherweise jemand, den Sie gekündigt haben?«

Lilli Lex überlegte nicht lange. »Das kann ich mir noch weniger vorstellen«, wiegelte sie ab. »Wir haben alle unsere Mitarbeiterinnen stets fair behandelt. Sogar während des Lockdowns, als uns das Wasser bis zum Hals gestanden ist. Wir haben alle in Kurz- oder Heimarbeit geschickt, schlussendlich aber doch einen großen Teil der Belegschaft entlassen müssen. Einige der gekündigten Damen beschäftigen wir inzwischen wieder als freie Mitarbeiterinnen.«

»Hat es zuletzt einen Mann an der Seite Ihrer Schwester gegeben? Oder hat sie sich kürzlich von jemandem getrennt?«, fragte Bergmann.

Es folgte Kopfschütteln. »Ganz bestimmt nicht.«

»Und Sie? Sind Sie Single?«, wollte er wissen.

»Ich verstehe nicht, was das mit dem Brand und dem Tod meiner Schwester zu tun haben soll«, antwortete Lilli Lex.

»Höchstwahrscheinlich nichts«, stellte Sandra klar. Es sei denn, der Brandanschlag hatte ihr und nicht ihrer Schwester gegolten.

»Ich bin Single, habe aber eine Affäre. Nichts Ernstes, nur ein Betthupferl.«

Diesen Ausdruck hatte Sandra bisher nur im Zusammenhang mit einer Schokoladenwaffel gehört.

Bergmann zog die Augenbrauen hoch. Mit einer solch freizügigen Antwort hatte er offenbar nicht gerechnet. »Kann es sein, dass der junge Mann mehr von Ihnen will als Sie von ihm?«, hakte er nach.

»Woher wollen Sie wissen, dass es sich um einen *jungen* Mann handelt? Oder überhaupt um einen Mann?«

Der Chefinspektor runzelte die Stirn. »Kommen Sie …«

»Ach so, die Gerüchteküche«, zog Lilli Lex den einzig logischen Schluss. »Dem jungen Mann sollte klar sein, dass er nicht mein Mann fürs Leben ist. Den gibt es sowieso nicht. Genauso wenig wie es den Weihnachtsmann gibt. Oder frei nach Falco: ›Ich weiß, dass der Mann, der mich erträgt, noch nicht geboren ist.‹ Aber von mir aus braucht er gar nicht erst zur Welt kommen.«

In Sandras Ohren klang das zwar desillusioniert, aber keineswegs frustriert.

Lilli Lex nannte ihr den vollständigen Namen des Fischers, den sie bereits kannten. Dazu seine Handynummer.

»Eine Frage noch: Hatten Sie in letzter Zeit Streit mit Ihrem *Betthupferl*?«, griff Bergmann das Synonym für ihren Geliebten auf.

Sandra fragte sich insgeheim, warum es aus seinem Mund viel sexistischer klang als aus jenem der Frau. War dieser Eindruck seinem Geschlecht geschuldet? Lag es an seiner Persönlichkeit? Oder an ihrem eigenen Empfinden?

Lilli Lex zerriss ihre Gedankenkette. »Fabian und ich haben uns in den letzten Wochen kaum gesehen. Wegen der vielen Arbeit für den Steirerball. Und wenn, dann hatten wir etwas Besseres zu tun, als uns zu streiten.«

Bergmann nickte und wandte sich Sandra zu, um sich zu vergewissern, dass auch sie keine Frage mehr an die Zeugin hatte.

»Vielen Dank für Ihre Zeit, Frau Lex«, sagte sie im Aufstehen. »Noch einmal herzliches Beileid!«

»Halten Sie sich bitte zu unserer Verfügung. Es kann sein, dass in den nächsten Tagen noch die eine oder andere Frage auftaucht.« Bergmann erhob sich gleichzeitig mit Lilli Lex.

»Aber nach Wien darf ich schon fahren?«

Bergmann hatte nichts dagegen. »Wann planen Sie denn, dort zu sein?«

»Ich möchte am Dreikönigstag nach Wien fahren. Tags darauf findet dort die letzte Besprechung mit der Event-Agentur statt, danach das Fitting mit den Models und die Probe für die Trachtenmodeschau.«

»Selbstverständlich steht es Ihnen frei, jederzeit auch ins Ausland zu reisen. Dann wäre es allerdings hilfreich, wenn Sie uns vorher Bescheid geben. Meine Karte haben Sie ja«, sagte Sandra.

Lilli Lex nickte.

»Wir finden allein hinaus, danke.«

Vor dem Haus sprach Sandra den Chefinspektor an. »Wollen wir Fabian Köberl gleich befragen, wo wir schon einmal in der Gegend sind?«

»Bist du neugierig auf das Betthupferl?« Bergmann setzte seine Sonnenbrille auf.

»Und du neidisch?« Sandra drückte auf ihren Funkschlüssel.

Bergmann lachte. »Lieb von dir, aber aus dem Betthupferlalter bin ich leider raus.«

»Und die Frau, die dich erträgt, ist auch noch nicht geboren«, bezog sich Sandra, wie zuvor Lilli Lex, auf Falcos Textzeile.

Sie stiegen in den Dienstwagen ein. Beide Autotüren fielen nahezu synchron ins Schloss.

»Meinetwegen, ruf ihn halt an.« Bergmann griff nach seinem Gurt.

»Deinetwegen?« Sandra wählte die Nummer des Fischers. Vielleicht hatte er ja ein paar frische Grundlsee-Saiblinge für sie zum Mitnehmen.

Wenig später wusste sie, dass er gerade unterwegs war und keine Fische zu verkaufen hatte. Die Läden in Grundlsee, Kainisch und Bad Aussee waren alle geschlossen. Fabian Köberl bot ihr aber an, ihre Bestellung aufzunehmen, die sie am nächsten Tag abholen konnte. Darüber hinaus bestand die Möglichkeit, im Online-Shop der Fischerei eine Frischfischbox zu bestellen. Das Fischpaket würde danach regelmäßig ins Haus geliefert werden. Sandra nahm sich vor, demnächst die Webseite der Fischerei zu besuchen. Nach einigen Routinefragen erfuhr sie, dass der junge Mann zur Tatzeit zu Hause geschlafen hatte. Allein. Bezeugen konnte das demnach niemand. Auch nicht seine Eltern, in deren Haus er eine eigene Wohnung bewohnte. Anzunehmen, dass sie ebenfalls geschlafen hatten. Damit hatte Fabian Köberl zwar kein Alibi, stand aber auch nicht unter Tatverdacht. Selbst wenn er Lilli Lex hätte schaden wollen, warum sollte er ihrer Schwester etwas antun? Eine Verwechslung schien ausgeschlossen. Schon allein aufgrund der unterschiedlichen Haarfarben.

Am wahrscheinlichsten war es wohl, dass ein Pyromane das Feuer gelegt hatte, glaubte Sandra. Wobei es ohne persönliche Täter-Opfer-Beziehung umso schwieriger werden würde, dem Brandstifter auf die Spur zu kommen. Solange er keinen entscheidenden Fehler beging, der die Ermittler auf ihn aufmerksam machte.

»Sollen wir noch bei Frau Angerer vorbeischauen, bevor wir heimfahren?«, wandte sie sich an ihren Beifahrer.

»Hm?« Bergmann ließ sein Smartphone sinken und sah sie über seine Lesebrille hinweg an.

»Ingrid Angerer. Die Näherin, die in der Brandnacht mit Lilli Lex in der Werkstatt war«, erläuterte sie.

»Die hat für mich keine Priorität. Ich möchte jetzt erst einmal die Obduktion abwarten. Du kannst sie später auch noch anrufen.«

Sandra startete den Motor. »Was ist mit unserem Meeting morgen?«

»Ich schreib' Miriam, dass sie es für 14 Uhr ansetzen soll. Und jetzt fahr endlich! Ich will heute noch in die Zivilisation zurückkehren.«

Sandra legte den Gang ein und stieg aufs Gaspedal. Wäre sie allein oder mit Freunden hier gewesen, hätte sie das Kaiserwetter bestimmt zum Skifahren auf dem Loser oder auf der Tauplitz genutzt. So aber blieb ihr gar nichts anderes übrig, als den Chefinspektor zurück nach Graz zu chauffieren. Seinem Sohn wollte sie heute noch eine Nachricht schicken, um ihm zum »Steirer des Tages« zu gratulieren, nahm sie sich unterwegs vor. Außerdem Andrea fragen, wie die Geburtstagsparty ohne sie verlaufen war. Die Freundin hatte wirklich recht. Ihr Beruf war manchmal beschissen. Dennoch hätte Sandra keinen anderen ausüben wollen.

KAPITEL 3

Montag, 4. Jänner
Graz

1.

»Sind wir vollzählig?« Der Chefinspektor wandte sich an Miriam Baumgartner, die sein Team zusammengetrommelt hatte.

Im düsteren Licht des Besprechungszimmers zählte die junge Kollegin die Anwesenden durch. Die Außenjalousien hatte sie allesamt halb heruntergelassen, damit die tief stehende Wintersonne die Präsentation an der Wand nicht störte. »Du kannst loslegen, Sascha«, bestätigte sie. Von einigen Plätzen war Getuschel zu vernehmen.

»Meine Herrschaften, darf ich um eure Aufmerksamkeit bitten? Stefan? Jörg?«, sprach Bergmann zwei Kollegen stellvertretend für alle anderen an, die sich weiter unterhielten.

Stefan Baumgartner, der mit Miriam verheiratet war, entschuldigte sich und verstummte.

Miriam startete die Präsentation mit dem ersten Foto, das die Brandruine in Grundlsee bei Tageslicht zeigte.

Der Chefinspektor erteilte dem Brandexperten das Wort, damit dieser die Spurenlage am Tatort detailliert darlegen konnte.

»Habt ihr keine Benzinkanister in der Garage sichergestellt?«, wollte Bergmann anschließend wissen.

Stefan überflog die Liste der verschmorten, geschmolzenen und verkohlten Asservate, unter denen sich kein Kanister befand.

Bergmann fuhr sich übers unrasierte Kinn. »Interessant. Laut Hausbesitzerin sollen sich nämlich zwei volle Kanister in der Garage befunden haben. Einer mit Benzin, einer mit Diesel. Wenn die nicht mehr vor Ort waren, müssen wir wohl davon ausgehen, dass der Brandstifter den Inhalt für den Brandsatz benutzt und die Kanister anschließend mitgenommen hat, um mögliche Spuren zu beseitigen.«

»Aber Diesel brennt doch gar nicht«, warf Miriam ein.

»Unter normalen Umständen nicht, da hast du recht«, sagte der Brandexperte.« Zusammen mit Benzin ergibt er aber ein teuflisches Gemisch, das gerne für Brandsätze verwendet wird. Das Benzin entzündet sich bereits bei einem Flammpunkt von minus zehn Grad Celsius, brennt daher schnell und sehr heiß. Das sorgt dafür, dass bei etwa 55 Grad Celsius die Dieseldämpfe Feuer fangen, die länger brennen als Benzin.«

»Ein Suizid durch Brandlegung lässt sich damit wohl ausschließen. Wer zündet sein Haus an, schafft die Kanister fort und legt sich anschließend ins Bett, um dort zu verbrennen?«, meinte Sandra.

»Wenn der Täter von der Existenz der Treibstoffkanister in der Garage gewusst hat, muss er die Frauen und ihr Haus ziemlich gut gekannt haben«, warf Miriam ein.

»Der Brandstifter könnte die Kanister doch auch zufällig in der Garage entdeckt haben«, mutmaßte Stefan. »Vielleicht hat er sie zusätzlich zu mitgebrachtem Brandbeschleuniger verwendet, damit das Feuer noch heftiger ausfällt. Darauf fahren Pyromanen doch ab.«

»Höchst unwahrscheinlich«, widersprach ihm Bergmann. »Ich glaube nicht an einen solchen Zufall, sondern bin davon überzeugt, dass der Brandstifter das Opfer und das Objekt gezielt ausgewählt hat. Zudem können wir jetzt ausschließen, dass wir es mit einem Pyromanen zu tun haben.«

Sandra blickte überrascht von ihrer Mitschrift auf. Dass die Theorie, die ihr bislang am plausibelsten erschienen war, nunmehr hinfällig sein sollte, war ihr neu.

»Miriam, zeig uns die Fotos aus der Gerichtsmedizin«, forderte Bergmann die junge Kollegin auf.

Es war mucksmäuschenstill im Raum, als der Beamer das Foto der Toten an die Wand projizierte, die mit verkohlten, gekrümmten Gliedern unter dem grellen Licht der Neonröhren auf dem stählernen Seziertisch lag.

Wenngleich Sandra befürchtete, dass ihr gleich wieder übel werden würde, konnte sie nicht anders, als gebannt auf die Leiche zu starren.

»Wir sehen hier die typische Fechterstellung eines Brandopfers«, kommentierte Bergmann die Projektion für die, die es noch nicht wussten. Die nächste Aufnahme zeigte den Rücken der Toten, der vergleichsweise unversehrt war. »Die Leiche muss auf dem Rücken gelegen sein, als sie verbrannte. Die Auflagefläche war dem Feuer nicht direkt ausgesetzt. Daher ist die Haut hier relativ intakt. Überall anders finden sich die üblichen postmortalen Hitzeschäden.«

Die folgenden Nahaufnahmen zeigten einige charakteristische Brandmale: aufgeplatzte Bauchdecke, Schrumpfungen und Risse der Haut, stark gekräuselte, geschwärzte Haarreste auf dem Kopf. Dazu ein Sprung im Schädel. Beim Anblick des verkohlten Gesichts mit den aufgequollenen Lippen und der Zunge, die zwischen den Zähnen hervortrat, drehte sich Sandra endgültig der Magen um. Sie wandte ihren Blick ab und schenkte sich Wasser ein.

Miriam war noch blasser als sonst, fiel ihr auf.

Bergmann fuhr unbeeindruckt fort. »Bei der Brandleiche fehlen jegliche vitale Zeichen. Es gibt keine Krähenfüße in den Augenwinkeln, wie sie durch instinktives Schließen der Augen bei Raucheinwirkung entstehen hätten müssen. Rußpartikel waren weder in den Atemorganen noch in der Speiseröhre oder im Magen vorhanden. Darüber hinaus konnte im Herzblut kein CO-Hämoglobin nachgewiesen werden. Zweifelsfrei haben wir es mit einem Mordbrand zu tun.«

Dann war Luise Lex also bereits tot gewesen, als der Brand gelegt worden war. Das wiederum legte den Verdacht nahe, dass das Feuer die Spuren eines Tötungsdelikts vertuschen sollte.

»Die Frau war 33 Jahre alt und zu Lebzeiten kerngesund«, fuhr Bergmann fort. »Obwohl sie nur mehr eine Niere hatte, und zwar die rechte.«

»Ein Unfall? Oder war Luise Lex Organspenderin?«, fragte Sandra nach.

»Kein Unfall, auch keine Krankheit. Ich habe ihre Schwester angerufen und dazu befragt.« Bergmann war selbst haarscharf an einer Nierentransplantation vorbeigeschrammt. Daher rührte wohl sein Interesse an diesem Thema, glaubte Sandra. Sonst hätte er wie üblich eine seiner Mitarbeiterinnen nachfragen lassen. Darüber hinaus wusste er zu berichten, dass dem Spender meistens die linke Niere entnommen wurde, da diese über eine längere Zuleitung verfügte und somit leichter beim Empfänger angeschlossen werden konnte. »Luise Lex hat das Organ ihrer Zwillingsschwester gespendet. Für Lilli Lex war das der Idealfall. Als eineiiger Zwilling hatte sie zu keiner Zeit eine Abstoßungsreaktion zu befürchten, ohne Immunsuppressiva einnehmen zu müssen. Beide Frauen haben seit der OP, der sie sich 2009 in Wien unterzogen haben, komplikationsfrei mit jeweils einer Niere weitergelebt. Abgesehen davon war Luise Lex schwanger. Laut Gerichtsmedizinerin in der fünften oder sechsten Woche.«

Sandra starrte Bergmann überrascht an. Hatte Lilli Lex nicht behauptet, ihre Schwester hätte zuletzt keine Beziehung zu Männern gehabt? »Hast du ihre Schwester gefragt, von wem sie schwanger war?«

Bergmann verneinte. »Das werden wir in einem persönlichen Gespräch nachholen.«

»Und was wissen wir über die Todesursache?«, fragte Sandra weiter.

»Die Frau muss an einem Schädelhirntrauma verstorben sein. Verursacht durch einen Schlag mit einem stumpfen Gegenstand auf den Kopf. Weniger wahrscheinlich ist sie gestürzt.«

Dann war die Schädeldecke also nicht erst durch die Hitze der Flammen geborsten. »Verbrannt ist sie aber in ihrem Bett«, wiederholte Sandra, was sie vom Vortrag des

Brandexperten wusste. Um das Bett herum war wie in den Veranden Brandbeschleuniger zum Einsatz gekommen. Nicht jedoch auf der Leiche selbst, auf deren Brust etwas Silber, höchstwahrscheinlich eine Kette, geschmolzen war. »Hatte sie vor ihrem Tod Geschlechtsverkehr?«, erkundigte sie sich. Bei Brandleichen waren die innenliegenden Geschlechtsteile für gewöhnlich relativ intakt, da sie keinen direkten Kontakt mit den Flammen hatten. Nicht nur Embryos in der Gebärmutter, auch Spermaspuren ließen sich unter Umständen noch sicherstellen.

»Es war kein Sperma in der Scheide oder in anderen Körperöffnungen«, sagte Bergmann.

»Was Geschlechtsverkehr aber auch nicht ausschließt«, sagte Sandra. Der Täter konnte ein Kondom benutzt oder außerhalb des Körpers der Frau respektive gar nicht ejakuliert haben.

»Nein. Aber wir können ausschließen, dass der Frau vor ihrem Tod massive Gewalt angetan wurde. Einmal abgesehen von der tödlichen Kopfverletzung.«

»Die Leiche war in ihrem Bett aufgebahrt, als sie dort verbrannte«, sagte Sandra.

»Wieso denn aufgebahrt? Ich gehe eher davon aus, dass die Frau in ihrem Bett erschlagen wurde. Möglicherweise im Schlaf«, erwiderte Bergmann.

»Dann hätte sie wenigstens nichts davon mitbekommen«, überlegte Sandra laut.

»Das werden wir anhand der Spuren leider nicht mehr klären können«, warf der Kriminaltechniker ein.

»Dafür konnte die Gerichtsmedizinerin anhand der Brandzehrung Rückschlüsse auf die Branddauer ziehen«, fuhr Bergmann fort. »Doktor Kehrer hat deine ursprüngliche Schätzung von ein bis zwei Stunden bestätigt.«

Der Brandexperte lehnte sich auf seinem Stuhl zurück und nickte zufrieden.

»Hast du den Einsatzbericht der Feuerwehr griffbereit, Sandra?«, wandte sich Bergmann an sie.

»Freilich.« Sandra blätterte in der blassrosa Aktenmappe aus Karton, die sie zuvor mit Fotos vom Tatort, den ersten Protokollen und Berichten bestückt hatte. »Die Brandmeldung ist am 2. Jänner um 3.16 Uhr beim Feuerwehr-Notruf eingegangen«, sagte sie. »Der erste Löschwagen war sieben Minuten später, um 3.23 Uhr, vor Ort. Bis alle weiteren Einsatzfahrzeuge eingetroffen und die Löscharbeiten in vollem Umfang aufgenommen wurden, sind mindestens weitere zehn Minuten verstrichen, schätzte sie. Demnach muss das Feuer ungefähr zwischen 1.30 und 2.30 Uhr gelegt worden sein. Ein paar Minuten auf oder ab«, rechnete sie zurück.

Der Chefinspektor und der Brandexperte stimmten ihr zu.

»Was kann Frau Doktor Kehrer über den Todeszeitpunkt sagen?«, fragte Sandra weiter.

»Der Todeszeitraum lässt sich aus dem Status der Autolyse und Fäulnis der inneren Organe nur recht vage eingrenzen«, bestätigte Bergmann, was Sandra vermutet hatte. »Der Tod ist drei bis maximal 24 Stunden vor dem Brand eingetreten. Also am 1. Jänner zwischen 1.30 Uhr und 22.30 Uhr. In ihrem Magen haben sich halb verdaute Nahrungsreste befunden, die im Labor noch analysiert werden.«

»Dann dürfen wir davon ausgehen, dass Lilli Lex' Aussage der Wahrheit entspricht.« Sandras Blick haftete auf dem Vernehmungsprotokoll.

»Dürfen wir, müssen wir aber nicht«, erwiderte Bergmann.

»Die Zeugin hat angegeben, ihre Schwester zuletzt am Neujahrstag kurz vor 20 Uhr lebend gesehen zu haben, bevor sie selbst das Haus in Grundlsee verlassen hat, um auf direktem Weg in ihre Werkstatt nach Bad Aussee zu fahren«, erklärte Sandra den Kollegen, die das Protokoll noch nicht kannten. »Luise Lex wollte zu Hause bleiben, sich hinlegen und später vielleicht noch in die *G'wandschneiderei* nachkommen.«

»Hast du die Mitarbeiterin schon befragt, die Lilli Lex an diesem Abend um Unterstützung gebeten hat?«, erkundigte sich Bergmann, der sich den Namen der Frau noch immer nicht gemerkt hatte.

»Hab' ich«, sagte Sandra. »Ingrid Angerer hat mir bestätigt, dass ihre Chefin sie gegen 19 Uhr angerufen und in die Manufaktur gebeten hat. Gegen 20.30 Uhr ist sie dort eingetroffen – kurz nach Lilli Lex – und ist bis Mitternacht geblieben. Lilli Lex wollte noch etwas länger arbeiten, obwohl sie sehr erschöpft und abwesend gewirkt haben soll.« Was bei ihrem erhöhten Arbeitspensum wegen des Steirerballs nicht verwunderlich war.

»Gut, dann sehe ich keinen Grund, an der Aussage von Lilli Lex zu zweifeln«, sagte Bergmann. »Auch wenn der errechnete Todeszeitraum andere Szenarien zulässt.«

»Wir könnten zumindest überprüfen, ob Luise Lex zum Jahreswechsel tatsächlich noch gelebt hat«, schlug Sandra vor. »Es soll ihr am Neujahrstag nicht besonders gut gegangen sein, hat ihre Schwester ausgesagt. Vielleicht wegen ihrer Schwangerschaft. Oder sie hat zu Silvester zu viel getrunken.«

»Wenn sie schwanger war, wird sie doch hoffentlich keinen Alkohol getrunken haben«, erboste sich Miriam, als ob das noch einen Unterschied gemacht hätte. Mutter und Kind waren tot.

»In der sechsten Woche hat sie von ihrer Schwangerschaft vielleicht noch nichts gewusst«, entgegnete Sandra. Das kam gar nicht so selten vor. »Wenn die Lex-Schwestern nicht allein gefeiert haben, müsste es Zeugen für die Silvesternacht geben, die laut Lilli Lex länger gedauert haben soll. Vielleicht bringt uns das in unserer Tatzeitberechnung weiter.«

»Ist zumindest ein Ansatz«, stimmte Bergmann ihr zu. »Derzeit gehen wir davon aus, dass Luise Lex in der Nacht vom 1. auf den 2. Jänner zwischen 20 und 2.30 Uhr Besuch bekommen hat, der ihren Tod gewaltsam herbeigeführt hat«, fuhr er fort. »Ob die Frau ihn selbst ins Haus gelassen hat, oder ob er eingedrungen ist, während sie schlief, bleibt vorerst dahingestellt.«

»Einbruchsspuren konnten wir keine mehr sicherstellen«, erklärte der Brandexperte der Vollständigkeit halber. »Die Auffindesituation der Leiche spricht auch aus meiner Sicht am ehesten für eine Tötung im Bett, was wiederum den Schluss zulässt, dass die Frau den Täter vorher selbst ins Haus gelassen hat.«

»Vielleicht den Vater ihres Kindes, der nicht wollte, dass es zur Welt kommt«, sprach Sandra ihren früheren Gedanken aus.

»Klingt nach einem plausiblen Tatmotiv«, stimmte Bergmann ihr zu.

Miriam stand auf, um das Besprechungszimmer zu verlassen. Stefan sah ihr besorgt hinterher.

»Lilli Lex hat aber ausgesagt, dass ihre Schwester keinen Freund hatte«, fuhr Sandra fort.

»Vielleicht hatte sie einen ähnlich lockeren Umgang mit Männern wie Lilli Lex«, sagte Bergmann und erwähnte ihr Betthupferl. »Haben wir die Handydaten der Toten schon bekommen?«

»Die sind uns für morgen versprochen worden«, antwortete Stefan. »Auf den Gerätespeicher können wir leider nicht mehr zugreifen, da das Feuer das Handy komplett zerstört hat. Ob es Back-ups auf Cloud-Speichern gibt, überprüfen wir dann noch.«

»Was ist mit ihren E-Mails?«, wollte Bergmann wissen.

»Wir warten auf die Zugangsdaten zu ihrem Geschäfts-Account.«

Miriam kehrte an ihren Platz zurück, noch immer etwas blass um die Nase.

»Was ist mit Social Media?«, fragte Bergmann weiter.

»Es gibt nur die Geschäftsseiten von *Lilli & Luise* auf Facebook und Instagram, keine privaten Accounts«, sagte Sandra. »Die sehe ich mir gleich genauer an. Für ihre Messenger- und Instagram-Nachrichten warte ich auf Zugangsdaten. Miriam, rufst du bitte noch einmal bei der Agentur an?«

Miriam nickte schwach. Hoffentlich war sie nicht krank.

»Was ist mit Hinweisen aus der Bevölkerung zur Tatnacht?«, wollte Bergmann wissen.

»Keine brauchbaren«, erwiderte Sandra. Die Anrufe vermeintlicher Zeugen, die bei der Polizei eingegangen waren, hatte sie am Vormittag alle telefonisch überprüft. Eine heiße Spur hatte sich aus den Rückfragen nicht ergeben. Aus ihrer Sicht lohnte es sich nicht, diese Hinweise weiterzuverfolgen. Vielmehr galt es, das Umfeld der Lex-Schwestern zu überprüfen. Die Indizien wiesen jedenfalls darauf hin, dass der Täter und sein Opfer sich gekannt hatten.

Was hatte Luise Lex getan? Oder eben nicht? War sie jemandem im Weg gestanden? Und wenn, weshalb wusste ihre Schwester nichts davon? Oder wollte sie davon nichts wissen? Wer profitierte vom Tod der Frau? Warum hatte Luise Lex sterben müssen? Ganz oben auf Sandras Verdächtigenliste stand der unbekannte Vater des ungeborenen Kindes.

2.

Den restlichen Nachmittag verbrachte Sandra in ihrem Büro, um die Social Media-Seiten von *Lilli & Luise* zu durchforsten, wobei ihr weder Stalker noch Hater auffielen. Für den folgenden Tag vereinbarte sie Befragungstermine im Ausseerland. Um eine Unterkunft brauchten sie sich diesmal nicht zu kümmern. Bergmann wollte noch am selben Abend nach Graz zurückfahren, was Sandra nur recht war. Wenigstens blieb der gesamte Dreikönigstag zu ihrer freien Verfügung. Ihren Urlaubstag wollte sie genießen.

Bergmann stand von seinem Schreibtisch auf, um sich einen Kaffee und ein Stück Kuchen aus der Kantine zu holen.

Sandra blickte von der Tür zum Fenster. Draußen wurde es schon wieder finster, stellte sie fest. Sollte die Zeitumstellung tatsächlich einmal abgeschafft werden, hoffte sie, dass in Österreich das ganze Jahr über die Sommerzeit beibehalten werden würde. Das Aufstehen in der Früh fiel ihr so und so schwer, ob es draußen hell oder dunkel war. Dafür hätte sie auf die langen Sommerabende nur ungern verzichtet.

»Kann ich mit dir reden, Sandra?«, holte Miriam sie von ihrem Gedankenkarussell herunter.

»Ja klar. Was gibt es denn?« Die Wangen der Kollegin hatten wieder eine gesunde Farbe angenommen, fiel ihr auf.

Miriam druckste herum. War ihr ein Fehler unterlaufen, den sie Sandra unter vier Augen beichten wollte, nachdem der Chefinspektor gerade das Büro verlassen hatte? Oder fühlte sie sich doch krank?

Die hübsche Blondine holte tief Luft. »Es ist soweit, Sandra«, verkündete sie, gespannt, wie die Kollegin gleich reagieren würde.

Sandra verstand nicht gleich. »Was meinst du?« Kaum hatte sie ihre Frage ausgesprochen, fiel der Groschen. »Du bist doch nicht etwa …?« Unwillkürlich fasste sie sich an den Mund.

Miriam nickte, übers ganze Gesicht strahlend.

Sandra schluckte. Früher oder später hatte das ja kommen müssen.

»Freust du dich denn gar nicht für mich?«

Sandra zog die Mundwinkel hoch, um ihre spontanen Gefühle zu überspielen. »Freilich freue ich mich für dich und für Stefan. Herzlichen Glückwunsch«, stammelte sie, noch immer überrumpelt.

Miriam bedankte sich, sichtlich enttäuscht über ihre zögerliche Reaktion.

»Wann ist es denn so weit?«, beeilte sich Sandra nachzufragen.

»Der Geburtstermin ist am 28. Juni.« Miriam fasste sich an den flachen Bauch. »Stell dir vor, Sandra: Es werden Zwillinge«, fuhr sie freudig fort. »Damit hat sich unsere Familienplanung in einem Aufwasch erledigt«, lachte sie.

Sandra hatte die frohe Botschaft immer noch nicht ganz verdaut. Zwar freute sie sich ehrlich für Miriam und Stefan, dennoch riss diese Nachricht alte Wunden bei ihr auf. Auch wenn beinahe zehn Jahre ins Land gezogen waren, seit sie ihren ungeborenen Sohn in der elften Schwangerschaftswoche verloren hatte.

Die besonders kritischen ersten drei Monate der Schwangerschaft, in denen die meisten Fehlgeburten zu verzeichnen waren, hatte Miriam also bereits überstanden. »Hast du es Sascha schon gesagt?«

Miriam schüttelte den Kopf. »Ich wollte dich zuerst einweihen. Bis jetzt wissen es nur unsere Familien. War quasi eine Neujahrsüberraschung für sie«, meinte sie glückselig.

Deshalb war Miriam letzte Woche beim Arzt gewesen, fiel Sandra ein. Ihre Reaktion beim Team-Meeting und der besorgte Blick ihres Mannes waren wohl auch ihrer Schwangerschaft geschuldet gewesen. Dass das Opfer wie sie ein Kind erwartet hatte, setzte ihr offenbar zu. Ansonsten war sie nämlich viel robuster, als man es der elfengleichen Erscheinung zugetraut hätte. Nur bei ihrer ersten Leiche in einem Weingarten in Sankt Stefan ob Stainz hatte sich Miriam übergeben müssen. Meine Güte, war das lange her!

Beide Frauen schauten zur Tür, als diese aufflog.

Bergmann betrat das Büro, in der einen Hand das obligate Kaffeehäferl, in der anderen einen Teller mit einem Stück Gugelhupf.

Die Blicke seiner Mitarbeiterinnen verfolgten ihn bis zu seinem Schreibtisch. »Ist was? Hab' ich mich angepatzt?« Er schaute an sich hinunter.

Sandra schickte Miriam einen aufmunternden Blick hinüber. Besser, sie weihte den Chefinspektor jetzt gleich ein, damit das Mutterschutzgesetz wirksam wurde. Überstunden waren vorerst tabu für die Kollegin, Polizeieinsätze gestrichen. Bis zur Karenz war Innendienst angesagt.

Miriam holte tief Luft.

»Sitzt du eh gut, Sascha?«, warnte Sandra ihn vor. Immerhin würde er wie sie eine Zeit lang auf eine seiner tüchtigsten und liebsten Mitarbeiterinnen verzichten müssen.

KAPITEL 4

Dienstag, 5. Jänner
Ausseerland

1.

Die *Trachtenheimat* im Stadtzentrum hatte Mittagspause, als Sandra in der Ladezone direkt vor dem Geschäftsportal einparkte. Zur Sicherheit deponierte sie die Wagenkarte des LKA Steiermark hinter der Windschutzscheibe des zivilen Dienstwagens. Für den Fall, dass ein diensteifriger Kollege der örtlichen Polizeiinspektion vorbeikam.

Dass man in Bad Aussee ganz besonders aufpassen musste, wo man sein Fahrzeug abstellte, war weithin aus den Medien bekannt. Unangemeldetes Parken auf dem nahen »Chaos-Parkplatz« in der kleinen Kurstadt hatte in der Vergangenheit immer wieder zu horrenden Strafzahlungsforderungen und Besitzstörungsklagen durch die private Eigentümergesellschaft geführt. Bis der Oberste

Gerichtshof einen Beschluss gefasst hatte, welcher der Stadt den Rückkauf des Parkplatzes zusicherte. Ob dieser bereits abgewickelt und die Querelen damit beseitigt waren, war Sandra nicht bekannt.

Mit der Betreiberin der *Trachtenheimat* hatte sie vereinbart, im Hauseingang neben der Auslage bei »TOP DG« anzuläuten. Gertrude Grimm wollte dann über den direkten Weg aus ihrer Wohnung ins Geschäft hinunterkommen und die Ermittler aus Graz hereinlassen.

»Wenn die nicht gleich hier auftaucht, hole ich mir zwei Leberkässemmeln«, maulte Bergmann. Seit sie sich durch die Gewerbezone von Liezen gestaut hatten, war der Chefinspektor grantig. Spätestens dort war ihm nämlich klar geworden, dass sich sein Mittagessen verzögern würde.

Genervt wandte sich Sandra der Auslage zu, in deren Scheibe sie sich spiegelten. Die kopflosen Schneiderpuppen zu betrachten, war allemal besser, als in Bergmanns zwideres Gesicht zu blicken. Wenngleich sie nicht gerade ein Dirndlfan war. Zumindest mochte sie selbst keines anziehen. Schon als Kind hatte sie sich darin immer eingeengt gefühlt. Dabei gehörten Trachten auch in ihrer Heimat zum Alltag, vor allem aber zu festlichen Anlässen. Sie war viel lieber in kurzen Lederhosen oder Jeans über die Almen und durch die Wälder der Steirischen Krakau gestreift, wo sie aufgewachsen war. Und auch heute noch fand sie die meisten Kleider unbequem.

Ihr letztes Dirndl hatte sich Sandra eigens für das größte Volkskulturfest in Österreich zugelegt, das alljährlich im September in der Grazer Altstadt gefeiert wurde. Allerdings nur ihrem damaligen Freund zuliebe. Nach dem *Aufsteirern* hatte sie das gute Stück noch zweimal getragen. Einmal bei einer Trachtenhochzeit, das andere Mal bei den

Schilchertagen in Stainz, was auch schon wieder eine ganze Weile her war. Nur gut, dass klassische Trachtenkleidung nie aus der Mode kam, sodass sie bei Bedarf auch noch in 20 Jahren auf ihr Dirndl zurückgreifen konnte. Sofern sie dann noch hineinpasste.

Das Geräusch des Schlüssels, der sich im Schloss umdrehte, ließ sie zur Glastür blicken. Grüner Leib, rosafarbener Kittel, lilafarbene Schürze. Sogar Sandra erkannte, dass die Frau, die ihnen die Tür öffnete, ein traditionelles Ausseer Dirndl anhatte. Darüber trug sie eine dunkelgrüne Strickweste mit Zopfmuster. Erste ergraute Strähnen durchzogen ihre mausbraunen, strohig aussehenden Haare, die am Hinterkopf zu einem Knoten zusammengebunden waren. Ihr Gesicht war schmal, der Teint fahl, ihr Ausdruck verkniffen. Ein Hauch von Make-up hätte die Frau frischer aussehen lassen, glaubte Sandra, die sie auf Ende 30 schätzte.

Zwischen Tür und Angel stellten sie sich einander vor, ehe Gertrude Grimm die Ermittler in ihr Geschäft bat. Ihre Nervosität mochte der Situation geschuldet sein. Schließlich wurde man nicht jeden Tag von der Kriminalpolizei befragt.

Im Verkaufsraum hatte es vor 100 Jahren wahrscheinlich genauso ausgesehen und gerochen wie jetzt. Unweigerlich musste Sandra an das alte Modehaus in Murau denken, das, wie die meisten anderen Geschäfte im historischen Stadtkern, seit vielen Jahren geschlossen war und seither leer stand. Ihre Großmutter hatte sie früher manchmal dorthin mitgenommen, um Stoffe, Nähseide oder Knöpfe zu besorgen. Sandra hatte das Murauer Modehaus zwar nicht ganz so penibel aufgeräumt in Erinnerung, aber der Geruch war derselbe und die Ausstattung sehr ähnlich. In den Fächern hinter dem Verkaufspult aus dunklem Holz steckten bunte Stoffballen, fein säuberlich nach Farben und Mustern geordnet.

Das Ölgemälde an der Wand gegenüber zeigte Erzherzog Johann in Lebensgröße. Der »Steirische Prinz« war im Ausseerland noch präsenter als andernorts in der Steiermark, hatte er dereinst doch die Ausseer Postmeisterstochter Anna Plochl geehelicht. Allen Widerständen seines Bruders, Kaiser Franz I., zum Trotz, der ihn schließlich wegen seiner bürgerlichen Gemahlin von der Thronfolge ausschloss.

Gertrude Grimm sperrte die Eingangstür hinter sich zu und ließ den Schlüssel im Schloss stecken. Die Ermittler folgten ihr durch ein Hinterzimmer. Mit einem Schreibtisch und einem großen Nähtisch diente es offenbar als Büro und Werkstatt für schnelle Änderungen. Das angrenzende kleinere Zimmer war mit einer Teeküche und einem Esstisch ausgestattet. Unter dem Kastenfenster stand ein Schlafsofa mit dunkelrotem Stoffbezug, das momentan von einer blaugrauen Katze besetzt war. Kartäuser oder Britisch Kurzhaar, überlegte Sandra. Diese beiden Rassen konnte sie nie voneinander unterscheiden.

Bergmann rümpfte unweigerlich die Nase. Zwar war er die Tierhaarallergie, die ihn früher geplagt hatte, vor einigen Jahren losgeworden, die Abneigung gegen Katzen war jedoch geblieben. Die hübsche Samtpfote nahm den Besuch weitaus gelassener hin als er. Ein prüfender Blick aus bernsteinfarbenen Augen, und der flauschige runde Kopf sank entspannt in seine Ruheposition zurück.

Die Chefin des Hauses bot ihnen Platz am Esstisch und Kaffee aus der Kapselmaschine an, den Bergmann gerne annahm.

Sandra fragte nach einem Glas Leitungswasser und setzte sich neben den Chefinspektor, der die Bauernkrapfen in der Keramikschüssel gierig beäugte. Im Unterschied zu Faschingskrapfen waren diese nicht innen, sondern in einer runden Vertiefung auf der Oberseite mit Marillenmarmelade gefüllt. Wobei Sandra sie aus ihrer Heimat mit Preiselbeermarmelade kannte.

Gertrude Grimm stellte ihr das Wasserglas, Bergmann einen doppelten Espresso hin. Ihren Cappuccino platzierte sie gegenüber, sich selbst auf dem Sessel dahinter. »Die arme Lilli. Das hat sie nicht verdient«, meinte sie ungefragt.

Sandra und Bergmann sahen einander an. Lag hier eine Verwechslung vor?

»Bei der Toten handelt es sich um Luise Lex«, stellte Sandra klar.

»Ja. Das weiß ich. Mir tut aber trotzdem die Lilli leid. Immerhin hat sie ihre Zwillingsschwester verloren. Und das schöne Haus. Steckt da wirklich ein Brandstifter dahinter?«

Wieder tauschten Sandra und Bergmann kurze Blicke aus.

»Davon müssen wir leider ausgehen«, bestätigte der Chefinspektor das Gerücht, das erwartungsgemäß längst die Runde gemacht hatte. Ohnehin würde die nächste Pressemeldung des LKA im Laufe der kommenden Stunden ausgesendet werden. Die polizeiinterne Information, dass das Opfer tot gewesen war, als es verbrannte, wurde allerdings nicht veröffentlicht. Dieses Täterwissen sollte vorerst nicht preisgegeben werden.

»Haben Sie die Lex-Schwestern gut gekannt?«, erkundigte sich Sandra.

»Hm«, zauderte Gertrude Grimm und griff zu ihrer Kaffeetasse.

Sandras Blick haftete auf ihr.

»Früher waren wir recht eng miteinand'«, fuhr ihr Gegenüber fort. »In den letzten Jahren hab' ich aber nimmer viel mit den Zwillingen zu tun gehabt. Wir sind uns selten, wenn, dann zufällig über den Weg gelaufen. Ehrlich gesagt, wundere ich mich, warum Sie ausgerechnet mich befragen.«

Der Chefinspektor sah zu, wie der Inhalt der Zuckerstange aus dem bunt bedruckten Papier in seinen schwarzen Kaffee rieselte. »Wen sollten wir Ihrer Meinung nach sonst befragen?«, meinte er aufblickend.

»Am besten die Lilli. Ich hab' mit denen schon lang nichts mehr zu tun.«

»Hat das einen bestimmten Grund?«, bohrte Sandra tiefer.

Gertrude Grimm setzte ihre Kaffeetasse wieder ab, verschränkte die Finger und rieb einen Daumen am anderen. »Na ja …«, sagte sie, ihre Antwort abwägend.

Das konnte mühsam werden, befürchtete Sandra. Viel hatte die Frau offenbar nicht zu sagen. Oder aber sie hatte etwas zu verbergen. Warum sonst überlegte sie nach jeder simplen Frage so lange, als gelte es, eine schwierige Gleichung zu lösen? »Seit wann kennen Sie Lilli und Luise Lex?«

»Seit ich denken kann.«

Das war zwar eine ganze Weile, aber leider auch keine präzise Antwort. Immerhin war sie diesmal vergleichsweise rasch erfolgt.

Gertrude Grimm trank erst einmal einen Schluck Kaffee.

»Und weiter?«, herrschte Bergmann sie an. Geduld hatte noch nie zu seinen Tugenden gezählt.

»Mögen Sie vielleicht einen Glöcklkrapfen kosten?« Mit ihrer Gegenfrage traf sie beim hungrigen Chefinspektor ins Schwarze. »Heuer sind leider nicht so viele Kinder wie sonst gekommen.«

Bergmann griff beherzt zu. »Welche Kinder?«, fragte er, ehe er in den Krapfen biss.

»Heute ist Glöckltag. Am Tag vor der letzten Rauhnacht ziehen im Ausseerland die Glöcklkinder von Haus zu Haus, läuten mit Glocken und bitten um Krapfen. Je mehr Glöckler kommen, desto mehr Glück bringt das neue Jahr für Haus und Bewohner. Schaut heuer net so rosig aus für uns.« Gertrude Grimm nahm einen weiteren Schluck Kaffee. »Wenn's dämmrig wird, treiben sich die Berigln in der Nachbarschaft herum«, fuhr sie fort. »Vermummte Männer und Frauen, die sich mit alten Dirndln, Schürzen, Hudln – also Tüchern, Hüten und Handschuhen – verkleiden, damit nicht einmal mehr zu erkennen ist, ob s' Mandln oder Weibln sind. Wenn sie unterwegs ein Glöcklkind erwischen, gibt's eine Abreibung mit Schnee. Drum schauen die Kinder meist, dass sie mit den ergatterten Glöcklkrapfen rechtzeitig heimkommen. Die Berigln kehren abends mit Kuhglocken, Fetzen und Besen in den Häusern ein, suchen die Stuben nach Staub und Schmutz ab. Sie werden mit Schnaps, Speckbroten, übrig gebliebenen Weihnachtkeksen und Glöcklkrapfen verköstigt. In Gößl, wo ich herkomme, dürfen sie mit verstellter Stimme reden, in Grundlsee müssen sie schweigen, damit ihre Tarnung nicht auffliegt. Sobald nämlich ein Berigl erkannt wird, muss er blessen, also sein Gesicht zeigen.«

»Wunderbar.«

Die Frauen sahen Bergmann an, der offensichtlich den Krapfen meinte.

»Die Lex-Zwillinge und ich waren früher auch Glöcklkinder. In den Ferien haben wir viel zusammen unternommen, sind durch die Wälder gestreift. Im Sommer waren wir im Grundlsee schwimmen, im Winter rodeln, skifahren oder eislaufen«, erzählte die Frau, die unweit der Lex-Villa aufgewachsen war. Anders als Lilli und Luise stammte sie von einer alteingesessenen Familie ab. Der Vater arbeitete als Experte im Gipsbergbau, der auch heute noch im Gipssteinbruch in Wienern am Grundlsee betrieben wurde, die Mutter als Lehrerin in der örtlichen Volksschule. Die drei gleichaltrigen Mädchen waren damals gut befreundet, erfuhren die Ermittler. Bis zu jenem tragischen Verkehrsunfall, bei dem die Eltern der Zwillinge ums Leben kamen.

»Und nach dem Unfall war Ihre Freundschaft beendet?«, fragte Sandra.

»Damals noch nicht, nein. Aber es war schon ein Bruch in unserer Freundschaft«, erzählte Gertrude Grimm weiter. »Die Zwillinge haben sich nach dem Tod ihrer Eltern nach Wien zurückgezogen. Drei Jahre lang haben sie sich so gut wie gar nicht mehr am Grundlsee blicken lassen und alle Kontakte abgebrochen. Auch zu mir. Dabei hab' ich mich nach dem Unfall wirklich sehr um sie bemüht. Vor allem um die Lilli, die mir immer nähergestanden ist als die Luise. Sie war schon als Kind sehr bestimmend, impulsiv, laut und wütend. Die anderen Kinder haben sie oft als ›fiese Luise‹ verspottet. Das hat sie umso wütender gemacht.« Gertrude Grimm grinste boshaft, während sie sich erinnerte. »Die Lilli war ganz anders als ihre Schwester. Sensibel, freundlich, ein richtiger Sonnenschein und überall beliebt. Ich wollte sie damals sogar in Wien besuchen.« Gertrude Grimm trank einen Schluck Kaffee, während Bergmann sich einen zweiten Glöcklkrapfen gönnte.

»Warum haben Sie es nicht getan?«, fragte Sandra, um sich ein besseres Bild machen zu können.

»Was meinen Sie?«

»Warum haben Sie die Zwillinge nicht in Wien besucht?«

»Sie wollten in Ruhe gelassen werden, ihren Schicksalsschlag zusammen überwinden. Sie haben mich nicht mehr an sich herangelassen.«

Sandra konnte das gut nachvollziehen. Immerhin teilten die Schwestern dasselbe Schicksal. Sie trauerten um ihre Eltern, die sie von einer Sekunde auf die andere verloren hatten. Wer hätte sie in dieser Situation besser verstehen und sie trösten können als die beiden sich gegenseitig?

Bergmann schluckte den Bissen in seinem Mund hinunter. »Aus den Augen, aus dem Sinn«, kommentierte er die Freundschaft launig.

Was ein bisschen Zucker und ein paar Kalorien doch ausmachten, staunte Sandra über den merklich besänftigten Chefinspektor.

Gertrude Grimm rieb ihre Hände, als müsse sie diese aufwärmen.

»Dann waren die beiden also ganz unterschiedliche Charaktere, obwohl sie sich sehr ähnlich geschaut haben«, sagte Sandra.

Gertrude Grimm nickte. »Sie waren wie Tag und Nacht. Die Luise war boshaft, konnte von jetzt auf gleich aggressiv und verletzend werden. Sie hat keinen Streit ausgelassen. Auch mit mir hat sie immer wieder angedreht. Wegen nichts und wieder nichts. Die Lilli war sanftmütig und warmherzig. Deshalb hat sie ihrer Schwester auch nicht lange böse sein können, ihr alles verziehen und immer zu ihr gehalten. Umgekehrt hat die Luise die Lilli nach außen verteidigt wie eine Löwin. Als Kind hat sie sich für ihre

Schwester geprügelt, wenn sie jemand geärgert hat oder ihr gar ein Haar krümmen wollte.«

Und als Erwachsene hat sie ihr eine Niere gespendet, ergänzte Sandra in Gedanken. Sie musste ihre Schwester wie ihr eigenes Leben geliebt haben. Oder fast. Jetzt war sie tot und konnte sie nicht mehr beschützen.

Nach dem Unfalltod der Eltern habe Lilli unter psychischen Problemen gelitten, erfuhren die Ermittler weiter. Die junge Frau sei in psychiatrischer Behandlung, eine Weile sogar in einer geschlossenen Anstalt in Wien untergebracht gewesen, nachdem sie versucht hatte, sich das Leben zu nehmen.

Davon hatte Lilli Lex nichts erwähnt. Oder handelte es sich nur um ein Gerücht? »Woher wissen Sie von der psychiatrischen Behandlung in Wien, wenn Sie damals gar keinen Kontakt zu den Lex-Schwestern hatten?«

»So was spricht sich halt herum.«

Selbst wenn es an den Haaren herbeigezogen war, dachte Sandra. Mit der stillen Post in der Provinz war sie bestens vertraut. Aus langjähriger, manchmal schmerzhafter, meist ärgerlicher Erfahrung. Allzu viel durfte man auf solche Gerüchte nicht geben.

»Ihre Mutter hatte früher ebenfalls psychische Probleme und einige Selbstmordversuche unternommen. Solche Krankheiten können sich ja auch vererben.«

»Und Luise Lex? Hatte sie auch gesundheitliche Probleme?«, spielte Sandra auf die Nierentransplantation an, die sie von sich aus nicht zur Sprache bringen durfte.

»Was ich weiß, war die Luise pumperlg'sund bis auf eine Blinddarmoperation«, glaubte die Jugendfreundin. »Damals muss sie elf oder zwölf Jahre alt gewesen sein.«

»Ansonsten gab es keine Operationen?«

Gertrude Grimm schüttelte den Kopf.

»Auch bei Lilli Lex nicht?«

»Nur der Blinddarm. Bei ihr ungefähr ein Jahr früher als bei der Luise, soweit ich mich erinnere. Oder war es ein Jahr später?«

»Das spielt keine Rolle«, sagte Sandra. Von der Organtransplantation der Zwillingsschwestern, die ein Jahr nach dem Tod der Eltern im Wiener AKH vorgenommen worden war, wusste die Frau anscheinend nichts. Warum hatte sich eine schwerwiegende Operation wie diese nicht bis zu ihr herumgesprochen, wunderte sich Sandra.

»Eigentlich wollte die Luise ihre Schwester immer nur für sich allein haben«, fuhr Gertrude Grimm fort. »Am liebsten wäre es ihr gewesen, wenn die Lilli überhaupt keine Freunde gehabt hätte außer ihr. Die Luise war sehr besitzergreifend. Und sie war eifersüchtig. Auch auf mich.«

»Warum?«

»Weil mich die Lilli gern gehabt hat. Ich muss aber zugeben, dass ich umgekehrt auch immer ein bisschen eifersüchtig auf die Luise war.«

»Weshalb?«

»Na ja, da war so eine Vertrautheit zwischen den Zwillingsschwestern. Eine innige, unerschütterliche Liebe, auch wenn sie sich in die Haare geraten sind. Ich hab' die beiden um ihre unzerstörbare Verbindung beneidet, mich selbst oft als fünftes Rad am Wagen und dabei sehr einsam gefühlt. Zwischen die Lilli und die Luise hat kein Blatt Papier gepasst. Geschweige denn eine Freundin oder ein Partner. Nicht einmal ihre Eltern.«

»Aber Lilli Lex war doch verheiratet.«

»Nicht sehr lang. Wer mit der Lilli zu tun hatte, ist an der Luise nicht vorbeigekommen. Ob er wollte oder nicht. Es gab keine Lilli ohne Luise. Auf die Dauer hat das keiner ausgehalten. Die Luise hat sie alle der Reihe nach vergrault. Auch den Otto, Lillis Ex-Mann.«

»Und Luise Lex hatte keinen Partner?«

»Ich weiß von früher, dass sie einige kurze Affären hatte. An einer festen Beziehung war sie aber nie interessiert. Auch nicht an tiefen Freundschaften, höchstens an Bekanntschaften. Vorwiegend an solchen, die ihr beruflich genutzt haben. Sie hatte ja Lilli. Um die hat sich ihre ganze Welt gedreht. Und ums Geschäft. Die Beziehungen und Freundschaften ihrer Schwester hat sie höchstens geduldet.«

Dennoch war Luise zum Zeitpunkt ihres Todes schwanger gewesen, was sich offenbar auch nicht herumgesprochen hatte.

»Zurzeit soll die Lilli was mit einem Burschen aus Gößl haben«, offenbarte Gertrude Grimm. »Das hat der Luise bestimmt nicht gefallen.«

»Sie meinen Fabian Köberl?«

Dass die Ermittler bereits davon wussten, enttäuschte sie offenkundig. Sie nickte sich räuspernd. »Auf alle Fälle wird die Lilli den Tod ihrer Schwester sehr schwer verkraften. Hoffentlich stürzt er sie nicht wieder in eine psychische Krise. Die arme Lilli«, wiederholte sie sich.

»Sind Sie verheiratet?«, lenkte Sandra das Gespräch auf die Befragte.

Gertrude Grimm bestätigte, was Sandra längst wusste. »Ich hab' in den Markt geheiratet. Den Grimm Franz.«

»In den Markt?«, fragte Sandra.

»Nach Aussee. So sagt man bei uns. Bad Aussee war bis 1994 eine Marktgemeinde, dann erst wurde der Markt zur Stadt erhoben. Mein Mann führt die *Trachtenheimat* bereits in der vierten Generation.«

»Haben Sie Kinder?«

»Drei Buben. Zwölf, zehn und acht Jahre alt. Wie es ausschaut, wird der mittlere später einmal den Familienbetrieb übernehmen.«

»Wollte Ihr Mann nicht vor einigen Jahren den Betrieb übernehmen, für den die Lex-Schwestern dann den Zuschlag erhalten haben?«, fragte Sandra.

Gertrude Grimm schluckte. »Ja, das stimmt. Die Luise hat den Franz hintergangen.«

»Wie denn das, wenn ich fragen darf?«

»Nachdem die Lex-Schwestern aus Wien weg- und ganz an den Grundlsee gezogen sind, hab' ich ein gutes Wort für sie bei meinem Mann eingelegt. Ein Jahr lang waren sie im Betrieb angestellt. Ich selber war damals bei meinen kleinen Söhnen zu Hause und mit meinem Jüngsten schwanger. Die Luise hat das Büro geleitet und mitbekommen, dass der Franz mit dem Vorbesitzer der *G'wandschneiderei* verhandelt hat. Dann hat sie ihm hinterrücks die Betriebsübernahme vermasselt und sich mit der Lilli selbstständig gemacht. Mir hat sie zum Abschied noch ins Gesicht gesagt, dass mich mein Mann betrügt.«

»Mit wem?«, wollte Bergmann wissen.

Gertrude Grimm zuckte mit den Achseln. »Das hat sie nicht erwähnt. Ich glaub', sie wollte mich nur verletzen. Mein Franz ist ein anständiger Mann«, verteidigte sie ihren Ehemann.

»Und damit war Ihre Freundschaft beendet?«, fragte Sandra.

Gertrude Grimm nickte. »Ich hab' die Luise nicht mehr ertragen und deswegen auch der Lilli den Rücken gekehrt.«

»Die Lex-Schwestern waren damals bestimmt sehr hübsch«, setzte Bergmann nach. Wollte er herausfinden, ob Franz Grimm mit einer der beiden etwas angefangen hatte?

»Und dazu sehr vermögend. Ihre Eltern haben ihnen einen Batzen Geld vererbt, die Villa am Grundlsee, ein Zinshaus in Wien und was weiß ich was noch alles. Den Preis, den sie für die *G'wandschneiderei* bezahlt haben, hätt' sich der Franz damals nie und nimmer leisten können.« Gertrude Grimm seufzte.

Immerhin machte sie keinen Hehl daraus, auf die Schwestern nicht gut zu sprechen zu sein, besonders auf Luise Lex nicht. Neid spielte wohl auch eine gewisse Rolle. Aber ob sie deshalb etwas mit ihrem Tod zu tun hatte? Beziehungsweise ihr Mann?

»Die Luise hat immer bekommen, was sie sich in ihren Sturschädel gesetzt hat«, fuhr sie fort. »Und wenn sie dafür über Leichen gehen hat müssen.«

»Zuletzt über ihre eigene«, sagte Bergmann.

Und über die ihres ungeborenen Kindes, ergänzte Sandra gedanklich.

»Wo waren Sie in der Nacht von Freitag auf Samstag?«, fragte der Chefinspektor.

»Ich? Wieso?«

»Routinefrage.«

»Ich bin an diesem Abend früh liegen gegangen. Wir haben Silvester bis weit ins Neue Jahr hinein gefeiert und waren entsprechend erschöpft. Um 21 Uhr war ich mit einem Buch im Bett und bin nach ein paar Seiten eingeschlafen.«

»Das kann Ihr Mann bezeugen?«

»Ja, er war an diesem Abend auch daheim.«

»Hatte Luise Lex Feinde?«

Sandra erntete ein weiteres Schulterzucken. »Wie gesagt: Besonders beliebt war sie nirgendwo«, wiederholte sich Gertrude Grimm.

»Dann ist ja die richtige Schwester gestorben«, meinte Bergmann knochentrocken.

»Das haben Sie jetzt gesagt«, erwiderte Gertrude Grimm unbeeindruckt. »Einen solchen Tod hat niemand verdient. Nicht einmal die Luise.«

Das sah der Täter offenbar anders. »Könnten die beiden Schwestern verwechselt worden sein?«, fragte Sandra.

Gertrude Grimm schüttelte den Kopf. »Das kann ich mir nicht vorstellen. Die Lilli hat die Ähnlichkeit und die ständigen Verwechslungen mit der Luise schon als Kind nicht mögen. Seit sie 16 ist, blondiert sie sich die Haare, während die Luise ihre Naturhaarfarbe meines Wissens nie verändert hat. Wenigstens das hatten wir gemeinsam«, fügte Gertrude Grimm hinzu, als wäre es eine besondere Leistung, seine Haare nicht zu färben.

»Blonds have more fun«, bemühte Bergmann das Klischee.

»Als ginge es im Leben nur um den Spaß«, entgegnete Gertrude Grimm.

Besonders viel Lebensfreude strahlte die Frau wirklich nicht aus. Was jedoch kaum an der Haarfarbe lag. Ebenso wenig nahm Sandra an, dass Lilli Lex ihre Haare färbte, um mehr Spaß zu haben, sondern um sich von ihrer Zwillingsschwester abzugrenzen. Jeder sollte auf den ersten Blick erkennen, dass sie eine eigenständige Persönlichkeit war. Ihr hätte es auch nicht gefallen, ständig verwechselt zu werden. »Wer hatte denn in der *G'wandschneiderei* das Sagen? Lilli oder Luise?«

»Das dürfen Sie mich nicht fragen. Lilli ist auf alle Fälle die Kreativere und kann auch fantastisch zeichnen. Luise hat besser rechnen, reden und intrigieren können.«

»Die beiden waren also ein sehr erfolgreiches Gespann.«

Gertrude Grimm stimmte Sandra ungern, aber doch zu.

»Sie beherrschen das Handwerk. Das muss man ihnen lassen. Aber ihre Schickimicki-Modelle haben kaum noch etwas mit echtem heimischem G'wand zu tun. Hier in der *Trachtenheimat* setzen wir auf traditionelle Schnitte, Stoffe und Handdrucke, nicht auf modischen Firlefanz und kurzlebige Verkleidungen. Bei uns wird authentisches, nachhaltiges G'wand genäht, wie es im Ausseerland seit Generationen tagtäglich getragen wird. Das wollen wir an die nächste Generation weitergeben.«

In Sandras Ohren klang das nach Stillstand und programmiertem Untergang. Aber was wusste sie schon von Trachten?

»Unsere Branche hat sich durch den Trachtenboom der letzten Jahre stark verändert. Bei jedem Diskonter wird heutzutage billige Ware aus Polyester und Schweinsleder angeboten, die den Namen Tracht gar nicht verdient. Dazu tragen die jungen Leute auch noch Turnschuhe. Auf Qualität und Tradition legt kaum noch jemand Wert«, beklagte sich die Trachtenexpertin.

Möglicherweise hatte das auch mit der Preisgestaltung zu tun. Nicht jeder konnte oder wollte sich für Volksfeste wie das *Aufsteirern* ein Dirndl um 500 Euro aufwärts leisten. Bluse und Schürze oftmals nicht mit eingerechnet. Oder eine Lederhose um ein Vielfaches.

»Ich muss jetzt das G'schäft aufsperren«, drängte Gertrude Grimm eine Viertelstunde vor Beginn der nachmittäglichen Öffnungszeit.

»Eine letzte Frage noch«, hielt Sandra sie auf. »Haben Sie sich nicht auch um die Trachtenschau beim Steirerball in der Wiener Hofburg bemüht?«

Gertrude Grimm schluckte. »Na ja, in Wien hätten wir uns schon sehr gern präsentiert«, gab sie zu. »Unser G'wand hätte viel besser zum Steirerball gepasst. Bisher ist dort immer traditionelle steirische Tracht gezeigt worden. Aber die Lex-Schwestern haben halt die besseren Kontakte.«

»Zum *Verein der Steirer in Wien*?«

»Lillis Ex-Mann ist bei dem Verein im Vorstand. Der Franz meint, sie müssen den Otto erpresst oder bestochen haben.«

Hatte Lilli Lex deshalb nicht erwähnt, dass ihr Ex-Mann mit diesem Auftrag zu tun hatte? »Möglichweise pflegen Lilli Lex und ihr Ex-Mann noch immer ein gutes Verhältnis miteinander«, sagte Sandra.

Gertrude Grimm wiegte den Kopf hin und her, der auf ihrem hageren Hals saß. Die Sehnenstränge traten deutlich hervor wie bei einer Schildkröte. »Das würde mich aber wundern. Die Lex-Schwestern bekämpfen schon seit Jahren das Feriendorf-Projekt vom Otto am Grundlsee. Das war angeblich auch der Scheidungsgrund.«

»Sagt wer?«

»Sagt mein Bruder. Er wohnt in meinem Elternhaus am Grundlsee und ist ebenfalls gegen dieses Chalet-Dorf.«

»Könnten wir noch Ihren Mann befragen?«

»In den nächsten Tagen leider nicht. Der Franz ist in Wien.«

»Seit wann und wie lange?«

»Seit gestern Abend. Ich fahr' am Feiertag mit der Bahn außi, am Freitag gehen wir Steirerball und am Sonntag fahren wir z'ammen mit dem Auto z'ruck.«

Sandra notierte sich die Handynummer des Mannes und bedankte sich bei seiner Frau.

Die erhob sich, um die Ermittler zur Tür zu begleiten.

Im Verkaufsraum wandte sich Sandra nach dem leisen Auslösegeräusch einer Kamera um, das sie hinter sich wahrnahm.

Bergmann hatte eine Lederhose auf einem Kleiderständer mit seinem Handy fotografiert. Er griff zum Preisschild, das er ohne seine Lesebrille nicht entziffern konnte. Seit wann interessierte er sich für Trachten, wunderte sich Sandra. Bisher hatte sich der bekennende Stadtmensch über die traditionelle Bekleidung der Landbevölkerung immer lustig gemacht.

»Was kostet die Lederhose?«, erkundigte er sich bei der Chefin.

Die nannte ihm einen stolzen, gerade noch dreistelligen Preis, nachdem sie ihm erklärt hatte, dass es sich um eine fünfnahtige Ausseer Hirschlederne handelte, die man am Beinabschluss von der Altausseer beziehungsweise Grundlseer Ledernen unterscheiden konnte. Das feine, gleichwohl strapazierfähige, sämischgegerbte Hirschleder war es wohl wert, kaufte Sandra ihr ab. Die grünen Stickereien, die in unzähligen Stunden handgefertigt worden waren, ebenso. Obgleich Bergmanns Interesse für das gute Stück bereits erloschen war, folgte eine Einführung in regionale Stutzenkunde. Die *G'medelten* aus grüner Schafwolle mussten es im Ausseerland unbedingt sein. Im Oberösterreichischen Salzkammergut durften sie je nach Ortschaft auch blau oder grau sein. Wobei die blaue Ausführung vor 1870 im Steirischen Salzkammergut ebenso üblich gewesen war. Was heutzutage aber kaum noch jemand wusste, verriet ihnen die Expertin. Und einiges mehr, was Bergmann noch weniger interessierte als Sandra.

Er wandte sich ab, um das Geschäft zu verlassen.

Sandra verabschiedete sich von Gertrude Grimm und folgte ihm nach draußen. »Spielst du mit dem Gedanken, dir eine Lederne zulegen?« Allein die Vorstellung, dass der Chefinspektor in zünftiger Lederhose aufkreuzte, brachte sie zum Schmunzeln. Wobei er wahrlich nicht der einzige »Weanerseer« gewesen wäre. So nannten die Ausseer jene Wiener, die sich im Ausseerland ins G'wand schmissen, nahmen dies jedoch kopfschüttelnd hin. Schließlich sicherten sie das Einkommen zahlreicher heimischer Meisterbetriebe von Stoffdruckern über Dirndl- und Lederhosenschneidern bis hin zu Hutproduzenten.

»Ich in einer Lederhose? Niemals!«, versicherte Bergmann nachdrücklich. »Ich hab' für David gefragt. Er wollte wissen, was eine solche Lederhose hier kostet.«

Ach so. Das war freilich etwas anderes. Sein Sohn trug häufig Lederhosen. Als er noch in Jessica Winds Volkspop-Band gespielt hatte, sowieso. Allerdings ließ David wie viele junge Männer die »Kraxn« weg. Auf die Hosenträger der Lederhose zu verzichten, galt unter Traditionalisten als Fauxpas, wusste Sandra seit dem Vortrag der Trachtenexpertin. Sie drückte auf den Funkschlüssel, der die Autoschlösser entriegelte.

»Sag, stehst du neuerdings auf David?«, fragte Bergmann aus heiterem Himmel.

Sandra blieb wie angewurzelt stehen. »Wie bitte?«

»Na, du magst doch jüngere Männer«, spielte er auf eine ihrer früheren Beziehungen an. Dabei war Julius Czerny gerade einmal fünf Jahre jünger als Sandra. Wohingegen David und sie beinahe 18 Jahre trennten.

»Sag einmal, geht's noch? Was soll ich denn mit deinem Sohn anfangen?«, empörte sie sich.

»Auch wieder wahr. Wo du doch den Vater haben könntest.« Grinsend stieg Bergmann ins Auto ein.

Sandra hätte vor Wut platzen können. »Du bist unmöglich«, schimpfte sie, als sie hinterm Lenkrad Platz nahm.

»Ich hab' doch nur gefragt, weil du David hinter meinem Rücken eine Nachricht geschickt hast.« Bergmann schnallte sich an.

Ach, daher wehte der Wind! »Hätte ich dich vorher fragen sollen, ob ich David zum ›Steirer des Tages‹ gratulieren darf? Was soll das, Sascha? Du schaust zu viel Landkrimi.« Im letzten, den sie zusammen gesehen hatten, war die LKA-Ermittlerin mit dem Sohn ihres Vorgesetzten im Bett gelandet. Wahrscheinlich hatte dieser Film ihn auf die absurde Idee gebracht, sie könne sich für David interessieren. Sandra griff über ihre Schulter nach dem Sicherheitsgurt, als Bergmann auf die Windschutzscheibe zeigte.

»Schau mal, da …«

»Das ist jetzt aber nicht wahr!« Ungläubig starrte sie auf den Zettel, der hinter dem Scheibenwischer klemmte, ließ ihren Gurt zurückschnalzen und sprang aus dem Wagen.

»Die haben mich tatsächlich angezeigt! Kann dieser Tocker nicht lesen?«, beschwerte sie sich über den örtlichen Streifenpolizisten, kaum, dass sie wieder hinterm Steuer saß. »Na, warte …« Wutschnaubend pfefferte sie den Strafzettel aufs Armaturenbrett und parkte aus. »Denen werde ich die Leviten lesen.«

»Und was ist mit meinem Mittagessen?«

»Das muss gefälligst warten«, schnauzte sie ihren Beifahrer an.

So groß konnte sein Hunger ja nicht sein, nachdem er sich den Wanst mit kalorienreichen Glöcklkrapfen vollgeschlagen hatte.

2.

Die Kollegin in der Polizeiinspektion entschuldigte sich vielmals, als Sandra ihr wutschnaubend die Anzeige wegen rechtswidrigen Parkens in der Ladezone präsentierte. Der junge Inspektor habe wohl ein gefälschtes Dokument hinter der Windschutzscheibe vermutet, nahm sie an. In letzter Zeit häuften sich solche und ähnliche Delikte im Markt. Selbstverständlich sei die Anzeige hinfällig.

Wäre ja auch noch schöner gewesen, ärgerte sich Sandra noch immer. »Das nächste Mal soll er gefälligst das Kennzeichen überprüfen, bevor er amtshandelt«, meinte sie abschließend. Der Kollege hatte großes Glück, dass er von seiner Streife noch nicht zurückgekehrt war, sonst hätte sie ihm höchstpersönlich den Kopf gewaschen.

»Ich sorg' dafür«, versprach ihr die Bezirksinspektorin. »Magst einen Kaffee und einen Krapfen?«

Sandra lehnte dankend ab. Ihre Wut verebbte allmählich. »Kennst du das Ehepaar Grimm von der *Trachtenheimat*?«, erkundigte sie sich, wo sie schon einmal hier war.

Die Uniformierte bejahte.

»Die sind aber nicht besonders gut auf die Lex-Schwestern zu sprechen, oder? Vor allem mit der Verstorbenen scheint ihr Verhältnis ziemlich angespannt gewesen zu sein.«

»Kann man so sagen«, bestätigte die Kollegin. »Die Luise war eine beinharte Geschäftsfrau. Die hat sich nix gefallen lassen. Von niemandem. Oft hat sie sich im Ton vergriffen. Aber ihre Schwester hat mit ihrem Charme vieles wieder ausbügeln können. Vor einigen Jahren hat die Luise eine Privatklage gegen den Grimm Franz wegen übler Nachrede eingebracht«, erzählte die Landpolizistin. »Den Prozess hat der Grimm damals verloren und eine saftige Geldstrafe kassiert.«

»Interessant«, fand Sandra. Warum hatten Gertrude Grimm und Lilli Lex ihnen diesen Prozess verschwiegen? »Worum ist es denn bei dieser Verleumdungsanzeige gegangen?«

»Wie ich es verstanden hab', hat alles mit dem öffentlichen Vorwurf der Preisabsprache und der Bestechung begonnen. Der Grimm war fuchsteufelswild, dass die Lex-Schwestern, die damals bei ihm beschäftigt waren, den Zuschlag für die Übernahme der früheren *G'wandschneiderei* bekommen haben. Zu einem Wucherpreis, wie er behauptet hat. Angeblich hat ihm der frühere Inhaber schon lange vorher versprochen, dass er seinen Betrieb übernehmen kann, wenn er später in Pension geht. Freilich zu einem viel geringeren Kaufpreis. Als es dann soweit war, sind die Lex-Schwestern zum Zug gekommen. Der Grimm hat die Luise der Spionage und der Bestechung bezichtigt, hat überall herumerzählt, was da angeblich alles hinter seinem Rücken gelaufen sein soll. Das hat die Luise aber nicht auf sich sitzen lassen.«

»Dann wurde Herr Grimm um sein Vorkaufsrecht geprellt?«

»Hat er behauptet, aber nichts Schriftliches in der Hand gehabt. Nur eine mündliche Zusage des früheren Geschäftsinhabers und die Aussage seiner Frau, die vor Gericht nicht viel gezählt haben.«

»Warum hast du mir das nicht schon am Tatort erzählt?«, wollte Sandra wissen.

»Ich hab' das heute Vormittag zum ersten Mal von einem älteren Kollegen gehört«, entschuldigte sich die Polizistin. Sie selbst hatte damals ihren Dienst in der Polizeiinspektion Liezen versehen. »Ich wollte dir heute noch eine Aktennotiz mailen.«

Den früheren Besitzer der *G'wandschneiderei* konnten sie zu dieser Angelegenheit nicht mehr befragen, erfuhr Sandra weiter. Der betagte Herr war vor zwei Jahren verstorben. Ihr Handy kündigte den Eingang einer Nachricht an.

Bergmann, der im Auto sitzen geblieben war, drängte zum Mittagessen.

Wäre Sandra nicht selbst hungrig gewesen, hätte sie den Chefinspektor glatt noch eine Weile draußen schmoren lassen. Außerdem waren sie in einer guten Stunde bereits mit dem nächsten Zeugen verabredet, der die Lex-Schwestern gut kannte. Zumindest eine von ihnen. »Wo kann man denn hier in der Nähe gut essen, ohne lange warten zu müssen?«, erkundigte sie sich.

Die Kollegin blickte zur Wanduhr hinüber. »Die *Traube* hat um diese Uhrzeit offen. Dort gibt's von mittags bis spät abends durchgehend warme Küche«, empfahl ihr die Uniformierte einen Gasthof im Stadtzentrum. Für Mehlspeisen legte sie ihr die bekannte Kurcafé-Konditorei ans Herz, die Sandra von früheren Besuchen in Bad Aussee kannte.

»Gibt's auch Lokale in Gößl, die am Nachmittag warme Küche haben?« Dort war ihre nächste Zeugenbefragung anberaumt.

»Der *Anker* hat im Winter geschlossen. Beim Dorfwirt

sind heute die Berigln, bei den anderen bin ich mir nicht sicher.«

Sandra bedankte sich für ihre Tipps. Zur Brandnacht gab es keine neuen Hinweise aus der Bevölkerung, erfuhr sie noch von der Kollegin. Dann verabschiedeten sie sich.

3.

Das Gasthaus in der Kirchengasse war für einen Dienstagnachmittag gut besucht. Was für die Qualität der Küche sprach oder auch daran liegen konnte, dass zahlreiche Gasthöfe in der Steiermark montags und dienstags geschlossen waren. Darüber hinaus waren im Zuge der Wirtschaftskrise etliche Betriebe in die Insolvenz geschlittert.

Es dauerte keine zehn Minuten, bis die bestellten Kaspressknödelsuppen auf dem Tisch der Ermittler standen.

Sandra griff nach ihrem Suppenlöffel. »Mahlzeit!«

»Guten Appetit«, murmelte Bergmann gedankenverloren.

»Was geht dir durch den Kopf?«, erkundigte sich Sandra und bereute ihre Frage umgehend.

»Lilli Lex und ihr Betthupferl«, erwiderte er.

Sandra winkte mit dem Löffel ab. Warum hatte sie ihm überhaupt diese Frage gestellt? Konnte ihr doch egal sein, woran er dachte. Wenn es wirklich wichtig war, würde er sich schon zu Wort melden.

Bergmann löffelte kommentarlos seine Suppe.

Sandra blies zuerst Luft auf ihren vollen Löffel, um ihn etwas abzukühlen.

»Er könnte ein Tatmotiv gehabt haben«, meinte Bergmann.

Sandra schluckte hinunter. Das goldbraune Kaspressknödel schmeckte würzig, die Rindssuppe kräftig, wie es sich gehörte.

»Du meinst Fabian Köberl?«

Bergmann nickte. »Wenn es hart auf hart ging, hat kein Blatt Papier zwischen die beiden Schwestern gepasst«, wiederholte er Gertrude Grimms Aussage. »Er könnte Luise Lex getötet haben, weil sie ihn vergraulen wollte. Wie angeblich alle Freunde ihrer Schwester.«

»Und nach der Tat hat er die Villa samt der Leiche in Brand gesteckt, um seine Spuren zu beseitigen, während seine Geliebte in der Schneiderei war«, spann Sandra seine Theorie zu Ende. »Ich weiß nicht …« Zweifelnd tauchte sie ihren Löffel in die Suppe ein, während Bergmann innehielt.

»Ich auch nicht. Ich denke nur laut nach. Köberl hat kein Alibi und könnte von den Treibstoffkanistern in der Garage gewusst haben. Zudem gibt es weitaus schwächere Tatmotive als die Liebe. Beziehungsweise die Angst, diese Liebe zu verlieren.«

»Oder den vermeintlichen Besitz zu verlieren.«

»Du bist so was von unromantisch.« Bergmann löffelte weiter.

Sandra ignorierte den persönlichen Vorwurf, mit dem er sie ohnehin nur wieder provozieren wollte. »Auf meiner Verdächtigenliste steht nach wie vor der unbekannte Kindesvater an erster Stelle«, blieb sie sachlich.

Bergmann sah das ebenso. »Was Fabian Köberl anbelangt, könnte auch Habgier ein Tatmotiv sein«, griff er seine Theorie wieder auf. »Die *G'wandschneiderei* scheint die Wirtschaftskrise gut überstanden zu haben. Lilli Lex wird vermutlich nicht nur von ihrer Hausversicherung entschädigt, als einzige nahe Angehörige ihrer Schwester erbt sie höchstwahrscheinlich auch ihr privates Vermögen, die Firmenanteile und was sonst noch alles an Geld und Besitz vorhanden ist.«

»Frau Grimm hat ein Zinshaus in Wien erwähnt«, erinnerte sich Sandra. Das sollte ihr geregelte monatliche Mieteinnahmen sichern.

Bergmann legte den Löffel beiseite und wischte sich den Mund mit der Serviette ab. »Hast du schon überprüft, ob es eine Lebensversicherung und ein Testament gibt?«

»Warum? Lilli Lex steht doch nicht unter Tatverdacht.«

»Nein, aber wir sollten sie trotzdem danach fragen.«

»Egal, wie hoch ihr Vermögen ist, Fabian Köberl wird nicht so leicht herankommen. Dazu müsste Lilli ihn heiraten. Was sie nicht vorhat, wie wir wissen. Und wenn doch, dann würde sie vermutlich auf einen Ehevertrag bestehen.«

»Trotzdem könnte ihr Gschamsterer doch profitieren. Durch finanzielle Zuwendungen und großzügige Geschenke von Madame«, spann Bergmann seine Theorie weiter.

»Nur weil Madame älter und vielleicht wohlhabender ist als ihr Liebhaber, muss sie ihn doch nicht zwangsläufig finanziell unterstützen«, räumte Sandra mit einem Klischee auf. Lilli Lex hatte bei ihr nicht den Eindruck erweckt, dass sie zu jenen Frauen zählte, die sich von Männern ausnehmen ließen. Weder aus Liebe noch für sexuelle Dienste. Das hatte die attraktive, erfolgreiche Dame nicht nötig, glaubte sie. Freilich konnte sie sich täuschen.

»Sehen wir uns diesen Jüngling erst einmal an, ehe wir weiter spekulieren«, schlug Bergmann vor.

»Wer hat denn damit angefangen?« Sandra blickte auf ihre Armbanduhr. Noch waren sie nicht in Eile. »Was ist mit Franz Grimm?« Auf der Fahrt hierher hatte sie dem Chefinspektor von der Privatklage und dem Prozess berichtet, die Luise Lex gegen ihn eingebracht und gewonnen hatte. Dass er in jüngster Vergangenheit bei der Vergabe des Auftrags für den Steirerball erneut an den Lex-Schwestern gescheitert war, konnte das Fass zum Überlaufen gebracht haben. Zweifelsfrei verfügten die Grimms über ein Tatmotiv. Und ihre Alibis, die sie sich gegenseitig verschafften, standen auf ziemlich wackeligen Beinen. Dass Franz Grimm das Alibi seiner Frau und damit sein eigenes bestätigen würde, bezweifelte Sandra nicht.

»Diesen Grimm werden wir uns auf alle Fälle vornehmen«, sagte Bergmann. »Otto Sulzbacher sowieso. Schon merkwürdig, dass er ausgerechnet seine Ex-Frau, die sein lukratives Feriendorf-Projekt boykottiert, mit der Trachtenschau beauftragt.«

»Vielleicht hat er mit diesem Auftrag ihren Widerstand gebrochen.« Sandra löffelte ihren Suppenteller leer, während Bergmann fortfuhr.

»Ein Deal, meinst du? Aber so viel kann eine Trachtenschau doch gar nicht einbringen, als dass die Lex-Schwestern diesem Monsterprojekt in ihrer Nachbarschaft zustimmen würden«, wandte er ein. »Selbst wenn sie sich neue Kontakte und Kunden durch den Steirerball versprechen.« Bergmann trank sein alkoholfreies Bier aus.

»Die Errichtung der Chalets werden sie als Nachbarinnen am Ende des Tages nicht verhindern, sie sehr wohl aber weiterhin verzögern können, was Sulzbacher bestimmt einige Kosten verursacht. Aber warum sollte er seine Ex-Schwägerin töten?«

»Vielleicht hatte er noch eine Rechnung mit ihr offen.«

»Welche Rechnung denn?«

»Er könnte ihr die Schuld an seiner gescheiterten Ehe mit ihrer Schwester geben«, meinte der Chefinspektor. »Vielleicht hat sie auch ihn vergrault.«

»Aber angeblich war doch der Streit um das Chalet-Dorf schuld an der Scheidung, nicht Luise.« Sandra schenkte sich Mineralwasser nach.

Bergmann kratzte sich nachdenklich am Kinn. »Könnte doch beides zutreffen. Vielleicht war Luise die große Gegnerin seines Projektes. Sie könnte ihre Schwester negativ beeinflusst und dadurch ihre Ehe zerstört haben.«

»Dann hat Sulzbacher seine Ex-Schwägerin aus Rache getötet?«

»Wenn das kein Tatmotiv ist, weiß ich auch nicht.«

Rache war ein häufiges Motiv für Brandstiftung. Dennoch war Sandra skeptisch. »Warum dann der Auftrag für den Steirerball?«, fragte sie noch einmal.

»Aus Liebe. Um seine Ex-Frau zurückzugewinnen.«

»Die jetzt mit einem anderen liiert ist?«

»Trotzdem könnte er Lilli noch lieben. Und die ›fiese Luise‹ gehasst haben.«

Bergmann verstummte, als die Kellnerin abservierte. Er bestellte ein weiteres alkoholfreies Bier zu seinen Schinkenfleckerln, während Sandra sich mit ihrem Mineralwasser begnügte. Anstatt der Schinkenfleckerl hatte sie die Krautfleckerl von der Tageskarte gewählt. Zu beiden Hauptgerichten des Mittagsmenüs gab es gemischten Salat. Allerdings hatte sie das Kürbiskernöl extra bestellen müssen. Als Beilage wurde es mit 1,30 Euro berechnet, was in den südlicheren Regionen des Landes undenkbar war. Auch in den Gasthäusern in Graz, die heimische Küche anboten, wurden Salate ganz selbstverständlich mit dem grünen Gold der Steiermark mariniert. Es sei denn, man verlangte ausdrücklich nach einem anderen Öl oder Salatdressing. Sandra kippte die Hälfte des Kernöls über ihren Salat und reichte das Kännchen an Bergmann weiter.

Auch er wusste den kräftigen, nussigen Geschmack des kaltgepressten Pflanzenöls zu schätzen, dem einige positive Effekte für die Gesundheit nachgesagt wurden. Dass es angeblich auch die Nierenfunktion unterstützte, kam ihm ganz besonders gelegen. »Sollte ich eines Tages versetzt werden, werde ich die steirische Küche vermissen«, meinte er, während er das Kännchen mit dem Öl über seinen Salat leerte.

»Sonst nichts?«, fragte Sandra.

Bergmann überlegte angestrengt. »Nein«, meinte er schließlich.

Sandra stocherte in ihrem Salat. Dass er sie nicht vermissen würde, kränkte sie. Was sie ihm möglichst nicht zeigen wollte.

»Dich würde ich sowieso an meine neue Dienststelle mitnehmen«, meinte er grinsend.

Sandra lächelte ihn erleichtert an, ging aber nicht weiter darauf ein. Einerseits freute sie sich, das zu hören, andererseits würde sie ihm ganz bestimmt nicht nach Wien folgen, falls er plante, dorthin zurückzukehren. Zwar war die Donaumetropole mehrfach zur lebenswertesten Stadt der Welt gekürt worden, dennoch hätte sie dort nie und nimmer leben wollen. Trotz einiger Vorzüge, die sie bei gelegentlichen Wien-Besuchen zu schätzen wusste. Auf Dauer war ihr die Bundeshauptstadt aber viel zu groß und zu hektisch. Die meisten Leute, denen man auf der Straße oder in den Öffis begegnete, verhielten sich unfreundlich und abweisend. Oder man verstand ihre Sprache nicht. Von den rücksichtslosen Autofahrern ganz zu schweigen. Der legendäre Grant der Wiener, gepaart mit der Überheblichkeit mancher Großstädter, lag Sandra einfach nicht. Umso wohler fühlte sie sich in der kleineren, überschaubaren steirischen Landeshauptstadt mit ihrem südlichen Flair und den freundlicheren Bewohnern.

Bergmann lehnte sich zurück, damit die Kellnerin den Hauptgang servieren konnte.

Wenigstens musste das Servicepersonal keine Gesichtsschilder respektive Masken zum Schutz vor Corona-Viren mehr tragen, wie es lange Zeit vorgeschrieben gewesen war.

»Wir werden Otto Sulzbacher nach dem Feiertag einen Besuch in Wien abstatten«, fuhr er fort, als die Kellnerin außer Hörweite war.

Sandra glaubte, sich verhört zu haben. »In Wien?« Ihre Krautfleckerln purzelten von der Gabel auf den Teller zurück.

»Ja, in Wien, Sandra. Nicht auf dem Mars«, kommentierte Bergmann ihre Reaktion.

Sandra sah ihn noch immer perplex an. »Wann hast du das denn beschlossen?«

Bergmann legte das Messer weg, um sein Handy zu bedienen, das neben seinem Teller lag. »Während du die Kollegin in der Polizeiinspektion zur Schnecke gemacht hast.« Er wischte auf dem Display herum.

»Ich hab' sie nicht zur Schnecke gemacht«, sagte Sandra. »Sondern uns einen vielversprechenden Hinweis verschafft, während du im Auto dein Mittagsschlaferl nachgeholt hast.«

»Weit gefehlt. Ich war hellwach und hab' mit Miriam telefoniert. Die Anruflisten und das Bewegungsprofil von Luise Lex' Handy sind eingelangt.«

»Ach …«

»Und deshalb fahren wir nach Wien.« Bergmann blickte erneut auf sein Handy.

»Könntest du ein wenig deutlicher werden?«

Er sah sie an.

»Ich war gerade dabei.«

»Ja und?«

»Otto Sulzbacher war der Letzte, der am 1. Jänner mit Luise Lex telefoniert hat. Und zwar gleich zweimal. Einmal um 14.58 Uhr über zwölf Minuten lang. Dann um 18.12 Uhr zwei Minuten lang. In den frühen Morgenstunden des 2. Jänner haben dann nur mehr die Polizei, etwas später Lilli Lex viermal ihre Nummer gewählt. Auf dem Weg zum Tatort hat sie zwei Sprachnachrichten auf der Mailbox ihrer Schwester hinterlassen.« Bergmann nahm sein Messer wieder auf und tauschte es mit der Gabel.

Sandra starrte ihn noch immer an. »In den letzten Telefonaten mit Otto Sulzbacher könnte es um den Steirerball gegangen sein.«

»Und wenn ihre Gespräche privat waren?«, fragte Bergmann genüsslich kauend. »Vielleicht haben sie übers Telefon einen Disput ausgetragen, er ist zu ihr gefahren und hat sie getötet.«

»Hat Luise Lex auch mit Gertrude oder Franz Grimm telefoniert?«, wollte Sandra wissen.

»Das wird Miriam eruieren, sobald du ihr die Telefonnummern geschickt hast. Deine Krautfleckerl werden kalt.«

»Was sagt uns das Bewegungsprofil ihres Handys?« Sandra widmete sich ihrem Teller.

»Dass es seit dem Nachmittag des 31. Dezember, 17.32 Uhr keine Bewegungen mehr gegeben hat.«

»Dann war sie von da an bis zu ihrem Tod zu Hause?«

»So ist es. Am 2. Jänner um 2.51 Uhr war dann Sendeschluss.«

Zu diesem Zeitpunkt hatten die Flammen demnach das Handy endgültig zerstört, folgerte Sandra.

»Wir treffen Otto Sulzbacher am Donnerstagnachmittag in seiner Kanzlei«, fuhr Bergmann fort. »Mit Lilli Lex sollten wir auch einen Termin vereinbaren. Und Franz Grimm befragen, der sich ja auch in Wien aufhält.«

Sandra ließ ihre Gabel sinken. »Dann bleiben wir über Nacht?«

»Zwei Nächte. Miriam bucht für uns die Hotelzimmer. Und vergiss nicht, dein schönstes Dirndl einzupacken. Und was sonst noch zu einer festlichen Tracht gehört. Ich hab' uns Karten für den Steirerball besorgt.«

»Du hast *was*?« Sandra war endgültig baff. »Du willst allen Ernstes Steirerball gehen?«

»*Auf den* oder *zum* Steirerball«, fügte Bergmann mögliche Präpositionen hinzu, auf die sie als Steirerin umgangssprachlich verzichtet hatte.

Seine Belehrung kostete sie ein müdes Lächeln. »Dann hätten wir ja doch eine Lederhose für dich kaufen sollen. Oder möchtest du dort in der Repräsentationsuniform antanzen?«

Der Chefinspektor setzte sein Bierglas ab. »Ich hab' überhaupt nicht vor zu tanzen.«

»Fader Zipf.«

»David wird auch am Steirerball sein«, sagte Bergmann.

»Echt?« Hatte sich sein Vater deshalb nach dem Preis einer Hirschledernen erkundigt? »Dann kann ich ja mit *ihm* tanzen«, zog Sandra ihn auf. Auf die Gefahr hin, dass ihr Bergmann wieder ein erotisches Interesse an seinem Sohn unterstellte.

Der Chefinspektor sah sie durch schmale Augen an. »Das kannst du gleich wieder vergessen. David tritt nämlich mit einer Band in der Hofburg auf. Er springt für den erkrankten Gitarristen ein.« Bergmann schaufelte die letzten Schinkenfleckerln auf seine Gabel.

»Wie heißt denn die Band? Kenne ich sie?«, erkundigte sich Sandra.

»Mir fällt der Name gerade nicht ein. Eine Partyband aus Graz. Wenn ich es richtig verstanden habe, spielt der Landesdirektor des ORF Steiermark Bassgitarre in der Band.«

Sandra schluckte ihre Krautfleckerln hinunter. »Dann kannst du nur *Beat Club Graz* meinen. Ich kenne die Band von einem Benefizkonzert.« Eine ganze Reihe von Musikgruppen war damals im *Orpheum* aufgetreten, um Spenden für die Familie einer jungen Frau zu lukrieren, die von einem offenbar psychisch kranken Täter mit dem Messer auf offener Straße in Graz tödlich attackiert worden war. »David rockt den Auftritt ganz bestimmt.«

»Du gehst ohne mich auf Konzerte?«, monierte Bergmann.

»Hätte ich dich vorher fragen sollen? Wir sind doch nicht verheiratet.« Abgesehen davon, hatte sie es bestimmt erwähnt und er es vergessen.

»Erwartest du jetzt einen Antrag von mir?«

»Gott behüte!«, meinte Sandra. »Was ist eigentlich mit den Kollegen in Wien? Wirst du sie hinzuziehen?«, wechselte sie das Thema. Für kriminalpolizeiliche Ermittlungen in der Bundeshauptstadt war zumeist das LKA Wien zuständig. Es sei denn, die Kollegen waren befangen, wenn etwa gegen einen aus ihren Reihen ermittelt wurde. Überschritt ein Kriminalfall Bundesländergrenzen, schaltete sich das Bundeskriminalamt ein. Wie damals, als Sandra zum ersten Mal zusammen mit Bergmann in einem Mordfall ermittelt hatte. Ausgerechnet in ihrem Heimatdorf. Aber das war eine andere Geschichte, die sie lieber verdrängte, um nicht an ihre lieblose Mutter und den gewalttätigen Halbbruder denken zu müssen, zu denen sie keinen Kontakt mehr pflegte.

Bergmann zuckte mit den Achseln. »Ich hab' alles im Griff, Sandra. Außerdem gute Kontakte in Wien, auf die ich nötigenfalls zurückgreifen kann. Es ist und bleibt aber unser Fall. Bis ich den Kollegen alles erklärt habe, sind wir längst wieder hinterm Semmering.«

»Hinterm Wechsel.«

»Von mir aus.«

»Von mir aus auch.« Schließlich musste der Chefinspektor für seine Vorgangsweise geradestehen und nicht sie.

Bergmann blickte auf sein Handy und winkte die Kellnerin herbei. Aus Zeitgründen verzichteten sie auf ein Dessert, zahlten und brachen nach Gößl auf.

4.

Der Winter hatte alle Farben verschluckt, dachte Sandra, als sie am Steirischen Meer entlangfuhren. Malerische Siedlungen und Bootshäuser, verschneite Wiesen, Nadel- und kahle Laubbäume zogen in Schwarz-Weiß an ihr vorüber. Neben ihr döste ihr Beifahrer. Niemand, den sie kannte, konnte dermaßen schnell einnicken wie Bergmann. Wahrscheinlich benötigte er deshalb nachts weniger Schlaf und stand morgens früh auf.

Still und starr wie der Chefinspektor ruhte auch der Grundlsee rechts von ihr. Weit und breit war kein Boot in Sicht. Nicht einmal Blässhühner, Enten oder Schwäne watschelten über das Eis. Zumindest keine, die von der Straße aus zu sehen gewesen wären. Die schroffen Gipfel des Toten Gebirges waren von schweren dunklen Wolken der herannahenden Schlechtwetterfront verhüllt. Von Backenstein, Reichenstein und Lawinenstein war kaum etwas zu sehen. Neuschnee kündigte sich an.

Bergmann schnaufte kurz, als Sandra in die Dorfstraße einbog, die an einem steil ansteigenden bewaldeten Felsen entlangführte. Die schmale, stellenweise glatte Fahrbahn war von Schneehaufen und Schneestangen begrenzt. Vor ihnen ragte die Gößler Wand senkrecht in die Höhe. Hier war sie schon einmal gewesen, erinnerte sich Sandra. An einem heißen Mai- oder Junitag. Mit ihrer Jugendliebe Max. Das war eine gefühlte Ewigkeit her.

Bei Kaiserwetter waren sie dem idyllischen Wanderweg vom Parkplatz entlang der Gößler Wand gefolgt, vorbei an satten Blumenwiesen, weiter durch ein Waldstück, bis zum geheimnisumwitterten Toplitzsee, in dessen Tiefe ein legendärer Schatz vermutet wurde. Über die Jahrzehnte hatte man unzählige Male nach dem vermeintlichen Gold und Diamanten getaucht, welche die Nazis dort während der letzten Kriegstage kistenweise versenkt haben sollten. Außer gefälschten Pfundnoten, SS-Dokumenten und Kriegsmaterial war bislang nichts an die Oberfläche des Sees gelangt, der, über 100 Meter tief, malerisch eingebettet zwischen bewaldeten Bergen und Felsen lag. Dass es ab einer Tiefe von 20 Metern keinen Sauerstoff mehr gab, jedoch einen höheren Salzgehalt als an der Oberfläche, verlieh dem Toplitzsee seine Schwärze.

Sandra und Max waren damals in der *Fischerhütte* eingekehrt, hatten sich auf der Terrasse mit Seeblick Seesaiblinge in Knoblauchkruste schmecken und sich anschließend in einer Plätte über den See rudern lassen. Die schmalen, langen Zillen wurden aus Lärchen- und Fichtenholz handgefertigt und wie die Gondeln in Venedig im Stehen gerudert beziehungsweise von Außenbordmotoren angetrieben. In der Vergangenheit hatten sie als Arbeitsgeräte zum Fischen, Holzdriften und für allerlei Transporte gedient. Heute wurden sie fast nur noch zum Fischen oder für Ausflugsfahrten eingesetzt.

Erneut kam Sandra Erzherzog Johann in den Sinn, der seinerzeit einer der berühmtesten Touristen am romantischen Toplitzsee gewesen war. Von hier aus hatte er seine Jagdausflüge ins Tote Gebirge unternommen und war zum allerersten Mal der 15-jährigen Anna Plochl begegnet. Ein Gedenkstein am Südufer erinnerte heute noch an den Beginn dieser großen historischen Liebe. Vom Nordufer führte ein kurzer Weg am Wasserfall entlang, der als Ursprung der Traun galt. Von dort gelangte man zu Fuß weiter zum kleinsten der drei Seen, dem mystischen grün schimmernden Kammersee, von dem Max behauptete, dass er dieselbe Farbe wie Sandras Augen habe. Wie es ihrer Jugendliebe wohl ging, überlegte sie, den Blick auf die Fahrbahn gerichtet. Zuletzt war ihr zu Ohren gekommen, dass er von der Polizeiinspektion in Schöder nach Murau versetzt worden war.

Die Menschengruppe, die plötzlich auf der Fahrbahn auftauchte, riss Sandra jäh aus ihren Gedanken. Unverzüglich nahm sie den Fuß vom Gaspedal, bremste so sacht wie möglich, um nicht ins Rutschen zu geraten. Die Leute drängten sich näher an die Schneewände heran. Sechs verkleidete, mit bunten Tüchern und Hüten vermummte Gestalten zählte Sandra. Einige mit Besen, alle mit Glocken, die sie läuteten, während sie die Hand zum Gruß erhob und im Schritttempo an ihnen vorbeirollte.

Bergmann streckte seinen Rücken durch. »Was waren das denn für Gestalten?«

»Die Berigln, von denen Frau Grimm uns erzählt hat, nehme ich an.«

»Wo sind wir überhaupt?« Der Chefinspektor blickte sich gähnend um.

»Dort vorne muss das Haus der Familie Köberl sein.« Sandra wies zu der kleinen Siedlung, der sie sich langsam näherten. Vor einem mannshohen Schneehaufen stellte sie den Kombi ab.

Das L-förmige Gebäude war, wie viele Häuser im Ausseerland, unten gemauert und verputzt, oben mit Holzlatten verschalt. Die ebenso typischen Holzerker, Balkone und Veranden fehlten jedoch. Seit Sandra in der Ferienwohnung in einer Chronik geschmökert hatte, wusste sie, dass die prägenden Stilelemente der Ausseer Häuser den ersten Zweiheimischen aus Wien zu verdanken waren, die Mitte des 19. Jahrhunderts die Sommerfrische im Salzkammergut für sich entdeckt hatten. Den »echigen« Ausseern schienen sie zu gefallen, sonst hätten sie diese wohl kaum für die eigenen Häuser übernommen. So gesehen war nicht alles schlecht, was aus Wien kam. Weder heute noch damals, als es die meist Adeligen, die dem Kaiserhof nahestanden, nach Bad Ischl und Bad Aussee gezogen hatte. Künstler und Literaten suchten vorwiegend in Altaussee Inspiration und Erholung, wohingegen der bäuerlich besiedelte Grundlsee zuallererst englische Sportfischer anlockte. Und Musiker, die das sangesfreudige Volk auf den umliegenden Almen zu schätzen wussten. Einmal abgesehen vom hochwohlgeborenen Jagdtouristen Erzherzog Johann. Dementsprechend fiel der Baustil am Grundlsee zumeist schlichter aus. Prachtvolle Gebäude wie die Villa Castiglioni, Villa Roth oder Villa Anna bildeten hier die Ausnahmen.

Dem Auto entstiegen, blickte Sandra von der Gößler Wand zum bewölkten Himmel. Spätestens in einer halben Stunde war es finster. Während sie die Autotür hinter ihrem Rücken ins Schloss fallen hörte, atmete sie die frische Luft tief ein. Den Schnee, den die Meteorologen für das Salzkammergut angekündigt hatten, konnte sie förmlich riechen, bildete sie sich zumindest ein. Morgen Früh würde das Ausseerland in frischer weißer Pracht erstrahlen. Worüber sich Bergmann ganz bestimmt nicht freute. Sie hingegen hätte den Neuschnee liebend gerne zum Skifahren genutzt. Oder zum Langlaufen auf der Loipe, die direkt hier an der Siedlung vorbeiführte.

»Kommst du, Sandra? Ich friere mir den Hintern ab«, rief er ihr, unter dem Vordach auf sie wartend, zu. Das war neuerdings wohl sein Standardspruch. Immerhin trug er heute ihren alten Wollschal.

Sandra drückte auf einen der beiden Klingelknöpfe.

Wenig später öffnete ihnen ein junger Mann. »Griaß enk, i bin da Köberl Fabian!«, stellte er sich jovial, aber keineswegs unhöflich vor.

Das Duzen war im Ausseerland üblich, hatte Sandra den Chefinspektor bereits auf ihrer ersten Fahrt zum Tatort vorgewarnt. Wiewohl er es mit den Benimmregeln nicht so genau nahm. Solange man ihm mit dem nötigen Respekt begegnete.

»Kimmt's aha!«, bat der groß gewachsene, sportliche Mann mit den braunen Haaren sie ins Vorhaus herein. Auch im tiefsten Winter trug er seine Lederhose, die bestimmt von allein in der Ecke stehen bleiben würde, wenn er sie dort abstellte. Ob er das abgetragene, speckige Stück von seinem Großvater geerbt hatte? Oder war es heutzutage nicht mehr üblich, Lederhosen an die übernächste Generation weiterzugeben? Das hatte die Ausseer Trachtenexpertin in ihrem Vortrag nicht erwähnt. Immerhin wusste Sandra jetzt aber, dass es sich bei seiner Ledernen um eine »Grundlseer« handelte, zumal der Beinabschluss der Farbe der Lederhose entsprach. Wohingegen die Ausseer Lederne mit einem hellen Rand, die »Alt'nausseer« mit einem sogenannten »Bürsel« abschloss, einer gelblich-weißen Naht, die durch den obligaten angestückelten Lederstreifen entstand.

Sandra hatte ihre liebe Mühe, den grünen Schafwollstutzen, die der junge Mann mit den strammen Wadeln trug, durchs Haus zu folgen, ohne in den Laufschritt zu verfallen. Über eine Wendeltreppe hetzten sie schließlich in die Mansarde hinauf.

»Sind Sie auf der Flucht?«, fragte Bergmann oben angelangt. Schnaufend öffnete er seine Jacke. Das Du-Wort kam ihm nicht über die Lippen.

Auch Sandra hatte nicht vor, den jungen Mann zu duzen. Ausseerland hin oder her. Sie lockerte ihren neuen Lieblingsschal, zog ihre Handschuhe aus und nahm die Haube ab.

Fabian Köberl sah auf Bergmann herab, den er um gute zehn Zentimeter überragte. »Wieso?«

»Weshalb rennen Sie so?«, fragte der Ältere zurück.

Er sei in Eile und bat sie, die Unterredung kurzzuhalten. In spätestens einer Stunde wolle er sich seinen Freunden beim Berigln anschließen, erklärte er in breitem Grundlseerisch.

Bergmann sah Sandra achselzuckend an. Anscheinend war der lokale Dialekt für ihn einigermaßen unverständlich.

Sie folgten Fabian Köberl in die Stube, in der auch die Küche untergebracht war. Alles, bis auf die Geräte und üblichen Wohntextilien, war aus Holz. Mit einer Geste bot er den Ermittlern Platz am Jogltisch an. Er selbst setzte sich auf die Eckbank.

Bergmann ließ sich auf einen der beiden Holzstühle mit Herzerlguckloch sinken. Sandra nahm auf der freien Bank Platz. Dass der Fischer halb so alt war wie sie, hätte sie nicht vermutet. Wind und Wetter waren nicht spurlos an seiner Haut vorübergegangen. Trotz seiner Jugend zeichneten sich bereits deutliche Fältchen rund um seine freundlichen Augen und auf der Stirn ab, was ihn aber höchstens attraktiver machte. »Wir möchten Sie gerne zu den Lex-Schwestern befragen«, wiederholte sie, was sie bereits am Telefon angekündigt hatte.

»Mi'm Tod von der Loisl hob i nix zum toa«, verteidigte er sich vorweg.

Bergmann hob eine Augenbraue. »Wie bitte?«

»Er ist aus Wien«, fügte Sandra erklärend hinzu.

»A Weana bei de Kriminesa in Graz?«

Hatte der junge Mann geglaubt, dass es nur im Ausseerland Wiener gab?

»Das hab' ich verstanden«, sagte Bergmann.

»Wir verdächtigen Sie nicht, Herr Köberl«, sagte Sandra. Bisher jedenfalls nicht. »Sie könnten uns aber helfen, das Umfeld der Lex-Schwestern besser kennenzulernen, damit wir den mutmaßlichen Täterkreis eingrenzen können.«

»Glaubt's ihr, dass der Mörder die Luise gekannt hat?«, fragte Fabian Köberl in nahezu dialektfreiem Deutsch.

Bergmanns Gesichtszüge entspannten sich.

»Wie kommen Sie darauf, dass Luise Lex ermordet worden ist?« Sandra versuchte, die Mimik des jungen Mannes zu lesen. Wusste er, dass die Frau nicht bei lebendigem Leib, sondern dass ihre Leiche verbrannt worden war? Dann stellte sich nämlich die Frage, woher er diese Information hatte, die bislang ausschließlich der Kriminalpolizei und den Gerichtsmedizinern bekannt war. Und dem Täter.

Fabian Köberl reagierte verwirrt auf ihre Frage. »Jo, wia hiazand?«

Bergmann räusperte sich und sah ihn mit schmalen Augen an.

»Ist es kein Mord, wenn jemand einen Brand legt und ein anderer dabei ums Leben kommt?«, schaltete er wieder auf Hochdeutsch um.

Dabei mochte Sandra seinen Dialekt und verstand ihn auch. Sie nickte, ohne auf die näheren Tatumstände und rechtliche Spitzfindigkeiten einzugehen. Anscheinend verfügte er doch nicht über Täterwissen, folgerte sie aus seiner Antwort. Oder aber er war so schlau, sich dümmer zu stellen, als er war. »Wie lange kennen Sie die Lex-Schwestern schon?«

»Vom Sehen schon lang. Die Gemeinde Gößl ist ja nicht sehr groß. Man trifft sich zwangsläufig immer wieder beim Einkaufen, beim Wirt'n oder auf Fest'ln. Letzten Herbst waren die beiden als Promigäste bei einer Lechpartie dabei. Dabei sind die Lilli und ich uns nähergekommen.« Er seufzte, und die Falten gruben sich noch tiefer auf seiner Stirn ein.

»Lechpartie?«, fragte Bergmann nach.

»Das traditionelle Erntedankfest von uns Fischern am Grundlsee. Die Lechpartie wird nach dem Lechfischen gefeiert. Auch am Altausseer See gibt's diesen Brauch, der stets im kleinen Kreis stattfindet. Ungefähr 30 Mal im Jahr veranstalten wir solche Lechpartien am Grundlsee, bringen die Gäste mit Plättn zur Lechhüttn in Gößl. Dort bereiten wir frische Saiblinge am offenen Feuer zu. Es wird gegessen, musiziert, Gstanzln g'sungen und 'poscht. Ist immer eine recht stimmungsvolle Gaudi«, erklärte er.

Dass es sich beim Paschen um eine kunstvolle, rhythmische Form des Klatschens handelte, die im Salzkammergut mit Steirermusi' und G'stanzlsingen einherging, war Sandra bekannt. Auch, dass dieser nicht unkomplizierte musikalische Brauch ausschließlich von Männern ausgeübt werden durfte.

»Mein Arbeitgeber lädt immer ein paar prominente Gäste zur Lechpartie ein.«

»Und wer ist Ihr Arbeitgeber?«

»Die Österreichischen Bundesforste. Ich bin einer von

den letzten beiden Berufsfischern am Grundlsee. Die Produktion ist seit ein paar Jahren an eine Industriellengruppe ausgelagert, die sich auch um den Vertrieb und die Vermarktung der Fische kümmert.«

»Lech kommt von Laich, nicht wahr?«, fragte Sandra nach.

»Genau. Im November laichen die Seesaiblinge an der Zimitzbachmündung. Dort fischen wir sie mit dem Netz heraus, streifen die Eier von den Rognern ab, die wir für die Wildzucht benötigen. Den Mutterfischen geschieht dabei nichts. Die setzen wir unversehrt in den See zurück. Auch die Milchner, also die Mandln. Der Laich kommt dann ins Bruthaus in Gößl. In acht Becken wachsen rund 25.000 Wildzuchtsaiblinge heran, die im Februar schlüpfen. Die Jungfische bleiben in Gößl, bis sie ungefähr zehn bis 14 Zentimeter groß sind. Danach werden sie nach Kainisch gebracht, in Becken, die von Quellwasser durchströmt werden. Dort wachsen sie weiter, bis sie mindestens zweieinhalb Jahre alt sind und ungefähr einen Kilo wiegen. Damit sind sie dann etwa doppelt so schwer wie die Wildfangfische, die wir in streng kontrollierter Anzahl im Frühjahr und Sommer aus dem See fischen. Immer nur so viele, wie auf natürlichem Weg nachwachsen können. Es gibt nichts Schöneres, als beim Sonnenaufgang mit der Plättn auf den See hinauszufahren und die Netze einzuholen.«

Bergmann trommelte ungeduldig mit den Fingern auf die Tischplatte, wie immer, wenn es um vermeintlich unwichtige Details ging, die mit Mord und Totschlag nichts zu tun hatten. Für Fische interessierte er sich allerhöchstens, wenn sie gebraten, gegart, gegrillt, gebacken, frittiert, gedünstet oder in der Salzkruste zubereitet auf seinem Teller lagen.

Fabian Köberl erzählte unbeeindruckt weiter. »Im April und Mai geht's mit den Hechten los. Von denen gibt's nimmer so viele. Sie waren vor einigen Jahren von Bandwürmern befallen, die über Planktonkrebse auf das Muskelfleisch der Seesaiblinge übergesprungen sind. Damals sind sie stark dezimiert worden.«

»Mahlzeit!«, sagte Bergmann.

Der junge Mann grinste. »Den Fischen hat das nicht geschadet, aber am Teller schaut's halt nicht besonders appetitlich aus. Deshalb wurden die Hechte abgefischt und so lange keine Saiblinge mehr entnommen, bis das ökologische Gleichgewicht wiederhergestellt war.«

»Und wer bestimmt das?«, wollte Sandra wissen.

»Dafür sind die Biologen von den Bundesforsten und der Fischerei zuständig. Sie kontrollieren regelmäßig den Bestand und führen Probefischungen und Zählungen mit dem Echolot durch, damit wir rechtzeitig auf Veränderungen reagieren können. Vor allem der Seesaibling, unser größtes Kapital, braucht ein klares, sauerstoffreiches und sauberes Wasser.«

»Sie haben Lilli Lex also bei einer Lechpartie im letzten Herbst kennengelernt«, kehrte Sandra zum eigentlichen Thema zurück. »Und seither sind Sie ein Paar?«

»Wir waren ein Paar«, sagte Fabian Köberl. »Bis gestern. Sie hat mit mir Schluss gemacht. Er schluckte. »Es ist aus zwischen uns.«

Sandra stutzte. Vielleicht hatte er wirklich Luise Lex auf dem Gewissen, spann sie Bergmanns Theorie weiter. Wusste Lilli Lex das und hatte ihn deshalb verlassen? Aber hätte sie in diesem Fall nicht die Polizei informiert? Und wenn sie und ihr junger Freund unter einer Decke steckten? Dann hätte sie ihre Beziehung nicht beenden müssen, beantwortete sich Sandra ihre Frage selbst. Außer, die anscheinende Trennung der beiden war ein Ablenkungsmanöver, um einen Tatverdacht gegen die mutmaßlichen Komplizen erst gar nicht aufkommen zu lassen.

Fabian Köberl starrte an Sandra vorbei zum Fenster, vor dem sie saß. »Hiazand fongt's on«, verfiel er neuerlich in seinen Dialekt.

»Was fängt an?«

»Es schneibt.« Der junge Mann stand auf, um das Licht in der Stube einzuschalten.

Mit fortschreitender Dämmerung hatten sich Sandras Augen daran gewöhnt. Jetzt musste sie erst einmal blinzeln, um sich an das vergleichsweise grelle Licht über ihren Köpfen zu gewöhnen.

Fabian Köberl bot ihnen Tee an.

»Gibt's auch Kaffee?«, fragte Bergmann.

»Ich hab' nur Tee da.«

Bergmann lehnte ab. Tee trank er ausschließlich, wenn er krank war.

»Warum hat Lilli Lex Ihre Beziehung beendet?«, fragte Sandra, als Fabian Köberl an den Tisch zurückkehrte. »Hatten Sie Streit?«

»Aber nein. Gestern haben wir uns zum ersten Mal nach dem Tod ihrer Schwester wiedergesehen. Ich hab' überhaupt nicht damit gerechnet, dass sie Schluss macht, und es nicht verstanden. Dann hat sie mir ins Gesicht gesagt, dass es ihr immer nur um den Sex mit mir gegangen ist.« Er lachte bitter. »Dass man sich so täuschen kann in einer Frau, die man heiraten wollt.«

Heiraten? Der junge Mann musste blind vor Liebe gewesen sein, dachte Sandra beinahe mitleidig. Ihnen gegenüber hatte Lilli Lex keinen Hehl daraus gemacht, dass sie zwar an Sex, jedoch an keiner längerfristigen Beziehung oder gar an einer Ehe mit dem jungen Mann interessiert war. Allerdings hatten sie die Frau kurz nach dem Tod ihrer Schwester befragt. Der Schicksalsschlag konnte den plötzlichen Sinneswandel bei ihr bewirkt haben, der zur Trennung führte.

»Und jetzt will sie keinen Sex mehr?«, meldete sich der Chefinspektor zu Wort.

Typisch Bergmann, ärgerte sich Sandra über seine Frage. Welche Frau dachte in einer solchen Situation schon an Sex?

Fabian Köberl schwieg betreten.

»Sie müssen die letzte Frage nicht beantworten«, meinte Sandra.

»Hat sie vielleicht einen anderen?«, stellte Bergmann die nächste Frage.

»Das hab' ich sie auch gefragt«, sagte Köberl. »Sie hat es abgestritten. Sie will allein um ihre Schwester trauern und kein Mitleid. Schon gar nicht von mir.«

Ähnliches hatte Gertrude Grimm zu berichten gewusst, als die Zwillinge nach dem Tod der Eltern die Freundschaft mit ihr auf Eis gelegt hatten. Damals konnten sich die Schwestern aber gegenseitig unterstützen, überlegte Sandra. Jetzt musste Lilli Lex allein trauern. »Geben Sie ihr Zeit, vielleicht wird es ja wieder, wenn sie den Tod ihrer Schwester erst einmal akzeptiert und die Trauer einigermaßen überwunden hat«, erteilte sie dem jungen Fischer ungefragt einen Ratschlag.

»Moanst?« Fabian Köberl sah sie skeptisch, gleichwohl verzweifelt aus tiefblauen Augen an. Fehlte nur noch, dass er losheulte.

Sandra fiel nichts Besseres ein, als mit den Achseln zu zucken.

»Mit dem Steirerball wird's jetzt auch nichts«, meinte der junge Mann geknickt.

»Hätten Sie Lilli Lex nach Wien begleiten sollen?«

Fabian Köberl nickte. »Sie hat mich gebeten, bei ihrer Trachtenschau mitzulaufen. Ich wär' gern dabei gewesen, weil wir zuletzt eh nicht viel Zeit miteinander verbracht haben. Die Lilli war mit ihrer *G'wandschneiderei* noch mehr angehängt als sonst wegen dem Steirerball.«

»Könnte sie zu ihrem Ex-Mann zurückgekehrt sein?«, meldete sich Bergmann erneut zu Wort.

»Die Lilli zum Otto? Nie und nimmer.«

Allzu sicher durfte man sich in Sachen Liebe und Sex nie sein, dachte Sandra. »Warum sind Sie sich da so sicher?«

»Sie war enttäuscht von ihm. Der Otto hat sie nur für seine Immobiliengeschäfte ausgenutzt. Durch die Lilli ist er überhaupt erst auf das Nachbargrundstück aufmerksam geworden und hat die Idee für sein umstrittenes Tourismus-Projekt geboren. Wenn wir den Bauboom nicht bald stoppen, wird's mit der Idylle am Steirischen Meer bald vorbei sein. Es sind erst vor Kurzem zwei ähnliche Chalet-Dörfer am Grundlsee eröffnet worden. Eines beim Hotelresort, das andere unweit davon auf der Zlaim, wo die *Seer* früher ihr Heim-Open-Air gespielt haben«, beschwerte er sich.

»Dahoam auf der Zloam?«, fragte Sandra nach. Das alljährliche Sommerkonzert der heimischen Band hatte David einmal erwähnt.

»Genau. Jedenfalls hat der Otto hinter dem Rücken von der Lilli dieses Feriendorf-Projekt verfolgt. Als ihr dann die ersten Gerüchte zu Ohren gekommen sind, hat sie ihn damit konfrontiert. Dann erst ist er mit seinen Plänen herausgerückt. Und weil sie damit nicht einverstanden war, hat er sie schließlich eiskalt sitzen lassen.«

»Aber wie ist es zu dieser Trachtenschau am Steirerball gekommen? Hat ihr diesen Auftrag nicht ihr Ex-Mann verschafft?«

»Wohl. Ich nehme an, dass er damit ein bisschen was wiedergutmachen wollte, was er der Lilli angetan hat.«

»Obwohl sie sein Projekt noch immer boykottiert?«

»Nimmer lang. Angeblich soll nach den Feiertagen die Bauverhandlung stattfinden. Im Frühjahr werden sie wohl zu bauen beginnen.«

»Haben Sie diese Information von Lilli Lex?«

Fabian Köberl schüttelte den Kopf. »Der Vater von einem Freund von mir sitzt im Gemeinderat.«

»War Luise auch gegen dieses Chalet-Dorf?«

»Ja, schon. Sie waren sich meistens einig.«

Sandra kam das süße Kinderfoto der beiden in den Sinn. »Auch bei den Schwedenbomben.«

Bergmann sah sie verwundert an.

»Stimmt. Die mögen sie gerne. Die Lilli die mit Schokolade, die Luise die mit Kokos«, sagte Köberl.

»Und worin waren sich die Lex-Schwestern nicht einig?«

»Den meisten Streit zwischen ihnen hat es wohl wegen mir gegeben. Die Luise war krankhaft eifersüchtig.«

Eine weitere Aussage, die sich mit jener von Gertrude Grimm deckte.

»Sie hat es ohne die Lilli nicht ausgehalten. Wenn sie bei mir war, hat sie andauernd angerufen und ganz dringend irgendeinen Blödsinn von ihr wollen. Dazu war die Luise ein Kontrollfreak, wollte immerzu wissen, wo sich die Lilli aufhält und wann sie wiederkommt.«

»Das stelle ich mir ziemlich anstrengend und belastend für Ihre Beziehung vor«, sagte Sandra.

Fabian Köberl bestätigte das. »Die Lilli war oft genervt von ihrer Schwester. Sie wollte wenigstens ein paar Stunden ungestört mit mir zusammen sein. Aber die Luise hat ihr keine Ruhe gegeben. Wenn die Lilli nicht an ihr Handy gegangen ist oder länger bei mir geblieben ist, als ausgemacht war, ist sie ausgezuckt.«

»Waren Sie bei diesen Streits auch anwesend?«

»Selten. Meistens war die Lilli bei mir und hat mit der Luise am Handy gestritten.«

»Und wann waren Sie zuletzt bei ihnen zu Hause?«

»Zu Silvester. Wir haben mit einigen anderen Leuten ins Neue Jahr gefeiert.«

Sandra notierte sich die Namen der Gäste, soweit sie dem jungen Mann vollständig bekannt waren. Otto Sulzbacher war nicht unter ihnen. Von einigen Herrschaften aus Wien wusste Fabian Köberl nur die Vornamen. Am Silvesterabend seien sich die Schwestern auch in die Haare geraten, erzählte er weiter. Ausnahmsweise nicht wegen ihm. Luise hatte zu viel Sekt getrunken, worüber Lilli sich mokierte. Daraufhin wurde Luise ausfallend und zog sich wutentbrannt zurück, um kurz vor dem Jahreswechsel wiederzukehren und mit allen Anwesenden anzustoßen, als wäre nichts geschehen.

Vielleicht war der Streit erneut entflammt, nachdem Fabian Köberl die Lex-Villa am Neujahrstag als letzter Gast sechs Stunden nach den anderen gegen 10 Uhr vormittags verlassen hatte? Hatte der Disput zwischen den beiden Schwestern zu Luises Tod geführt? »Warum hätte Luise Lex denn nichts trinken sollen?«, fragte Sandra.

»Die Lilli hat sich immer Sorgen um die Gesundheit ihrer Schwester gemacht. Die Luise hat nicht so gesund gelebt wie sie und auch zu viel Alkohol getrunken.«

Möglicherweise fühlte sich Lilli verantwortlich für Luise, die ihr eine Niere gespendet hatte und seither mit einem Organ weiterleben musste, überlegte Sandra. Davon erwähnte Fabian Köberl jedoch nichts.

»Außerdem hat es für den Steirerball noch viel zu tun gegeben. Luise sollte Lilli in der *G'wandschneiderei* unterstützen.«

»Hatte Lilli psychische Probleme?«

»In letzter Zeit war sie öfter erschöpft und traurig. Ich hab' sie immer gewarnt, dass sie kürzertreten soll, damit sie nicht in ein Burn-out schlittert. Das geht oft schneller, als man denkt.«

Wer wusste das besser als Sandra, die sich selbst nach einem Burn-out eine monatelange Auszeit nehmen hatte müssen? Auch wenn das schon einige Jahre her war.

»Ist sie in Therapie, nimmt sie Psychopharmaka oder Drogen?«, erkundigte sie sich.

»Aber nein. Die Lilli hasst Medikamente. Ihr schmeckt auch kein Alkohol.«

Die Medikamentenaversion konnte Sandra sehr gut nachvollziehen. Auf Wein hätte sie allerdings nur ungern verzichtet.

»Die Lilli ernährt sich sehr gesund und macht regelmäßig Yoga«, fuhr Fabian Köberl fort.

»Dann hatte sie keine gesundheitlichen Probleme?« Ihrem Freund hatte sie doch bestimmt von der Nierenspende erzählt, nahm Sandra an.

»Seit wir zusammen waren, war die Lilli nicht ein einziges Mal krank. So fertig wie gestern hat sie überhaupt noch nie ausgeschaut. Der Tod von der Luise setzt ihr sichtlich zu.« Der Bursche klang besorgt.

»Und bevor Sie zusammen waren?«

Der junge Mann schaute Sandra in die Augen. »Ich sollte nicht darüber reden. Ich hab's der Lilli hoch und heilig versprochen. Aber wenn mich die Polizei danach fragt …« Fabian Köberl sah von ihr zu Bergmann und wieder zurück, als prüfe er, ob er den Ermittlern vertrauen konnte.

»Was immer es ist, es bleibt unter uns«, versprach ihm Sandra. Außer es handelte sich um eine Straftat, die er, Lilli Lex oder jemand anderer begangen hatte.

Fabian Köberl fasste sich ein Herz. »Vor über zehn Jahren haben sich die Zwillingsschwestern einer Nierentransplantation unterzogen. Beide haben die OP sehr gut überstanden. Lilli konnte ihre Narbe vor mir nicht verbergen, sonst wüsste ich vermutlich nichts davon.« Mit einer Handbewegung beschrieb er die Stelle an der linken Flanke, an der sich die Narbe seiner nunmehrigen Ex-Freundin befand. »Sie wollten beide nicht, dass jemand davon erfährt.«

Darin waren sich die Schwestern wiederum einig gewesen, überlegte Sandra.

»Wieso nicht? Das ist doch keine Schande«, meinte Bergmann.

»Sie wollten vermeiden, dass die Leute sich das Maul über sie zerreißen. Was sie bei zwei so schönen und erfolgreichen Frauen sowieso tun. Die Neidhammel sollten niemals erfahren, dass sie nicht perfekt sind. Dabei wär' die Lilli für mich auch mit nur einem Bein oder Arm perfekt gewesen.«

Er liebte sie noch immer. Ihre nächste Frage hätte sich Sandra demnach ersparen können. Sie stellte sie ihm trotzdem. »Trauen Sie Ihrer Ex-Freundin zu, den Brand in ihrem Haus selbst gelegt oder jemanden mit der Brandstiftung beauftragt zu haben?«, fragte sie, ohne das eigentliche Tötungsdelikt zu erwähnen.

»Die Lilli? Niemals! Sie hat die Villa geliebt. Es war ein wunderschönes altes Haus. Niemals hätte sie es freiwillig aufgegeben. Für kein Geld der Welt.«

»Haben Sie sich auch mit Luise gestritten?«

»Ich bin ihr, so gut es ging, aus dem Weg gegangen. Nach der Lechpartie hätte sie mich auch gern in ihrem Bett gehabt. Aber ich war immer nur an der Lilli interessiert. Trotzdem hat mich die Luise anfangs hinter dem Rücken ihrer Schwester angebraten. Ich hab' das der Lilli nie erzählt, weil ich kein böses Blut zwischen ihnen erzeugen wollte. Ab dem Moment, in dem die Luise gecheckt hat, dass sie bei mir niemals landen wird, hat sie versucht, mich aus dem Leben ihrer Schwester zu mobben. Aber die Lilli hat zu mir gehalten. Darum verstehe ich nicht, dass …« Seine Augen glänzten, als er mitten im Satz abbrach.

»Und Sie bleiben dabei, dass Sie nichts mit dem Tod der Frau beziehungsweise mit dem Brand der Villa zu tun haben?«

»Ich schwöre es Ihnen beim Leben meiner Oma. Ich kann keiner Fliege was zuleide tun.«

»Aber Fischen schon?«, warf Bergmann ein. »Ihre arme Großmutter.«

Sandra ermahnte den Chefinspektor mit einem strengen Blick. »Haben Sie irgendeinen Verdacht, wer Luise Lex getötet haben könnte?«, fragte sie.

»Nicht den geringsten.« Fabian Köberl schüttelte den Kopf.

»Obwohl Luise Lex nicht gerade beliebt war?«

»Wenn's danach geht, müssten viele Leute tot sein.«

Damit hatte der junge Mann wohl recht.

»Ich will nicht drängen, aber langsam müsste ich aufbrechen. Meine Freunde warten auf mich.«

Sandra sah Bergmann an.

Der Chefinspektor erhob sich kommentarlos.

»Ich denke, das war's fürs Erste.« Sandra bedankte sich und folgte Bergmann aus der Stube.

KAPITEL 5

Donnerstag, 7. Jänner
Unterwegs nach Wien und ebendort

1.

Bergmann streckte den Rücken durch und schaute aus dem Fenster. Das Autobahnschild kündigte an, dass sie noch 26 Kilometer von ihrem Ziel entfernt waren. Auf seiner Seite säumten braune Wiesen und Äcker die A2. Nichts als plattes, trostloses Land unter der Hochnebeldecke, zwischendurch ein paar kahle Strauch- oder Baumreihen, die dem Windschutz dienten. Und immer wieder diese hässlichen Lärmschutzwände, die Kilometer um Kilometer die Sicht ins Umland verstellten. Da und dort gaben sie den Blick auf die schneefreien Hügel der niederösterreichischen Thermenregion frei. Einzig der Schneeberg trug seinen Namen zu Recht. Aber der lag bereits hinter ihnen. Die Steiermark sowieso.

»Und? Was hast du gestern gemacht, außer dich ausgeschlafen?«, wandte sich Bergmann an Sandra.

Ihm musste langweilig sein, vermutete sie nach dieser Frage. Dass sie an freien Tagen gerne länger schlief, war weder ein Geheimnis, noch besonders spannend. Dabei war sie gestern sogar früher aufgestanden. Sie setzte den Blinker, um die nächste Kolonne zu überholen. Nach dem Dreikönigstag waren noch mehr Lkws als sonst unterwegs. Dafür hatte sich der Urlauberverkehr mit dem heutigen Tag erledigt. Die Weihnachtsferien waren vorbei. »Ich war mit Freunden auf dem Gaberl Schneeschuhwandern«, erzählte sie. »Danach in der *Rauchkuchl* essen und Karten spielen.«

Bergmann wandte sich ihr zu. »Du hast Karten gespielt?«, fragte er verwundert, als wäre allein schon die Vorstellung absurd.

Sandra kräuselte ihre Stirn, den Blick auf die vierspurige Autobahn gerichtet. »Warum denn nicht? Hannes hat ein kniffeliges neues Spiel mit witzigen Karten im zünftigen Gartenzwerg-Design mitgehabt. Es heißt *Knickerpoker*, in Anlehnung an die ähnlich klingende wadenlange Hose. Apropos: Was ziehst du eigentlich zum Steirerball an?«

Der Chefinspektor hatte nur einen kleinen schwarzen Trolley im Laderaum des Kombis verstaut, als sie ihn vorhin von zu Hause abgeholt hatte. Ihr Dirndl und der Trachtenmantel hingen auf den Haken an den hinteren Seitenfenstern, um nicht zu verknittern.

»Ich borge mir von David was aus. Er bringt mir die Sachen ins Hotel.«

»Eine Lederhose?« Sandra schmunzelte in sich hinein.

»Nur über meine Leiche. So ein Trachtenjanker ist schon schlimm genug. Hose und Hemd besitze ich selber.«

»Du ziehst aber hoffentlich keine Jeans in die Hofburg an.« Sandra setzte den Blinker in die andere Richtung, um sich nach dem Überholvorgang wieder auf der zweiten Spur einzureihen.

»Was hast du gegen Jeans?«

»Nichts. Aber nicht zum Ball.«

»Lass dich überraschen.«

»Oh mein Gott.«

»Sascha reicht völlig.«

Sandra warf ihm einen genervten Blick zu, was ihn umso breiter grinsen ließ. »Hast du wenigstens anständige Schuhe für den Ball mit?«, fragte sie.

Bergmann schaute auf seine Sneakers. »Ja.«

»Deine Latschen kannst du vergessen.«

»Willst du mit mir Schuhe kaufen gehen?«

»Im Ernst?«

»Nein.«

Sandra blickte auf die Uhr am Armaturenbrett und fasste einen Entschluss. Es blieb ihnen noch genügend Zeit, ihren Plan in die Tat umzusetzen. »Ich bin ja schon gespannt, was Otto Sulzbacher zu seinem Feriendorf-Projekt zu sagen hat«, meinte sie nach weiteren zehn Kilometern, die sie schweigend nebeneinander gesessen waren.

Bergmann brummte, ohne auf ihre Aussage einzugehen.

»30 Chalets sind eine ganze Menge«, dachte sie laut weiter. Solche Ferienimmobilien schossen vor allem im alpinen Raum wie die Schwammerln aus dem Boden. Mit pseudoalpiner Architektur sollte den Urlaubern, die meist aus der Stadt anreisten, um Erholung beziehungsweise Action in der Natur zu finden, Urigkeit und Authentizität vorgegaukelt werden. Selbstverständlich mit allem nur erdenklichen Luxus. Dass dafür auch noch die letzten intakten Flecken dem ach so sanften Tourismus geopfert wurden, war den wenigsten bewusst. Oder schlichtweg egal.

Bergmann sah sie von der Seite an. »Was grübelst du?«

Sandra seufzte. »Ich habe gerade an dieses Chalet-Dorf gedacht, das kostbare Grünfläche verschlingt. Wir verbauen uns buchstäblich unsere Zukunft.«

»Du hörst dich wie meine Tochter an.«

»Schlaues Mädel. Schau dich doch um: Der Beton frisst sich unaufhaltsam durch Wiesen, Wälder und Äcker. Die Seeufer werden immer weiter verbaut, Skigebiete, Freizeit- und Verkehrsflächen errichtet.« Sandra wies mit ihrem Blick über die Fahrbahnspuren. »Überall entstehen neue Arbeits-, Wohn- und Einkaufszentren, dafür veröden die Ortskerne. Die zunehmend versiegelten Böden heizen sich in der Sonne immer stärker auf. Die Sommer werden wärmer und wärmer, Überschwemmungen häufiger. Der Klimakollaps droht, und der Bauboom in Österreich geht trotz alledem munter weiter.«

»Dafür bescheren Projekte wie dieses Feriendorf Arbeitsplätze in der Region. Alle Provinzler können ja nicht vom Fischen oder Jagen leben.«

»Mit deiner Überheblichkeit würdest du in der Provinz auch nicht lang überleben«, sagte Sandra.

»Das habe ich auch nicht vor. Mir reicht schon, dass ich in einer Provinzstadt lebe.«

»Warum ziehst du nicht einfach nach Wien zurück, wenn du dich so sehr nach der Großstadt sehnst?« Er hätte seine Tochter, die mit ihrer Mutter und dem Stiefvater dort wohnte, häufiger treffen können. Sarah besuchte ihn höchstens noch einmal im Monat in Graz, was Bergmann viel zu selten fand. Die 15-Jährige sah das freilich anders. Ihre Clique lebte wie sie in Wien. Wollte ihr Vater sie sehen, musste er sich schon dorthin bequemen. Dabei hing Sarah sehr an ihm, wusste Sandra spätestens seit seiner Sepsis. Auch ihr hatte sein lebensbedrohlicher Zustand drastisch vor Augen geführt, welch wichtige Rolle der unsensible Macho mit seinen provokanten Sprüchen in ihrem Leben spielte. Wenn schon nicht privat, dann doch zumindest beruflich. Aber das würde sie ihm bestimmt nicht auf die Nase binden.

»Ich kann dich doch nicht allein in der Provinz zurücklassen.«

»Ich fühl' mich aber sehr wohl da.«

»Willst du mich loswerden?«

Sandra verdrehte die Augen.

Bergmann verschränkte die Arme und sah aus dem Fenster.

»Mich wundert es, dass Politiker bei solchen Immobilien- und Tourismusprojekten überhaupt noch mitspielen«, setzte Sandra nach.

»Das wundert dich?« Bergmann sah sie an.

»Ein großer Teil der betroffenen Bevölkerung lehnt sie ab. Nicht nur wegen der Folgen für die Umwelt, sondern weil sie zu Recht den Ausverkauf der Heimat fürchtet.«

»Es wird wohl nicht der finanzielle Schaden der Politiker sein.«

»Es kann sie aber Stimmen kosten. Bei den letzten Gemeinderatswahlen mussten einige mehrheitsverwöhnte Politiker herbe Verluste hinnehmen, weil sie solche und ähnliche Projekte unterstützen. Oder sie zumindest nicht verhindern. Dafür konnten Bürgerlisten, die sich gegen Zweitwohnsitze, Immobilienspekulationen und neue Hotelpläne einsetzen, massiv an Stimmen und Mandaten zulegen. In einigen Gemeinden haben sie sogar die absolute Mehrheit erzielt.«

»Geld regiert trotzdem die Welt. Daran wird sich nichts ändern. Das hat weniger mit der Parteizugehörigkeit, als vielmehr mit Macht und Gier zu tun«, meinte Bergmann.

Sandra seufzte. »Ich möchte jedenfalls nicht in Lilli Lex' Haut stecken. Ob sie die Villa wieder errichten lässt?«

»Das Hellsehen hast du mir leider noch immer nicht beigebracht«, spielte Bergmann auf ihren mysteriösesten Mordfall an, der sie vor einigen Jahren an die Sausaler Weinstraße geführt hatte.

Sandra überging seinen Kommentar, konzentrierte sich stattdessen auf den immer dichter werdenden Verkehr. Linker Hand zog die letzte Autobahnraststätte vor Wien an ihnen vorbei.

Bergmann fuhr sich über die unrasierten Wangen. Ein untrügliches Zeichen, dass er nachdachte. »Wäre ich an Lilli Lex' Stelle, würde ich mir das Grundstück vergolden lassen und woanders hinziehen, anstatt mein Haus im Alpen-Disneyland wieder aufzubauen«, sagte er.

»Kannst du doch hellsehen?«, witzelte Sandra.

»Ich übe gerade.«

»Damit würde Lilli Lex weiteren Profit aus dem Tod ihrer Schwester schlagen«, meinte Sandra wieder ernst. »Aber hat sie das nötig?«

»Nötig vielleicht nicht. Aber gerade die Reichen sind ja oftmals am habgierigsten. Mit der ganzen Kohle kann sie sich glatt nach Monaco absetzen.«

»Was sollte sie dort bitte schön tun? Dem internationalen Jetset Dirndln und Lederhosen verkaufen?« Sandra bremste den Skoda auf die vorgeschriebenen 80 Stundenkilometer herunter.

Das extraextraextragroße Möbelhaus, das sie seit über zwei Jahrzehnten mit seiner penetranten Fernseh- und Radiowerbung nervte, tauchte auf. Obendrein lockte es seine Kundschaft mit Riesenschnitzel & Co zu Schleuderpreisen und trieb damit die Entwertung von Lebensmitteln munter voran. Dabei hatte Sandra mit den Corona-Clustern in etlichen Schlachthöfen gehofft, es würde endlich ein Umdenken stattfinden, damit die Arbeiterausbeutung und das Tierleid in der Massenviehwirtschaft ein Ende fanden. Nachhaltig verändert hatte sich leider viel zu wenig. Die großen Handelsunternehmen setzten Landwirte, Lieferanten und Gastronomiebetriebe weiterhin mit Rabattschlachten unter Druck, und die meisten Kunden griffen bedenkenlos zu. Diejenigen, die bewusst und nachhaltig leben wollten, versuchten sie mit scheinheiligen Umweltaktionen und einem wachsenden Angebot an Bioprodukten zu ködern.

»Vorsicht!«, warnte Bergmann vor einem SUV mit Wiener Kennzeichen, der sich vor ihnen hineinzwängte.

Sandra hatte den Verkehrsrowdy bereits wahrgenommen und bremste den Wagen scharf ab. »So ein Pleampl!«, schimpfte sie. Zum Glück hatte ihr Hintermann rechtzeitig reagiert und war ihr nicht aufgefahren. Manchmal hatte sie gute Lust, solche rücksichtslosen Idioten, die andere gefährdeten, umgehend den Kollegen vom Verkehr zu melden.

Bergmann entspannte sich wieder auf dem Beifahrersitz. »Zurück zu Lilli«, sagte er. »Ein lukratives Geschäft für beide Seiten könnte die geschiedenen Leute vielleicht wieder vereinen. Noch dazu, wo die ungeliebte Ex-Schwägerin ihre Beziehung nicht mehr sabotieren kann. Vielleicht hat Lilli Lex ihr Betthupferl ja doch wegen ihres Ex-Mannes gestanzt.«

Der Ausdruck »Betthupferl« gefiel ihm offenbar so gut, dass er ihn direkt in seinen Sprachschatz übernommen hatte.

»Ich hatte nicht den Eindruck, dass sie zu ihm zurückwill«, wandte Sandra ein. »Und Fabian Köberl hat es auch ausgeschlossen.« Sie blickte in den Rückspiegel und wechselte zügig auf die rechte Spur. Diesmal, um die Ausfahrt zu nehmen.

Bergmann schaute aus dem Fenster, dann aufs Navi, das die programmierte Route neu berechnete. »Warum fährst du jetzt schon ab? Musst du auf die Toilette?«

Sandra schüttelte den Kopf. »Lass dich überraschen«, wiederholte sie, was er ihr zuvor geraten hatte.

2.

»Gefallen sie dir?«

»Nein.«

»Aber sie passen dir doch, oder nicht?« Sandra war der Verzweiflung nahe.

»Ja, sie passen mir.« Bergmann probierte bestimmt das zehnte Paar schwarze Schnürschuhe im vierten Geschäft in Folge, war aber noch immer nicht zufrieden.

Was für eine Schnapsidee, mit dem Chefinspektor Schuhe kaufen zu gehen, ärgerte sich Sandra über sich selbst. Längst hatte sie in dem monströsen Shoppingcenter in Vösendorf die Orientierung verloren, was ihr normalerweise nicht so leicht passierte. Glücklicherweise hatte sie sich die Nummer des Eingangs gemerkt, und es gab da und dort Orientierungstafeln, sonst hätte sie auf dem weitläufigen Parkplatz, der über 10.000 Autos Platz bot, womöglich nie wieder zu ihrem Dienstwagen zurückgefunden. »Jetzt nimm diese Schuhe, bitte«, redete sie Bergmann gut zu. »Sie passen zu jeder Gelegenheit.«

Bergmann blickte skeptisch zu den Schuhspitzen hinunter, dann noch einmal in den halbhohen Spiegel, vor dem er stocksteif dastand. »Vor allem passen sie perfekt für Bestattungen«, zögerte er weiterhin.

»Jetzt nimm sie bitte!«, wiederholte Sandra eindringlicher und ließ sich erschöpft auf den nächsten Hocker plumpsen. Keine körperliche Anstrengung verursachte ihr solche Kreuzschmerzen wie stundenlanges Einkaufen. Überhaupt, wenn sich jemand nicht und nicht entscheiden konnte und sie so lange herumstehen musste.

»Also schön. Wenn du wirklich meinst«, gab sich Bergmann endlich geschlagen.

»Halleluja!« Erleichtert sackte Sandra auf dem Hocker zusammen.

»Lässt du mich hinsetzen, damit ich die Leichenböck' wieder ausziehen kann?«

Sandra richtete sich wieder auf und sah ihm ins Gesicht, machte jedoch keine Anstalten, sich zu erheben. »Leichen tragen zur Bestattung keine Schuhe. Aus Umweltgründen.«

»Weiß ich. Was ist jetzt? Stehst du auf?«

»Aber nur, wenn du die Schuhe kaufst.«

»Das ist Erpressung.«

»Ist mir wurscht. Also: ja oder ja?«

»Ja eh.« Mit einer Handbewegung wollte Bergmann sie verscheuchen.

Sandra mobilisierte ihre Kräfte, um aufzustehen. Ein Blick auf die Armbanduhr verriet ihr, dass sie gar nicht so viel Zeit in der Shoppingmall verbracht hatten, wie ihr vorgekommen war. »Wollen wir hier noch mittagessen? Oder lieber in die Stadt weiterfahren?« Sushi-Läden, Burger-Filialen und Fisch-Restaurants wie in diesem Konsumtempel gab es auch in den Einkaufszentren an der Grazer Peripherie. Wobei das Angebot an Systemgastronomie hier noch um einiges umfangreicher war. Ob es auch besser war, blieb dahingestellt.

Bergmann knüpfte die Schuhbänder auf. »Ich hab' Lust auf ein richtig gutes Wiener Schnitzel«, murmelte er vornübergebeugt.

Damit meinte er eines vom Kalb, das in der Pfanne in Butterschmalz herausgebacken wurde, bis die goldgelbe Panier Blasen warf, wusste Sandra. Jedes andere Schnitzel war eines »nach Wiener Art«, aber kein original Wiener Schnitzel. Die *Tunke*, in der die bundesdeutschen Nachbarn ihr Fleisch so gerne ertränkten, gehörte ebenso wenig dazu wie Pommes und Ketchup.

Bergmann schloss den Schuhkarton und richtete sich auf. »Lass uns nach Wien fahren. Ich lade dich auf das beste Schnitzel der Stadt ein. Weil du so geduldig mit mir warst.«

Solange er sie nicht ins Möbelhaus einlud, war ihr alles recht.

3.

Bergmann hatte mit dem »besten Wiener Schnitzel der Stadt« nicht übertrieben. Sandra konnte sich nicht erinnern, wann sie das letzte Mal ein so zartes Stück vom Milchkalb in perfekter Panier genossen hatte. Den köstlichen Erdäpfel-Vogerlsalat mit Kürbiskernöl hatte sie ebenfalls restlos verputzt. Wäre das Wetter dem bekannten Spruch gefolgt, hätte es morgen schön sein müssen, doch dem widersprachen sämtliche Wetterprognosen. Die Wintersonne würde es voraussichtlich wieder nicht schaffen, die Hochnebeldecke aufzulösen, die hartnäckig über dem Wiener Becken hing.

Sie lehnte sich auf ihrem Stuhl zurück und blickte durch die Glasfront des Wintergartens in den Stadtpark mit seinen kahlen Büschen und Bäumen, den Laternen, Balustraden und Mauerbögen am anderen Ufer des Wienflusses, der am Lokal vorbeifloss, von ihrem Platz aus aber nicht zu sehen war. Das trendig gestaltete gutbürgerliche Lokal, in dem sie speisten, gehörte zum Gourmet-Restaurant direkt darüber, was die Topqualität erklärte. Der Name des Fünf-Hauben-Lokals verriet, dass die Betreiber aus der Steiermark stammten. Ein zweites gleichnamiges Wirtshaus stand am Pogusch im Mürztal. In allen ließ sich lückenlos nachvollziehen, woher die hochwertigen, zumeist heimischen Produkte kamen. Von manchen Speisen konnten kleinere oder größere Portionen bestellt werden. Je nach Hunger. Oder Gusto, wollte man zum Dessert noch einen Klassiker wie Kaiserschmarrn, ofenfrischen Apfel- oder Milchrahmstrudel mit Vanillesoße genießen. Dafür blieb den Ermittlern allerdings keine Zeit mehr.

Bergmann drängte zum Aufbruch. Das Auto war in der nahen Parkgarage gut aufgehoben, meinte er. Zu Fuß würden sie schneller an ihr Ziel gelangen.

Ein Verdauungsspaziergang durch den winterlichen Stadtpark kam Sandra gelegen. Aufgeregtes Krächzen begleitete sie auf ihrem Weg am Wienfluss entlang. In einer der Baumkronen herrschte Streit unter den Krähen. Worum es ging, war nicht ersichtlich. Entweder um Futter oder um einen potenziellen Sexualpartner, nahm sie an.

Über einen Steg, der den Wienfluss querte, gelangten sie zum Bruckner-Denkmal und weiter zum Teich am anderen Ufer. Vor einer Parkbank hatte sich eine Entenschar versammelt, um Semmelbrocken zu ergattern, die die alte Dame dort verteilte. Das gut sichtbare Verbotsschild, das das Füttern der Wasservögel, Tauben und Fische untersagte, kümmerte sie nicht im Geringsten. Sandra musste schmunzeln. Der beige Stoffmantel mit dem Pelzkragen und die Pelzmütze auf den kupferrot gefärbten Locken erinnerte sie unweigerlich an ihre schrullige Tante Cilli. Zuletzt hatte sie die ältere Schwester ihres viel zu früh verstorbenen Vaters beim Begräbnis ihres Onkels Fritz getroffen, überlegte sie im Vorbeigehen. War das wirklich schon zwölf Jahre her? Sie nahm sich vor, die Tante gelegentlich anzurufen. Oder sie in ihrem Haus in der Ragnitz zu besuchen. Falls die über 80-jährige Witwe überhaupt noch dort lebte.

Die Straßenbahn, die auf der Ringstraße vorbeidonnerte, holte Sandra jäh aus ihren Gedanken. Instinktiv machte sie einen Satz nach hinten, während Bergmann den dreispurigen Autoverkehr im Auge behielt, der unaufhörlich von der rechten Seite an ihnen vorbeirauschte.

Sandra schaute sich nach einem Fußgängerübergang um. »Dort vorne ist ein Zebrastreifen.«

»Wir müssen aber dorthin«, sagte Bergmann, ohne den Blick von den Autos abzuwenden, die aus der anderen Richtung heranbrausten. Tatsächlich lichtete sich der Verkehr, um plötzlich zu verebben. »Komm schon, Sandra!«, drängte er sie, die Straßenbahngleise, Radwege und die Nebenfahrbahn am Parkring zügig zu überqueren.

Das *Gartenbaukino* und das prachtvolle Palais Coburg auf der anderen Straßenseite ließen sie links liegen, marschierten weiter stadteinwärts durch verschlungene Gassen. Wenig später standen sie vor dem gesuchten Haus in der Schulerstraße. In seiner alten Heimatstadt kannte sich Bergmann tatsächlich aus.

Sandra klingelte an der Sprechanlage neben dem Edelstahlschild bei der Immobilienfirma. Der Türöffner schnarrte, ohne dass jemand nachgefragt hätte, wer Einlass begehrte. Eine Videokamera überwachte den Eingangsbereich ohnehin.

Der Fahrstuhl war besetzt und brauchte eine Weile, bis er das Parterre erreichte, um sie in den vierten Stock des topsanierten Gründerzeithauses zu bringen. Dabei handelte es sich gar nicht um den vierten, sondern um den sechsten Stock, erklärte ihr Bergmann. Um Steuern zu sparen und Auflagen zu vermeiden, die mit Vollstockwerken einhergingen, war es in Wien seinerzeit üblich gewesen, zwischen dem Parterre und der ersten Etage ein Hochparterre und ein Mezzanin als Zwischengeschoß einzuziehen. In späteren Dekaden wurden immer mehr Dachböden zu

Luxus-Wohnungen, meist mit Terrassen, ausgebaut. So auch in diesem Gebäude, auf dessen Dach ein modernes fünftes Stockwerk aus Stahl und Glas thronte, das eigentlich das siebente war.

Damit nicht genug, gab es auch noch das unterirdische Wien, erzählte er im Aufzug. Die Keller der Häuser innerhalb der Ringstraße reichten vier Stockwerke und mehr in die Tiefe hinab. Das Fundament der Stadtmauer, die an der späteren Ringstraße entlang verlief, hatte zum Zeitpunkt ihrer Errichtung genauso tief wie hoch gebaut werden müssen, um die Stadtbewohner vor den feindlichen Türken zu schützen. Diese Keller waren früher miteinander verbunden gewesen, die meisten Verbindungen später jedoch zugemauert worden. Was genau sich in den Katakomben von Wien alles abgespielt hatte, erzählten die Legenden der Stadt, die von verbotener Liebe zwischen Nonnen und Klosterbrüdern bis zu konspirativen Treffen von Geheimbündlern reichten. Letztere wurden angeblich auch heute noch im Keller des ehemaligen Klosters am Laurenzerberg abgehalten.

»So viel Geschichte aus deinem Mund?«, wunderte sich Sandra, als sie im vierten Stock aus dem Aufzug stiegen.

»Hast du geglaubt, ich bin auf der Nudelsuppe dahergeschwommen?«

Sandra schluckte ihre Antwort hinunter und klingelte an der Doppelflügeltür, die ein weiteres Edelstahlschild der Immobilienfirma zierte. Die Tür schnarrte und gab nach.

Die Ermittler fanden sich in einem repräsentativen Vorzimmer wieder, das von Deckenspots hell erleuchtet war. Rechter Hand eine weiß lackierte Stiltür, linker Hand eine Garderobe mit gestepptem weißem Lederbezug, der Sandra an die Luxushandtasche ihrer Freundin erinnerte. Das sündhaft teure Designerstück hatte Andrea einem verheirateten Zahnarzt aus Graz zu verdanken, den sie einmal als seine heimliche Geliebte nach Paris begleitet hatte. Lange bevor sie ihren Robert kennen und lieben lernte.

Eine weitere weiß lackierte Flügeltür mit Glasfenstereinsätzen gewährte Einblicke in ein Büro, in dem Weiß und Grautöne vorherrschten. Eine Frau mit dunklem Pagenkopf telefonierte an ihrem Schreibtisch. Eine zweite erhob sich beim Anblick der Besucher, um sie Augenblicke später zu begrüßen. Mit ihrem todschicken Pixie Cut in Platinblond wirkte die bildhübsche Mittzwanzigerin im oversized grauen Hosenanzug erstaunlich feminin, fand Sandra. Was wohl auch an den hochhackigen, spitzen Stiefeletten lag, in denen sie vorausstöckelte. Wie Frauen es den ganzen Tag auf solchen Absätzen aushielten, war ihr ein Rätsel. Selbst wenn sie die meiste Zeit am Schreibtisch saßen.

Bergmann folgte dem Hüftschwung der Blondine mit den Augen. Wenig überraschend gefiel ihm, was er sah.

Sandra mochte ihren dezenten pudrigen Duft, mit dem sie den Weg markierte, der über eine freitragende Treppe aus dunklem Holz und Stahl führte. Im Besprechungszimmer angelangt, erkundigte sich die extravagante Frau nach ihren Getränkewünschen und bat sie, kurz zu warten. Sie wolle dem Herrn Diplom-Ingenieur umgehend Bescheid geben, dass die Herrschaften aus Graz nun eingetroffen seien.

Sandra blickte sich im Raum um, der an die 20 Quadratmeter maß. Die Raumhöhe schätzte sie auf dreieinhalb bis vier Meter. Von der Stuckrosette im Zentrum des Plafonds hing ein moderner Kristallkronleuchter, der nicht eingeschaltet war. Das ballonförmige Design erinnerte sie an eine Löwenzahnblüte. Ein großformatiges Gemälde an der Wand war der einzige Farbklecks im Raum, in dem neben dunklem Holz, Stahl und Glas Grautöne und Weiß vorherrschten.

Sandra näherte sich einem der beiden Kastendoppelfenster. Im Unterschied zu Grazer Fenstern, deren äußere Flügel sich nach außen und innere Flügel nach innen öffnen ließen, gingen bei Wiener Kastenfenstern beide Flügeln nach innen auf. Den Stephansdom konnte sie von hier aus nicht entdecken, wenngleich sie das Wiener Wahrzeichen in unmittelbarer Nähe vermutete. Stattdessen blickte sie auf einen Dachgarten, der ein Stockwerk tiefer auf dem Haus gegenüber lag. Das kahle Gestrüpp und die verhüllten Gartenmöbel gaben ein trostloses Bild ab. Dazu starrten die Krähen, die auf dem Terrassensims hockten, zu ihr herauf. Waren ihr die intelligenten Rabenvögel aus dem Stadtpark gefolgt? Unsinn. Warum sollten sie?

Sie wandte sich ab und setzte sich mit dem Rücken zum Fenster an den runden Glastisch, der im Zentrum des Raumes unter dem Löwenzahnluster stand. Die Tür hatte sie in ihrem Blickfeld.

Bergmann betrachtete das abstrakte Gemälde aus der Nähe. Seit wann interessierte er sich für Kunst?

»*Herrschaften*«, wiederholte Sandra die förmliche Ansprache der Angestellten. »So hat mich noch keiner im Polizeidienst genannt.«

Bergmann drehte sich um.

Erst jetzt fiel Sandra auf, dass die roten Farbschlieren, die vertikal über die Leinwand verliefen, wie Blutspuren aussahen. Hing dort womöglich ein echter Nitsch an der Wand?

»Wieso?«, meinte der Chefinspektor. »Ich spreche euch doch auch immer wieder mit ›Herrschaften‹ an.« Er nahm an ihrer linken Seite Platz, streckte die Beine unter der grau getönten Rauchglasplatte weit von sich und verschränkte die Arme hinter seinem Kopf.

Hätte er doch lieber seine neuen Schuhe anbehalten, die viel besser zum noblen Ambiente der Kanzlei passten, dachte Sandra. »Aus deinem Mund klingt das aber völlig anders«, entgegnete sie. »Weniger höflich, sondern …« Sie suchte nach einem treffenden Wort für den Kommandoton, den er seinen Mitarbeitern gegenüber manchmal anschlug.

»Na, wie denn?«

»Diktatorisch.«

Bergmann warf die Stirn in Falten, als plötzlich die Tür aufflog.

Der etwa 40-jährige Mann im dunkelblauen Anzug mit offenem Hemdkragen begrüßte sie und bat sie, sitzen zu bleiben. Sein Blick war wach, das dunkelblonde Haar kurz geschnitten, die Geheimratsecken nicht allzu stark ausgeprägt. Trotz seinem Anzug und den schwarzen, spitz zulaufenden Lederschnürschuhen, die wie frisch poliert glänzten, hinterließ Otto Sulzbacher auf den ersten Blick einen hemdsärmeligen Eindruck. »Hat meine Mitarbeiterin Sie schon gefragt, ob Sie Kaffee möchten?«, erkundigte er sich und nahm Bergmann gegenüber Platz.

»Ja, das hat sie, danke«, antwortete Sandra dem normalgewichtigen Mann, der ungefähr 1,80 Meter maß.

»Was für eine schreckliche Geschichte«, merkte er mit bekümmerter Miene an.

Sandra stimmte ihm zu, verzichtete jedoch darauf, dem Ex-Schwager des Opfers ihr Beileid auszusprechen. »Wenn es Ihnen recht ist, komme ich gleich zur Sache«, schlug sie ihm vor.

»Ich bitte darum.« Er stützte seine Arme auf dem Tisch ab und verschränkte die Hände.

»Unsere Ermittlungen haben ergeben, dass Sie der Letzte waren, der am Neujahrstag mit Luise Lex telefoniert hat«, sagte Sandra. »Einmal gegen 15 Uhr, ein zweites Mal gegen 18.15 Uhr.«

»Ja, das könnte hinkommen«, bestätigte er. »Mein Handy liegt in meinem Büro. Soll ich nachsehen?« Er löste seine Hände und richtete sich auf.

»Nicht nötig. Darf ich fragen, worum es in Ihren Gesprächen gegangen ist?«

»Sie waren geschäftlich«, versicherte er, von Sandra zu Bergmann und wieder zurück blickend.

Beide Kriminalisten sahen ihn erwartungsvoll an. Erneut verschränkte er seine Finger ineinander. »Es ist um den Steirerball gegangen, der morgen in der Hofburg stattfindet«, wurde er konkreter. »Wir – also der *Verein der Steirer in Wien*, bei dem ich Obmann-Stellvertreter bin – haben Lilli und Luise heuer für die Trachtenschau engagiert, einer der Höhepunkte auf dem Ballprogramm. Einige Fragen waren noch offen, die ich mit Luise telefonisch abklären konnte. Die letzten Details wollten wir heute beim Abendessen mit dem Obmann des Vereins und der Eventmanagerin der Agentur besprechen. Jetzt hängt alles an Lilli. Ich kann nur hoffen, dass sie ohne Luise nicht überfordert ist«, sagte er mehr zu sich selbst als zu ihnen und schickte einen Seufzer hinterher. »Ich bin ihr auf alle Fälle sehr dankbar, dass sie die Trachtenschau nicht abgesagt hat.«

Was nach einer solchen Tragödie nur allzu verständlich gewesen wäre, dachte Sandra.

»Der Steirerball soll heuer ein ganz besonderer werden, nachdem er 2021 Corona-bedingt nicht in der Hofburg stattfinden konnte«, fuhr Sulzbacher fort. »Bis in den Spätsommer 2020 hinein haben wir gehofft, dass wir einen Weg finden werden, einen *Schutz*maskenball mit weniger Besuchern als sonst, dafür mit mehr Tischen und fixen Sitzplätzen für alle Gäste veranstalten zu können. Die diversen Bühnen hätten wir mit Plexiglaswänden ausgestattet, die leistungsstarke Lüftungsanlage in der Hofburg auf ein Maximum hochgefahren, um das Infektionsrisiko durch Aerosole zu minimieren. In den Ballsälen hätten nahezu Außenbedingungen geherrscht, allerdings bei wärmeren Temperaturen. Wir haben uns einiges einfallen lassen, aber mit den steigenden Covid-19-Fallzahlen im Herbst mussten wir unsere Hoffnungen begraben. Dennoch wollten wir den Steirerball nicht komplett absagen. Daher haben wir uns entschlossen, ihn virtuell auf unserer Webseite stattfinden zu lassen. Wenn die Gäste nicht zum Steirerball kommen konnten, dann sollte der Steirerball eben zu ihnen nach Hause kommen. Vorab haben wir über unsere Homepage exklusive steirische Wein- und Jausenpakete für den ersten ›Steirerball@home‹ angeboten. In der Ballnacht haben wir Live-Beiträge aus der Hofburg und ein ›Best-of‹ der letzten Steirerbälle in die Wohnzimmer übertragen, um trotz aller Widrigkeiten steirische Lebensfreude zu verbreiten. Unter allen, die in Tracht mit uns gefeiert und originelle Fotos oder Videos auf unseren Social Media-Seiten gepostet haben, wurden Karten für den elften Steirerball in der Hofburg verlost, den wir heuer umso freudiger nachholen werden. Wie jedes Jahr sind wir restlos ausverkauft und erwarten rund 3.500 Ballbesucher, dazu an die 500 Mitwirkende«, erzählte er voller Begeisterung. »Der Steirerball hat sich längst in einer Reihe mit dem Opernball und dem Philharmonikerball als traditioneller Ball in Wien etabliert und ist etwas ganz Besonderes. Er verbindet die grenzenlose Fröhlichkeit und Herzlichkeit der Steirer mit der Eleganz der Wiener Hofburg. Weshalb unser Obmann ihn gerne den »fröhliganten« Ball nennt. Dabei ist die Veranstaltung jedes Jahr ein bisschen anders, mit neuen Partnerregionen und entsprechenden Programm-Highlights, um die Vielfalt der Steiermark zu präsentieren.« Als sich die Tür öffnete, hielt er inne.

Alle Augen richteten sich auf den hübschen Pixie-Kopf, der die Getränke an den Tisch brachte. Espresso für die beiden Herren, dazu ein Mineralwasser für den Diplom-Ingenieur und Chai-Tee für Sandra.

»Danke, Nina.« Sulzbacher lächelte seine Mitarbeiterin an.

»Gerne, Otto.« Die Angestellte präsentierte ihre makellos weißen Zähne.

Erst jetzt fielen Sandra ihre langen Wimpern auf. Zudem hatte sie den roten Lippenstift nachgezogen, der zu ihren lackierten Fingernägeln passte.

Beide Männer sahen der hüftenschwingenden Nina wie hypnotisiert hinterher, bis sie den Raum verließ.

Sandra überlegte indessen, wie und warum man als Wiener Obmann-Stellvertreter beim *Verein der Steirer in Wien* wurde. Galt man nach einer geschiedenen Ehe mit einer Wahlsteirerin noch als Beutesteirer? Oder war er selbst ein Steirer in Wien? Sein Dialekt war zwar österreichisch gefärbt, ließ sich aber keiner genauen Herkunft zuordnen. »Sind Sie gebürtiger Wiener?«, holte sie beide Männer aus ihren Fantasien zurück.

Er sei in Liezen geboren und aufgewachsen, stellte Otto Sulzbacher klar, während er Zucker in seinen Kaffee rührte.

»Maturiert habe ich im BORG Bad Aussee«, erzählte er und leckte seinen Kaffeelöffel ab.

»In der *Höttl-Schule*?«, fragte Sandra.

Bergmann sah sie irritiert an. Mit ihrer Frage konnte er, wenig überraschend, nichts anfangen.

Otto Sulzbacher schon. »Zu meiner Zeit war die Schule längst ein öffentliches Oberstufenrealgymnasium und unter dem Namen »Erzherzog-Johann-BORG« ins Bad Ausseer Bundesschulzentrum integriert. Und Nazilehrer haben bei uns auch keine mehr unterrichtet, soweit ich weiß«, riss er die berühmt-berüchtigte Vergangenheit der ursprünglich privaten Maturaschule an, die ein ehemaliger SS-Offizier in den 1950ern gegründet hatte. Das »Nazi-Reservat«, wie André Heller seine ehemalige Schule nannte, war mit illegalem Kriegsgeld finanziert worden und bekannt dafür gewesen, dass sie Kindern reicher Eltern, die Schulprobleme hatten, zur Matura verhalf.

»Nach der Matura bin ich dann nach Wien gezogen und hab' hier einige Jahre bei einem Bauträger gearbeitet, um das Immobiliengeschäft von der Pike auf zu lernen. Vor acht Jahren habe ich mein eigenes Unternehmen gegründet.« *Learning by Doing*, lautete seine Devise. »Lieber früher gutes Geld verdienen als jahrelang studieren und den Kitt aus den Fenstern fressen«, meinte er. Was einem während des Studiums an Einkommen entging, ließ sich später kaum wieder aufholen. Zudem kam es in der Immobilienbranche ohnehin mehr auf den Hausverstand und gute Kontakte an.

»Und Ihre Ex-Frau haben Sie in Aussee kennengelernt?«, fragte Sandra.

Gekannt hatte er die Lex-Zwillinge schon länger, nachdem er ihnen bei einer Veranstaltung am Grundlsee zum ersten Mal vorgestellt worden war, erzählte er weiter. Gut vier Jahre war es inzwischen her, dass er der *G'wandschneiderei* einen Besuch abgestattet hatte, um sich für den *Kiritag* in Altaussee einzukleiden. Beim G'wand-Abstecken funkte es zwischen Lilli und ihm. Zunächst führten die beiden eine Beziehung auf Distanz, kamen sich emotional aber immer näher. Nach der Hochzeit verkehrte sich das leider ins Gegenteil.

»Warum haben Sie am Neujahrstag eigentlich mit Ihrer Ex-Schwägerin telefoniert und nicht mit Ihrer geschiedenen Frau?«

»Bei unserem ersten Gespräch am Nachmittag habe ich mit beiden telefoniert. Luise hat mich angerufen, und Lilli war die ganze Zeit über Lautsprecher zugeschaltet. Außerdem ist es in erster Linie um Organisatorisches gegangen«, erklärte Sulzbacher. »Dafür war die Luise zuständig, nicht die Lilli. Meine Ex-Frau ist eine chaotische Künstlerin. Mit Zahlen und logischen Abläufen konnte sie noch nie viel anfangen.«

»Hatten Sie den Eindruck, dass sich Ihre Ex-Schwägerin nicht wohlgefühlt hat? Hat sie erwähnt, dass es ihr nicht gut geht?«

Sulzbacher überlegte. »Nein. Sie hat nichts gesagt. Und mir ist auch nichts aufgefallen.«

»Wie sind die Lex-Schwestern überhaupt zu diesem Trachtenschau-Auftrag gekommen? Haben Sie das eingefädelt?« Bergmann zerknüllte das leere Zuckerbriefchen und legte es auf seine Untertasse. Mit der anderen Hand rührte er um.

»Ja, ich habe dem Vereinsvorstand die *G'wandschneiderei* ans Herz gelegt, nachdem uns die Trachtenmanufaktur aus Graz abgesagt hat.«

»Warum hat sie abgesagt?«, hakte Sandra nach. Selbst ihr war der Traditionsbetrieb in der Grazer Sporgasse bekannt, der früher auch die Grid-Girls beim Formel-1-Rennen am Red Bull Ring in Spielberg mit Dirndln ausgestattet hatte. Im Zuge der MeToo-Debatte waren die jungen Frauen durch Grid-Kinder ersetzt worden, die die Fahrer seither bei der Startaufstellung begleiteten. Ein Schelm, wer Böses dabei dachte.

»Das hat politische und budgetäre Gründe, die auf die Wirtschaftskrise zurückzuführen sind«, antwortete Sulzbacher vage. »*Lilli & Luise* ist ein angesagtes steirisches Trachtenlabel. Das hat die Entscheidung im Verein einstimmig für die *G'wandschneiderei* ausfallen lassen.«

»Böse Zungen sprechen von Freunderlwirtschaft«, sagte Bergmann.

Was man durchaus so auslegen konnte.

»Sogar von Schmiergeld und Erpressung ist die Rede.«

»So ein Unsinn! Sind diese bösen Zungen zufällig aus Bad Aussee?«

Bergmann nickte, ohne Namen preiszugeben.

»Die sind doch schon seit Jahren von Neid, Missgunst und Rachegelüsten getrieben.«

»*Die*?«, hakte er nach.

»Allen voran dieser Vernaderer Franz Grimm und seine Frau Gerti.« Die folgende Geschichte vom Gerichtsprozess, den der Inhaber der *Trachtenheimat* gegen Luise Lex verloren hatte, kannten die Ermittler bereits. Otto Sulzbacher traute Franz Grimm alles, ja, sogar Brandstiftung zu.

»Dann sind Sie von den Lex-Schwestern nicht erpresst worden?«, setzte Sandra nach.

»Nein! Womit denn?«

Zum Beispiel mit der Trachtenschau am Steirerball. Wenn sie diese ausrichten durften, würden sie ihren Widerstand gegen das Feriendorf aufgeben und ihm keine Steine mehr in den Weg legen. Oder aus irgendeinem anderen Grund, den Sandra nicht kannte. »Sagen *Sie* es uns.« Sie sah Sulzbacher in die Augen, was ihn unwillkürlich zwinkern ließ. Irgendwann musste er doch mit diesem Zwist um das Chalet-Dorf herausrücken. Tat er aber nicht, sondern trank gemächlich einen Schluck Mineralwasser.

Sandra kam ein neuer Verdacht in den Sinn. Hatte eine Schwester sterben müssen, um der anderen klarzumachen, dass Widerstand gegen das lukrative Feriendorf-Projekt nicht nur zwecklos war, sondern sogar tödlich enden konnte? Vermied er es, dieses Thema zur Sprache zu bringen, weil er der Täter war? Aber wozu hätte Sulzbacher einen Mord riskieren sollen? Die Zeit arbeitete ohnehin für ihn. Früher oder später würde der Baustart erfolgen. Angeblich schon in wenigen Monaten. »Es gab aber einen Konflikt zwischen Ihnen und den Lex-Schwestern«, fuhr sie fort. »Ich spreche von Ihrem Immobilienprojekt am Grundlsee, das neben dem Lex-Anwesen realisiert werden soll.« Wenn der Mann auf ihre Andeutungen nicht einging, musste sie eben deutlich werden.

»Ja, diesen Konflikt gab es.«

Mehr hatte er dazu nicht zu sagen? »Na schön, dann von vorne. Sind Sie durch Ihre Ex-Frau auf dieses Grundstück aufmerksam geworden?«, fragte Sandra.

»Ja, das will ich gar nicht bestreiten.«

»Haben Sie sie deshalb geheiratet? Um sie für Ihre Zwecke einzuspannen? Bestimmt verfügen die Lex-Schwestern über gute Kontakte in der Region, auf die Sie zurückgreifen konnten.«

»Mit den Kontakten haben Sie recht. Alles andere kann ich so nicht gelten lassen. Denn ich habe Lilli aus Liebe geheiratet. Und sie mich. Leider hat das nicht gereicht.«

»Bei einem so massiven Interessenkonflikt wundert es mich, dass sie überhaupt noch miteinander sprechen und sogar Geschäfte machen«, sagte Sandra.

»Warum denn nicht? Ich kenne keine bessere Trachtendesignerin als die Lilli. Außerdem wollte ich ihr und ihrer Schwester ein Gefallen tun, nachdem ich ihnen zahlreiche schlaflose Nächte mit meinem *Hideaway Alpenresort* beschert habe. Sie mir im Übrigen auch.«

»Sie wollten sich bei ihnen entschuldigen?«

»Wofür sollte ich mich denn entschuldigen? Solche und ähnliche Projekte zu entwickeln, ist mein Beruf. Das wussten die beiden. Sagen wir lieber, es war ein Versöhnungsangebot meinerseits.«

»Das die beiden angenommen haben.«

Er nickte. »Luise hat das pragmatisch gesehen. Lilli hat sich anfangs geziert, aber schließlich hat auch bei ihr die Vernunft gesiegt.«

Oder ihre Schwester hatte sie überredet. »Mit Luise Lex sind Sie gut ausgekommen?«

»In professioneller Hinsicht bin ich mit ihr sogar besser ausgekommen als mit meiner Ex-Frau.«

»Und privat?«

»Hatte ich zu beiden keinen Kontakt mehr.«

An Lilli Lex schien er demnach nicht mehr interessiert zu sein. Umgekehrt hatte die auch nicht den Eindruck erweckt, zu ihrem Ex-Mann zurückkehren zu wollen. Und Fabian Köberl hatte eine aufgewärmte Beziehung der geschiedenen Eheleute ebenfalls ausgeschlossen, rief sich Sandra in Erinnerung. Bergmanns Theorie einer Wiedervereinigung konnten sie wohl abhaken.

»Wissen Sie, es war nicht ganz einfach, mit einem eineiigen Zwilling verheiratet zu sein«, fuhr Sulzbacher fort.

»Inwiefern?«

»Luise war allgegenwärtig. Und sehr eifersüchtig. Oft hatte ich das Gefühl, mit zwei Frauen gleichzeitig verheiratet zu sein.«

»Intim waren Sie aber nur mit einer«, mischte sich Bergmann ein.

»Also hören Sie mal ... Das geht jetzt aber wirklich zu weit«, empörte sich der Immobilienentwickler.

»Sie hatten mit Ihrer Schwägerin zu keiner Zeit ein Verhältnis?«, hakte der Chefinspektor nach.

»Nein, verdammt.«

»Hatte Luise Lex in den letzten Monaten eine intime Beziehung mit einem anderen Mann?«

»Woher soll ich das wissen? Wie ich sie gekannt habe, glaube ich das aber nicht. Abseits der Arbeit hat Luise sehr zurückgezogen gelebt. Wäre Lilli nicht gewesen, hätte sie wahrscheinlich überhaupt keine privaten Kontakte gepflegt.«

Auch das bestätigte das Bild, das die Ermittler von der Verstorbenen hatten. Aber von wem war Luise Lex dann schwanger gewesen? Sandra wandte ihren Blick ab, um einen Schluck Chai-Tee zu trinken. Vielleicht hatte sich die Frau künstlich befruchten lassen, kam ihr eine neue Theorie in den Sinn.

»Ich weiß es aber nicht genau«, relativierte Sulzbacher seine Aussage. »Am besten fragen Sie Lilli, ob Luise eine Affäre hatte. Als Zwillinge haben die beiden ihr ganzes Leben miteinander verbracht. Sie wissen alles voneinander. Ich kann nur hoffen, dass Lilli den Tod ihrer Schwester verkraftet. Sie ist ziemlich labil.«

»Ist sie in psychotherapeutischer oder psychiatrischer Behandlung? Nimmt sie Psychopharmaka?«

»Während unserer Ehe nicht. Wie das zuletzt war, weiß ich nicht. Wir hatten, wie gesagt, keinen privaten Kontakt mehr.«

»Gab es häufig Streit zwischen den Schwestern?«

»Ab und zu. Das ist doch normal unter Geschwistern.«

»Wurden sie auch handgreiflich?«

»Aber nein. Es hat auch nie lange gedauert, bis sich der Sturm wieder gelegt hat.«

»Und geschäftlich? Gab es da Auseinandersetzungen?«

»Kaum. Zuletzt habe ich vor ein paar Wochen einen lautstarken Streit um Fabian Köberl mitbekommen. Luise wollte Lillis jugendlichen Liebhaber bei der Trachtenschau am Steirerball nicht mitlaufen lassen, was sich Lilli in den Kopf gesetzt hatte. Schlussendlich hat sie sich durchgesetzt.«

Offenbar wusste er nicht, dass sich seine Ex-Frau kürzlich von ihrem Geliebten getrennt hatte und die Trachtenschau nun doch ohne ihn stattfinden würde. »Trauen Sie Ihrer Ex-Frau zu, dass sie den Brand gelegt hat?«

»Sie meinen, absichtlich?«

Sandra nickte.

»Ausgeschlossen. Lilli ist sehr an der Villa gehangen. Noch mehr an ihrer Schwester. Die beiden wären füreinander gestorben. Und das ist nicht nur so dahingesagt. Lilli hat Luise ihr Leben zu verdanken. Vor einigen Jahren hat sie ihr eine Niere gespendet, sonst wäre Lilli wohl gestorben.«

Möglicherweise hätte ihr auch das Organ eines Fremden das Leben gerettet, eines Motorradfahrers oder eines anderen Unfallopfers. Vorausgesetzt, es wäre rechtzeitig eine passende Niere für sie verfügbar gewesen. In Österreich kam zwar jeder Hirntote, der nicht im Widerspruchsregister aufschien, als potenzieller Organspender infrage, dennoch wurden sämtliche Transplantationsorgane nach medizinischen und ethischen Kriterien über die internationale Stiftung *Eurotransplant* anonym in die Mitgliedsländer verteilt. Auch in jene, in denen relativ wenige Organe zur Verfügung standen. Etwa in Deutschland, wo nur auf jene zurückgegriffen werden durfte, die von jemandem stammten, der sich zu Lebzeiten aktiv als Organspender hatte registrieren lassen. »Ist Luise auch so sehr an der Villa gehangen wie Lilli?«, fragte Sandra.

Sulzbacher nickte. »Was die Villa anbelangte, war sie nicht ganz so emotional wie Lilli. Dennoch haben sie zusammen ihre Einwendungen eingebracht und damit immer wieder Bauverzögerungen verursacht, die mich eine Stange Geld gekostet haben.« Seufzend griff er nach seiner Kaffeetasse.

»Im kommenden Frühjahr soll es aber endlich mit dem Bau losgehen, nicht wahr?«, meinte Sandra.

Der Immobilienentwickler stutzte. Mit ihrer letzten Aussage hatte sie ihn anscheinend überrumpelt. »Sofern die mündliche Bauverhandlung positiv verläuft«, sagte er. »Das letzte Wort liegt bei der Gemeinde. Und das ist meines Wissens noch nicht gesprochen.«

»Die Gemeinde wird ja wohl nichts dagegen haben, dass Ihr Immobilienprojekt den Tourismus ankurbelt und Geld in ihre Kassen spült«, wandte Bergmann ein.

»Ich bin auch zuversichtlich, dass wir nach der demnächst bevorstehenden Bauverhandlung schon bald einen positiven Baubewilligungsbescheid in den Händen halten«, räumte Sulzbacher ein. »Das Land Steiermark hat der Gemeinde bereits eine Bedarfszuweisung in Millionenhöhe zugesichert, nachdem sämtliche Aufsichtsstellen unser Projekt eingehend geprüft und offiziell für gemeinnützig befunden haben.«

»Gemeinnützig?«, fragte Sandra.

»Alle profitieren davon, nicht nur die Gemeinde«, sagte Sulzbacher. »Die regionalen Betriebe zum Beispiel, an die Aufträge ausschließlich vergeben werden. Damit bleibt die Wertschöpfung in der Region. Darüber hinaus kommen die neuen oder neu gestalteten Freizeit- und Gastronomiebetriebe sowohl den Touristen als auch der Bevölkerung zugute. Nicht zuletzt wird der gesamte Grundlsee als Standort enorm aufgewertet.«

»Und die Grundstückspreise steigen weiter bis ins Unermessliche«, wandte Sandra ein. »Aber das kann Ihnen egal sein. Sie und Ihre Investoren streifen die Profite ein und ziehen weiter, um woanders ein lukratives Projekt aus dem Boden zu stampfen.«

»Vergessen Sie bitte nicht, dass wir durch solche Projekte einen Haufen Arbeitsplätze schaffen. Die Leute sollten froh sein, dass sich ihre Gemeinde wirtschaftlich weiterentwickelt. Ohne Massentourismus wie in Hallstatt.«

Vor Corona war das idyllisch gelegene Alpendorf am Hallstätter See heillos überlaufen gewesen. Busweise hatte man die Tagestouristen, vorwiegend aus dem asiatischen Raum, dorthin gekarrt. Mit den Corona-Reisebeschränkungen blieben die internationalen Gäste schlagartig aus, und die Haupteinnahmequelle der Gemeinde versiegte. Die Chinesen mussten sich seither mit ihrem eigenen Hallstatt begnügen, das als spiegelverkehrte Kopie in der Provinz Guangdong nachgebaut worden war.

»Das Interesse Ihrer Ex-Frau, Ihrem Projekt weitere Steine in den Weg zu legen, wird vermutlich erloschen sein, nachdem ihre Villa in Schutt und Asche liegt und ihre Schwester tot ist«, meldete sich Bergmann zu Wort.

»Das wird sich weisen. Lilli hat noch immer die Möglichkeit, gegen die Baubewilligung zu berufen.«

Sandra bezweifelte, dass ihr das die Mühe noch wert war.

»Wie es aussieht, profitieren Sie am allermeisten von dem Brand«, wurde Bergmann deutlicher.

»Verdächtigen Sie *mich*?«, fragte sein Gegenüber. »Ich bin Immobilienentwickler, kein Krimineller.«

Das eine schloss das andere nicht zwangsläufig aus.

»Wo waren Sie am Neujahrstag, als Sie mit Luise Lex telefoniert haben? Beziehungsweise in den Stunden danach?« Bergmann sah dem Mann in die Augen.

»Sie verdächtigen mich ernsthaft?«

»Ich frage Sie nur.«

»Ich war in Wien.«

»Wo genau?«

Sulzbacher schnaubte. »Zu Hause.«

»Waren Sie allein?«

»Ich lebe allein und war an diesem Nachmittag allein zu Hause, ja.«

»Dafür gibt es aber keine Zeugen.«

»Wofür brauche ich Zeugen? Für geschäftliche Telefongespräche mit meiner Ex-Schwägerin und meiner Ex-Frau? Ich bitte Sie …«

»Und abends waren Sie auch zu Hause?« Bergmann ließ nicht locker.

Sulzbacher bejahte, als sich die Tür öffnete und Nina ihren hübschen Pixie-Kopf hereinsteckte.

»Entschuldige bitte, Otto, Sarah Pauli wartet in deinem Büro auf dich.«

»Danke, ich komme gleich.«

Bergmann reagierte auf den Namen, als würde er ihn kennen. Oder auch nur deshalb, weil sich die Dame den Vornamen mit seiner Tochter teilte, vermutete Sandra.

Die Tür schloss sich wieder.

»Sie haben es gehört, ich muss zu meinem nächsten Termin.« Sulzbacher rückte auf seinem Stuhl zurück.

»Eine letzte Frage noch«, hielt Bergmann ihn auf. »Wissen Sie, ob sich in der Garage der Lex-Schwestern ein Benzinkanister befunden hat?«

»Als ich noch mit Lilli verheiratet war, hab' ich zwei Kanister für etwaige Notfälle besorgt. Einen habe ich mit Benzin, den anderen mit Diesel befüllt und beide in der Garage gelagert. Keine Ahnung, ob die Kanister noch dort waren. Haben sie etwas mit dem Brand zu tun?«, zog er seine Schlüsse.

»Auch das ist Gegenstand unserer Ermittlungen«, blieb Bergmann vage. »Planen Sie in nächster Zeit, ins Ausland zu reisen?«

Otto Sulzbacher verneinte seine Frage.

»Gut. Es könnte nämlich sein, dass wir uns demnächst noch einmal bei Ihnen melden.«

Sulzbacher erhob sich. »Sollte ich mir einen Anwalt nehmen?«

»Das steht Ihnen selbstverständlich frei.« Bergmann machte keinerlei Anstalten aufzustehen. »Lassen Sie Frau Pauli nicht warten. Meine Kollegin trinkt nur rasch ihren Tee aus. Wir finden dann schon allein hinaus«, verabschiedete sich Bergmann. »Ach so, noch etwas.«

Sulzbacher wandte sich um. »Ja?«, meinte er ungeduldig.

»Dürfte ich Ihren Kaffeelöffel mitnehmen?«, fragte Bergmann.

»Wie bitte?«

»Ich sammle die Dinger.«

Sandra schaute den Chefinspektor ebenso verständnislos an wie der Mann an der Tür.

»Von mir aus«, meinte Sulzbacher und wollte sich erneut abwenden.

»Dann haben Sie auch nichts dagegen, wenn ich ihn für einen DNA-Abgleich verwende?«

Sulzbacher verschränkte die Arme vor der Brust und überlegte. Schließlich rang er sich ein Lächeln ab. »Nehmen Sie ihn ruhig mit. Auf Wiederschau'n!«

Bergmann ließ den Mann gehen. »Hast du Handschuhe und ein Sackerl mit?«

»Ich bin Kriminalpolizistin. Gehört beides zu meiner Grundausstattung.« Sandra bückte sich nach ihrer Tasche.

Der Chefinspektor ignorierte ihre Spitze und zog einen Handschuh an, um den Kaffeelöffel sicherzustellen.

»Willst du einen Vaterschaftstest machen?«

»100 Punkte. Wenn Otto Sulzbacher der Vater von Luise Lex' Baby ist, hätte er ein weiteres Tatmotiv gehabt, nämlich Mutter und Kind loszuwerden.« Bergmann ließ das Sackerl in der Innentasche seines Sakkos verschwinden.

»In diesem Fall sollten wir auch klären, ob Lilli Lex wusste, dass er mit ihrer Schwester intim gewesen ist. Und ein Kind mit ihr gezeugt hatte. Möglicherweise war Lilli zur Abwechslung auf Luise eifersüchtig. Andererseits war sie bis zum Tod der Schwester mit Fabian Köberl zusammen.« Sandra schwirrte der Kopf. Der Fall wurde immer komplizierter.

4.

»Und jetzt?«, fragte Sandra, als sie aus dem Haus auf den Gehsteig traten.

»Zuerst Lilli Lex, dann Franz Grimm.« Bergmann blickte dem jungen Mann mit der grauen Beanie-Mütze nach, der rauchend und telefonierend an ihnen vorbeihuschte. Schnuppernd reckte er seine Nase in die Höhe, um dem Geruch der Zigarette hinterher zu schnüffeln, der in der Luft hing. »Ich hätte jetzt Lust auf einen Tschick«, gestand der ehemalige Raucher, während Sandra ihr Smartphone ans Ohr führte.

»Untersteh dich«, warnte sie ihn. Einen Ratschlag à la »Denk an deine Gesundheit« ersparte sie sich und ihm.

Seufzend holte er eine Packung Pfefferminzzuckerl aus seiner Jackentasche, um sich eines in den Mund zu stecken, und bot Sandra eines an.

Kopfschüttelnd horchte sie in ihr Handy. Als sie schon wieder auflegen wollte, meldete sich Lilli Lex.

Am besten wäre es, sich gleich in ihrem Hotel zu treffen, das sich am nahen Stubenring befand, schlug sie Sandra vor. Eine halbe Stunde konnte sie sich für die Befragung abzwacken, die Models solange auf einen Kaffee schicken. Sie brauchten ohnehin eine Pause.

Bergmann telefonierte, als Sandra ihr Handy wegsteckte. Mit wem, bekam sie nicht mit, da er sich gerade verabschiedete. »Hast du ein Kuvert dabei?«, fragte er.

»Ich bin kein wandelndes Bürobedarfsgeschäft. Aber du kannst ja gleich an der Hotelrezeption danach fragen.« Sandra nannte ihm die Adresse des angepeilten Hotels.

Einmal mehr folgte sie der Marschroute des Chefinspektors, der sie zurück zur Ringstraße und weiter bis zum gesuchten Hotel führte.

Anders als die meisten Ringstraßenhotels glänzte der schlichte 1950er-Jahre-Bau mit einer Fassade aus schwarzem Marmor und hellem Sandstein. Dass das Haus von einer bekannten Hoteliersfamilie aus Graz geführt wurde, die dort drei Hotels und noch ein weiteres in Wien betrieb, hatte Sandra vor geraumer Zeit in einem Magazin gelesen. Ob der Hotelier seine Pläne für das zuletzt übernommene Kurhotel am Semmering trotz der Wirtschaftskrise noch umsetzen konnte, stand in den Sternen. Sie wandte sich der Glasfront neben dem Hotelportal zu und warf einen Blick in das Restaurant, von dem sie im selben Artikel gelesen hatte. »Hier soll es fantastische Wiener Schnitzel geben«, dachte sie laut.

»Hast du schon wieder Hunger?«, wunderte sich Bergmann.

Sandra schüttelte den Kopf.

»Nicht, dass du mir jetzt auch noch schwanger wirst«, meinte er besorgt.

»Ganz bestimmt nicht. Könntest du die Zeugin heute etwas rücksichtsvoller behandeln als bei der letzten Befragung? Sie hat immerhin ihre Zwillingsschwester verloren.«

»Du kennst doch das Spiel. Good cop, bad cop.« Bergmann zeigte einmal auf Sandra, dann auf sich selbst. Dabei passte er die Mimik seinen Worten an.

Sandra folgte ihm durchs Hotelportal. In der Marmorhalle nahm das lebensgroße Modell eines Pferdes ihren Blick gefangen. Oder war der braune Araber echt und durch die fachkundigen Hände eines Präparators gegangen? Falls es sich überhaupt um einen Araber handelte.

Mit Pferderassen kannte sie sich noch weniger aus als mit Zuchtkatzen.

Bergmann wandte sich der Rezeption zu, um nach einem Kuvert zu fragen, von dem Sandra noch immer nicht wusste, wofür er es benötigte. Sie nutzte die Zeit, um auf die Toilette zu gehen.

Zurück in der weitläufigen Lobby schaute sie sich vergeblich nach dem Chefinspektor um. Wo zum Teufel war er bloß? Vorausgegangen konnte er nicht sein. Er wusste ja nicht, welchen Treffpunkt Sandra mit Lilli Lex vereinbart hatte. Wahrscheinlich war er ebenfalls kurz ausgetreten, überlegte sie, als sie plötzlich von hinten an der Schulter berührt wurde. Sie fuhr herum. »Musst du mich so erschrecken?«

Er grinste sie an. »Können wir endlich?«

»Das fragst du mich?«

»Worauf wartest du dann noch?«

Sandra griff zu ihrem Mobiltelefon, um die zuletzt angerufene Nummer noch einmal zu wählen. Dann folgten sie der heiseren Stimme im Handy, die sie ins Extrazimmer lotste. Die Eventagentur hatte es eigens für das Fitting der Models angemietet, erfuhren sie nach der Begrüßung von Lilli Lex. Die Generalprobe stand morgen nach dem Mittagessen in der Hofburg auf dem Programm.

Die Trachtendesignerin bot ihnen Platz an einem der Kaffeehaustische an. Die Bugholzstühle trugen die Handschrift des berühmten Möbelherstellers Thonet, der für seine Wiener Kaffeehausstühle weltberühmt war. Das Fischgrätparkett auf dem Boden wies einige Gebrauchsspuren auf. Die Wände hinter den dunkelgrünen Ledersitzbänken waren mit Holz vertäfelt. Überall herrschte kreatives Chaos. Die meisten Tische waren mit Nähzubehör und allerlei Kramuri angeräumt. Taschen und Papiersackerln standen herum, dazu einige Paravents, Schneiderbüsten, fahrbare Kleiderständer mit Trachtengewand, Pinnwände mit Modeskizzen sowie Polaroid-Fotos von jungen hübschen Mädchen und feschen Burschen in farbenfrohen Trachtenoutfits. Außerdem zählte Sandra drei mannshohe schwenkbare Standspiegel im Saal.

»Die Staatsanwaltschaft hat die Leiche Ihrer Schwester heute freigegeben«, verkündete Bergmann. »Sie können sich ab sofort um ihre Bestattung kümmern.«

Lilli Lex' Blick verfinsterte sich, als sie sich bedankte. »Ich werde die Bestattung nach dem Fitting, spätestens aber morgen beauftragen.« Sie hielt sich die Hand vor den Mund und gähnte, wofür sie sich prompt entschuldigte. Sie sei völlig erschöpft, ihre Stimme von der Arbeit mit den Models heiser. Die letzten Tage hatten ihr alles abverlangt. Doch sie wollte unbedingt durchhalten. Nicht zuletzt ihrer Schwester zuliebe.

Wenn das nur gutging, dachte Sandra.

Lilli Lex nestelte an einem Ärmelknopf ihrer grünen Trachtenjacke herum, die mit Applikationen und Paspeln in Pink ein echter Hingucker war. Ihren akkuraten blonden Bob trug sie diesmal offen, den Seitenscheitel auf der linken Seite. Die Haarfarbe kam Sandra heller als bei ihrer letzten Begegnung vor, was an der anderen Frisur beziehungsweise an den Lichtverhältnissen liegen mochte. Oder aber sie hatte ihrer Haare vor dem Steirerball färben und schneiden lassen.

Sandra plante für morgen einen Friseurbesuch ein, falls sie jemanden fand, der kurzfristig einen Termin für sie freihatte. In einer Großstadt wie Wien konnte das kein allzu großes Problem sein, glaubte sie.

»Die forensisch-toxikologische Laboruntersuchung konnte weder Alkohol noch andere chemische Substanzen bei Ihrer Schwester nachweisen«, holte Bergmann sie aus ihren Gedanken zurück.

»Alles andere hätte mich auch überrascht«, entgegnete Lilli Lex. »Der Alkohol, den sie bei der Silvesterparty getrunken hat, war bis zum nächsten Abend bestimmt abgebaut.«

Bergmann nickte. »Der Laborbefund zeigt uns auch, was sie zuletzt gegessen hat.«

»Gemüse mit Feta«, antwortete Lilli Lex wie aus der Pistole geschossen. »Das Abendessen hab' ich für uns gekocht. Wir haben uns die Nachrichten angeschaut, dann bin ich in die *G'wandschneiderei* gefahren.«

Demzufolge musste Luise Lex zwischen 20.30 und 21.55 Uhr verstorben sein, rechnete Sandra nach. Aus dem toxikologischen Laborbefund, den Bergmann ihr auf der Fahrt nach Wien vorgelesen hatte, ging hervor, dass der Verdauungsprozess der letzten Mahlzeit, die aus Gemüse und kalziumreichen Salzlakenkäse bestand, eine, höchstens zwei Stunden vor dem Tod der Frau eingesetzt hatte. Diese neue Erkenntnis und die Auffindesituation der Leiche sprachen dafür, dass sich Luise Lex unmittelbar nach dem Abendessen hingelegt hatte und später in ihrem Bett erschlagen worden war. Ob sie davon etwas mitbekommen hatte, wusste vermutlich nur ihr Mörder. 100-prozentig sicher war dieses Szenario jedoch nicht. Dem gerichtsmedizinischen Befund zufolge konnte die Frau auch schon etliche Stunden früher gegessen haben, wenn sie entsprechend früher erschlagen worden war. Frühestens 24 Stunden vor dem Brand, rief sich Sandra die ersten Obduktionsergebnisse in Erinnerung. Als die letzten Gäste der

Silvesterparty gegen 4 Uhr gegangen waren, hatte Luise Lex laut Zeugenaussagen noch gelebt.

»Die Leber und anderen Organe Ihrer Schwester waren in tadellosem Zustand«, berichtete Bergmann weiter. »Sie war definitiv keine Alkoholikerin.«

»War sie auch nicht. Hat das jemand behauptet?«

»Sie sollen Ihre Schwester bei der Silvesterparty wegen ihres Alkoholkonsums zurechtgewiesen haben.«

»Ich mochte es nicht, wenn sie trinkt. Alkohol schädigt nicht nur die Leber, sondern auch die Nieren. Und wenn man nur mehr eine hat wie wir …« Lilli Lex sah Bergmann mit ihren großen blauen Augen an.

Hatte ihr der Chefinspektor bei seinem Anruf aus der Gerichtsmedizin verraten, dass er selbst nur mehr eine funktionierende Niere besaß? Oder hatte sie mit *wir* ihre Schwester gemeint, fragte sich Sandra.

»Sie sollen sich am Silvesterabend heftig mit Ihrer Schwester gestritten haben«, fuhr er fort.

»Ja, sie war angefressen auf mich. Aber zum Jahreswechsel war unser Streit längst vergessen.« Lilli Lex hielt dem Blick des Chefinspektors stand. Ihr leichtes Make-up konnte die dunklen Schatten unter den Augen nicht gänzlich verbergen.

»Es soll einen weiteren gravierenden Streitpunkt zwischen Ihnen und Ihrer Schwester gegeben haben«, sagte der Chefinspektor.

Lilli Lex seufzte. »Hören Sie, was soll das? Haben Sie keine Geschwister, mit denen sie sich ab und zu streiten?«

Weder der Chefinspektor noch die Abteilungsinspektorin beantworteten die Frage.

»Ihr Betthupferl soll Ihrer Schwester ein Dorn im Auge gewesen sein«, fuhr Bergmann unbeirrt fort.

»Ja, das ist leider wahr. Luise mochte Fabian nicht. Er war ihr zu gewöhnlich und zu jung für mich.«

»Und warum haben Sie Ihre Affäre nach dem Tod Ihrer Schwester beendet?«, erkundigte sich Bergmann.

»Geht Sie das etwas an?«, antwortete Lilli Lex schärfer als erwartet. Dabei sah sie Bergmann an, als wolle sie ihm bei der nächsten intimen Frage an die Gurgel springen.

Sandra konnte ihre Reaktion gut nachvollziehen. »Sie müssen nicht antworten, wenn Sie nicht möchten«, sagte sie. Immerhin vernahmen sie keine Tatverdächtige, sondern befragten die Hinterbliebene eines Gewaltopfers auf freiwilliger Basis.

Bergmann hob die Augenbrauen, sagte aber nichts.

Lilli Lex rutschte auf ihrem Stuhl nach vorne, stützte die Ellenbogen auf der Tischplatte auf und legte ihr Kinn auf die Hände. Dabei sah sie dem Chefinspektor in die Augen. »Na schön, ich hab' mich vom Fabian getrennt, weil er mir auf die Nerven gegangen ist. Aus meiner Sicht war die Luft draußen. Reicht Ihnen das? Außerdem hab' ich momentan andere Sorgen als ein erfülltes Sexualleben. Sollte ich Ihnen Bescheid geben, wenn sich daran etwas ändert?«

Bergmanns Augenbrauen wanderten erneut nach oben. Einige Sekunden lang war er sprachlos. »Ich denke darüber nach«, fiel ihm schließlich doch noch ein Kommentar ein.

Sandra trat ihm unter dem Tisch auf die Zehen. Sexistische Sprüche waren fehl am Platz. Auch wenn diesmal nicht er, sondern die Zeugin damit angefangen hatte.

Wortlos erhob sich der Chefinspektor und ging schnurstracks auf die Pinnwände mit den Fotos zu.

Lilli Lex lehnte sich zurück und folgte ihm mit den Augen.

»Trauen Sie Fabian Köberl zu, dass er den Brand in Ihrem Haus gelegt hat?«, fragte Sandra geradeheraus. Die eigentliche Todesursache behielt sie weiterhin für sich.

Lilli Lex zuckte ratlos mit den Achseln. »Ich lege für niemanden die Hand ins Feuer. Einzig und allein für meine Schwester hätte ich das getan.«

»Hatte sie eine Lebensversicherung?«, fragte Sandra weiter.

»Eine Er- und Ablebensversicherung«, bestätigte die Befragte.

»Zu Ihren Gunsten, nehme ich an.«

Lilli Lex strich sich die Haare auf der Scheitelseite hinters Ohr. Diesmal trug sie längere Goldohrhänger ohne Steine. »Ja, sicher zu meinen Gunsten. Nach dem Tod unserer Eltern war ich ihre nächste Angehörige. Und sie meine. Außer ein paar Onkeln, Tanten, Cousinen und Cousins, Nichten und Neffen, die uns nicht besonders nahestehen. Und bevor Sie mich danach fragen: Die Ablebenssumme der Versicherung beträgt eine Million Euro.«

Beinahe hätte Sandra durch die Zähne gepfiffen.

»Ja, das ist eine stattliche Summe«, fuhr Lilli Lex fort. »Aber selbst wenn sie mir 100 Millionen ausbezahlen, ersetzt mir das meine Schwester nicht. Kein Betrag der Welt kann das.« Sie biss sich auf die Lippen.

Zwar war schon für weitaus geringere Summen gemordet und brandgestiftet worden, dennoch sah Sandra keinen Grund, an ihren Worten zu zweifeln. Die Frage nach einem Testament sparte sie sich. Wenn es eines gab, war sie höchstwahrscheinlich als Erbin eingesetzt. Wenn nicht, war sie als nächste Verwandte auch ohne ein Testament erbberechtigt. Eine finanzielle Notlage schien als mögliches Tatmotiv nicht vorzuliegen. Die *G'wandschneiderei* stand trotz der Rezession auf einigermaßen soliden Beinen. Das hatte die Bonitätsprüfung ergeben, die Miriam veranlasst hatte.

»Sie haben uns letztens gar nicht erzählt, dass Ihr Ex-Mann Sie mit der Modeschau für den Steirerball beauftragt hat«, meldete sich Bergmann, der die Modelfotos eingehend studiert hatte, aus dem Hintergrund zu Wort.

Beide Frauen wandten sich dem Kleiderständer zu, vor dem er stand.

»Echt nicht? Dann hab' ich wohl vergessen, es zu erwähnen.«

Bergmann ging mit langen Schritten auf die Frauen zu.

»Das muss Ihnen nicht leidtun. Es ist nur menschlich, in Ihrer Lage etwas zu vergessen«, versicherte Sandra ihrem Gegenüber. »Es ist auch nicht verboten, sich mit seinem Ex-Mann gut zu verstehen.«

Bergmann setzte sich wortlos zu ihnen an den Tisch.

»Gut verstehen ist relativ. Privat gehen wir getrennte Wege. Aber deshalb muss ich die Trachtenschau beim Steirerball doch nicht ablehnen. Außerdem hat meine Schwester das meiste mit ihm und den anderen Zuständigen im Verein geregelt, während ich mich um die Outfits gekümmert habe.«

»Sie haben auch nicht erwähnt, dass Sie dabei waren, als Ihr Ex-Mann letzten Freitagnachmittag mit Ihrer Schwester telefoniert hat.«

»Ich wusste nicht, dass das von Bedeutung für Sie ist.«

»Dann stimmt es?«

Lilli Lex nickte.

»Ist Ihnen schon zu Ohren gekommen, dass das Feriendorf neben Ihrem Grundstück bald errichtet werden soll?«, fragte Bergmann weiter.

»Ich habe es mitbekommen«, bestätigte Lilli Lex. »Die Bauverhandlung soll demnächst stattfinden.«

»Ach, das wissen Sie schon …« Bergmann klang ein wenig enttäuscht. »Von wem, wenn ich fragen darf? Von Ihrem Ex-Mann?«

»Nein, vom Fabian.«

»Ich habe mich entschlossen, dieses Chalet-Dorf nicht länger zu bekämpfen. Ich hab' keine Kraft mehr, mich herumzustreiten. Nicht ohne meine Schwester. Wozu auch? Die Lex-Villa gibt es eh nicht mehr.«

»Das Grundstück ist bestimmt auch ohne die Villa einiges wert«, warf Bergmann ein.

Lilli Lex nickte. »Aber für mich hat es seinen Wert verloren. Ich werde es verkaufen.«

»Darf ich raten? An Ihren Ex-Mann?«

»Gut möglich. Otto ist an einem Bauplatz mit Seeblick sehr interessiert.«

»Haben Sie ihm Ihre Entscheidung schon mitgeteilt?«

Lilli Lex' Arme ruhten auf den Armlehnen des Thonet-Stuhls.

»Nein, ich treffe Otto heute Abend. Dann werde ich ihm mein Angebot unterbreiten.«

»Und wo werden Sie künftig wohnen?«, fragte Sandra. »Bleiben Sie in Ihrer Wohnung in Aussee?«

»Vorerst, ja. Ich muss mich jetzt sowieso voll und ganz auf die Firma konzentrieren, um die Lücke, die meine Schwester hinterlässt, so gut es geht zu füllen. Zumindest so lange, bis ihre Stelle neu besetzt ist.« Lilli Lex strich sich erneut die Haare hinters Ohr. »Dann werden wir weitersehen, was die Zukunft bringt.«

Sie klang erschöpft und traurig, aber keineswegs resigniert und durchaus vernünftig, fand Sandra. »Eine letzte

Frage«, sagte sie. »Zu dieser Privatklage wegen übler Nachrede, die Ihre Schwester damals gegen Franz Grimm nach der Übernahme der *G'wandschneiderei* erstattet hat. Sie wissen doch bestimmt Näheres darüber?«

Lilli Lex wandte sich ab und hüstelte in ihre Armbeuge, ehe sie antwortete. »Das ist doch Schnee von gestern«, wiegelte sie mit einer Handbewegung ab.

»Auch, wenn sich daraus vielleicht ein Tatmotiv ergibt?«, blieb Sandra hartnäckig.

Vielleicht hatte Franz Grimm befürchtet, dass ihn Luise Lex neuerlich verklagen würde, nachdem er ihr nach der Vergabe der Trachtenschau am Steirerball Bestechung und Erpressung vorgeworfen hatte.

»Das Urteil wurde vor acht Jahren gefällt.« Die beiden Frauen hielten Augenkontakt, während die eine der anderen von den Vorfällen rund um die Betriebsübernahme erzählte.

»Der Grimm ist damals auf meine Schwester gestanden«, verriet Lilli Lex. »Als der Deal mit der *G'wandschneiderei* unter Dach und Fach war, hat er ein Riesentamtam gemacht, sie sogar mit dem Tod bedroht. Er hat sein loses Maul einfach nicht halten können. Daraufhin hat ihn die Luise wegen übler Nachrede verklagt, und er musste blechen.«

»Seine Morddrohung hat sie nicht angezeigt?«

»Die hat sie von diesem Rumpelstilzchen gar nicht ernst genommen. Das war sein Spitzname in der Firma. Wahrscheinlich ist er es auch heute noch.« Lilli Lex grinste flüchtig in sich hinein.

»Herr Grimm war also stinksauer auf Ihre Schwester, nachdem sie ihn ausgefratschelt hat, um ihm das Geschäft vor der Nase wegzuschnappen«, fasste Bergmann zusammen.

»Aus Ihrem Mund klingt das, als wäre sie Mata Hari gewesen.«

Vielleicht war sie das ja auch, dachte Sandra. »Warum haben Sie uns nicht schon früher von diesem Prozess und der Morddrohung erzählt?«, fragte sie.

»Wie gesagt, das liegt alles schon sehr lange zurück. Außerdem stehe ich noch immer unter Schock und weiß gar nicht, wo mir der Kopf steht.« Lilli Lex sah sie mit müden Augen an.

»Gab es außer der Geschäftsübernahme und dem Steirerball noch andere Unstimmigkeiten zwischen Ihnen beiden und der Familie Grimm?«

Lilli Lex dachte kurz nach und verneinte dann. »Soweit es uns möglich war, sind wir ihnen aus dem Weg gegangen. Der Grimm ist ein großkotziges Schandmaul, ein Tyrann, wie er im Buch steht. Seine Frau und die drei Söhne haben sich ihm unterzuordnen und müssen spuren, sonst scheppert's. Dabei wäre seine *Trachtenheimat* ohne Gerti längst den Bach hinuntergegangen. Angeblich hat er seinen miesen Charakter von seinem Urgroßvater geerbt. Der war ein fürchterlicher Nazi und ist noch als über 90-Jähriger über Juden, *Neger* und Ausländer hergezogen.«

»Das Salzkammergut ist ja bekannt dafür, dass es ein Rückzugsort für Nazis war«, sagte Sandra.

»Etliche Nazibonzen hatten ihre Sommerresidenz in zumeist arisierten Villen«, bestätigte Lilli Lex. »Und als es im Frühjahr 1945 eng für sie wurde und die alliierten Truppen und der Untergang des Deutschen Reiches nicht mehr aufzuhalten waren, wollten sie dort untertauchen, um mit dem Leben davonzukommen. Goldvorräte und Falschgeld wurden in den Gärten und Seen versteckt. Einer von den Obernazis hat damals im Salatbeet der geraubten Villa Kerry in Altaussee 76 Kilo Gold vergraben. Nach einem gescheiterten Fluchtversuch wurde er später in Nürnberg als einer der Hauptkriegsverbrecher zum Tode verurteilt und hingerichtet.«

»›Hitlers Alpenfestung‹«, erinnerte sich Sandra an den Geschichtsunterricht. Wenngleich dieser lange zurücklag, hatte sie dieses düstere Kapitel im Gedächtnis behalten.

»Während des Zweiten Weltkriegs hat Adolf Hitler Kunstschätze in Milliardenhöhe, die aus Kirchen, Klöstern, Museen und jüdischem Besitz stammten, in die Stollen der Salzbergwerke nach Altaussee und Hallstatt schaffen lassen, um sie dort bombensicher zu lagern. Nach dem angestrebten Endsieg hätten die kostbaren Meisterwerke von Leonardo da Vinci, Michelangelo, Albrecht Dürer, Rembrandt und anderen großartigen Künstlern im geplanten *Führermuseum* in Linz ausgestellt werden sollen. Daraus wurde bekanntlich nichts. Dennoch wären diese einzigartigen Kunstschätze beinahe durch den eigenmächtigen Plan eines einzelnen Nazis zerstört worden. Als die Alliierten im Anmarsch waren, befahl der Gauleiter des Salzkammergutes, Bomben in die Stollen bringen zu lassen, um die Kunstwerke in die Luft zu jagen, damit sie nicht den Feinden in die Hände fielen. Die beherzte Salinenleitung konnte das gerade noch verhindern. In einer lebensgefährlichen Nacht- und Nebelaktion zogen die Bergmänner die Bomben wieder aus den Stollen heraus und sprengten anschließend die Stolleneingänge«, rekapitulierte Lilli Lex. »Es gab auch einige Widerstandsgruppen im Ausseerland, die von den Gendarmerieposten Bad Aussee und Altaussee mit Waffen, Stempeln und falschen Papieren versorgt wurden.«

»Lebt der alte Grimm noch?«, unterbrach Bergmann den Geschichtsunterricht.

Die Befragte schüttelte den Kopf.

»Dann ist das Schnee von vorvorgestern«, griff er ihre frühere Wortwahl auf.

»Was aber nichts daran ändert, dass auch sein Urenkel ein überzeugter Nationalist ist. Und das in einem Ausmaß, das weit über die übliche Reserviertheit der Ausseer, Fremden gegenüber, hinausgeht. Dazu ist der Franz ein intriganter, jähzorniger und skrupelloser Zeitgenosse.«

»Wir werden uns Herrn Grimm auf alle Fälle vornehmen«, sagte Sandra. »Er soll sich ebenfalls in Wien aufhalten, um den Steirerball zu besuchen.«

Lilli Lex rollte mit den Augen. »Das war ja zu erwarten, dass der hier antanzt. Ich kann Sie nur vor ihm warnen. Er wird Ihnen irgendwelche Lügenmärchen auftischen, andere Leute beschuldigen und auf das Übelste ausrichten, damit er selbst gut dasteht.«

»Und Gertrude Grimm? Waren Sie früher nicht befreundet?«, fragte Sandra.

»Das ist lange her. An der Seite vom Franz hat sie sich nicht gerade zu ihrem Vorteil entwickelt. Seit unserer Kündigung in der *Trachtenheimat* lässt auch sie kein gutes Haar mehr an uns, sondern vernadert uns, wo's geht«, sagte Lilli Lex. Dass die Schwestern diesen Job ihr zu verdanken gehabt hatten, blieb unerwähnt. Franz Grimm war der Einzige, dem Lilli Lex zutraute, ihre Schwester und die Villa aus Wut und Rache auf dem Gewissen zu haben. Ein anderer mutmaßlicher Täter fiel der Trachtendesignerin noch immer nicht ein.

»Hatte Ihre Schwester in letzter Zeit einen Liebhaber?«

Die Designerin schüttelte ihren blonden Schopf. »In den letzten zwei Jahren hatte sie keinen Freund. Auch keine Liebschaften oder One-Night-Stands.«

»Sind Sie sicher?«

»Ja, wir haben uns alles erzählt.«

»Alles?«, hakte Bergmann nach.

»Alles.«

»Und von wem war sie dann schwanger?«

Lilli Lex starrte Bergmann erschrocken an. »Was reden Sie da?«, krächzte sie.

»Ihre Schwester muss ein Betthupferl gehabt haben. Sie war in der fünften oder sechsten Woche schwanger.«

Die Blondine erstarrte. »Luise war schwanger«, wiederholte sie fassungslos. »Das kann nicht sein …«

»Ein Irrtum ist ausgeschlossen«, erwiderte Bergmann.

»Aber sie hätte mir das doch ganz bestimmt gesagt.«

»Vielleicht wusste sie selbst noch nichts davon«, meinte Sandra. »Haben Sie wirklich keine Ahnung, von wem das Kind gezeugt worden sein könnte?«

Lilli Lex verneinte. »Ich kann es einfach nicht glauben, dass …«

»Vielleicht hat sie sich ja künstlich befruchten lassen«, warf Sandra ein.

Bergmanns Gesichtsausdruck verriet ihr, dass ihm diese Möglichkeit noch nicht in den Sinn gekommen war.

»Stör' ma di, Lilli? Kömma einikommen?«

Sechs Augen wandten sich der Tür zu, durch die eine junge Rothaarige hereinspähte.

»Kommt's nur!«, rief Lilli Lex ihr zu. Ihre Stimme kippte. Sie griff zu ihrer Wasserflasche, um einen Schluck zu trinken. »Ich muss jetzt hier weitermachen«, wandte sie sich an die Ermittler, ohne ihnen ins Gesicht zu blicken.

»Falls Ihnen jemand einfällt, der als Vater infrage kommt, oder irgendetwas anderes, melden Sie sich bitte«, sagte Sandra im Aufstehen. Immer mehr junge Leute füllten das geräumige Extrazimmer mit guter Laune.

Lilli Lex nickte mit leerem Blick, noch immer fassungslos.

Die Rothaarige, deren Mähne zu einem langen Ährenzopf geflochten war, kam auf sie zu. Der flache Karton in ihrer Hand war Sandra wie den meisten Österreichern von frühester Kindheit an vertraut. »Ich hab' uns Schwedenbomben mitgebracht«, sagte sie zu Lilli Lex.

Die reagierte nicht.

Der Rotschopf nickte den Ermittlern freundlich zu. »Mögen S' auch eine?«, fragte sie unbekümmert. Höchstwahrscheinlich wusste sie nicht, mit wem sie es zu tun hatte. Und falls doch, hatte sie schlichtweg keine Berührungsängste mit der Polizei. Während sie den Karton öffnete, fiel Sandra wieder das entzückende Kinderfoto der Lex-Zwillinge auf der Bauernkommode ein.

Die Rothaarige und Bergmann waren sich bei der Sortenwahl einig, wohingegen Sandra der süßen Versuchung widerstand.

»Da, Lilli! Nimm dir auch eine!« Die junge Frau hielt der Designerin den Karton unter die Nase.

In Gedanken versunken, griff Lilli Lex zu.

5.

Auf dem Weg zur Tiefgarage rief Sandra Franz Grimm an. Anfangs blockte er mürrisch ab, wollte mit Luise Lex' Tod nichts zu tun haben. Er wisse nicht, was er überhaupt zu den Brandermittlungen beitragen solle. Seine Frau habe ihnen ohnehin bereits alles gesagt.

»Leider nein, Herr Grimm. Aber wenn es Ihnen lieber ist, lasse ich Ihnen eine Vorladung ins LKA nach Graz zukommen.«

»Warten S'! Was wollen S' denn von mir wissen?« Der Rüpel war neugierig geworden. Und hörbar nervös.

»Das würden wir gern persönlich mit Ihnen besprechen.«

Franz Grimm willigte nun doch ein, die Ermittler am nächsten Tag nach dem Frühstück zu treffen, und nannte Sandra den Namen seines Hotels in Ottakring.

»Na bitte, geht doch«, kommentierte sie das Gespräch, nachdem sie dieses beendet hatte. »Und jetzt?«, wandte sie sich an Bergmann.

»Checken wir erst einmal in unserem Low-Budget-Hotel ein«, sagte er.

Sein Spesenkonto war begrenzt, wusste Sandra. Auch wenn das Jahr gerade erst begonnen hatte und somit noch etwas mehr Spielraum war. Auf alle Fälle machte sie sich auf das Schlimmste gefasst. Zwei Nächte konnte sie zur Not auch in einer Besenkammer schlafen. Sofern sie sich diese nicht mit dem Chefinspektor teilen musste und zudem sauber war.

Die Adresse brauche sie nicht ins Navi einzugeben, meinte Bergmann, als sie in der Tiefgarage den Motor startete. Er würde auch so in die nahe Elisabethstraße finden.

Nach dem Schranken folgte Sandra dem Richtungspfeil, der nach links zeigte.

»Geradeaus, nach dem Stadtpark auf den Ring abbiegen«, wies Bergmann sie weiter an.

Der Chefinspektor als ortskundiger Beifahrer war eine neue Erfahrung. Schade, dass er in der Steiermark orientierungslos war. Andererseits kannte sich Sandra dort selbst gut aus. Und mit den entsprechenden GPS-Koordinaten fand das Navi sowieso überallhin.

Zehn Minuten später parkte Sandra den Dienstwagen in der Ladezone vor dem sanierten Altstadtpalais, dessen Jugendstilfassade mit türkisfarbenen Scheinwerfern beleuchtet war. Unter demselben Hotelnamen firmierten in zahlreichen anderen europäischen Städten vergleichbar gut gelegene Design-Hotels, die relativ günstige Zimmer anboten. Auch in Graz wurde trotz der Krise gerade ein Traditionshaus am Jakominiplatz zu einem Hotel derselben deutschen Low-Budget-Kette umgebaut.

Sandra steckte die Schlüsselkarte in den Schlitz neben der Tür, um die Stromversorgung im Zimmer zu aktivieren. Das Einzelzimmer war modern und geschmackvoll eingerichtet, bemerkte sie. Die Taschen stellte sie auf der Kofferablage ab. Ihr Dirndl und den Trachtenmantel hängte sie auf die Kleiderstange vor dem Spiegel auf. Mit vier schmalen Fächern an der Rückseite ersetzte diese den Kasten.

Das Fenster schaute in den Innenhof. Unterschiedlich große silberfarbene Kugeln, die auf Stahlseilen kreuz und quer von einer Fassade zur anderen über den Hof gespannt waren, boten einen ungewöhnlichen Blickfang. Dabei war Weihnachten schon vorbei. Offenbar diente diese Installation das ganze Jahr über der Behübschung. Vom Verkehrslärm der Großstadt war hier jedenfalls nichts zu hören.

Sandra zog den bodenlangen türkisfarbenen Vorhang zu. Auf dem Flatscreen neben dem kleinen Schreibtisch brannte ein virtuelles Kaminfeuer. Als Nächstes inspizierte sie das kleine, fein ausgestattete Badezimmer. Durch die geschickte Anordnung der Spiegel wirkte das Bad mit Dusche deutlich größer, als es war. Sie wusch sich die Hände und trank einen Schluck Wasser. Reinstes steirisches Quellwasser aus dem Hochschwabgebiet, kam ihr in den Sinn. Über die Zweite Hochquellenleitung wurde halb Wien damit versorgt. Ein anderer Teil floss über die Erste Hochquellenleitung aus dem Rax-Schneeberg-Schneealpen-Massiv in die Donaumetropole. Beide Leitungen waren unter Kaiser Franz Joseph I. errichtet worden, wusste sie von einer Führung im Museum in Wildalpen im wasserreichen steirischen Gesäuse.

Mit Bergmann hatte sie vereinbart, das Auto in der Tiefgarage auf der gegenüberliegenden Straßenseite abzustellen und ihn anschließend in der Lounge-Bar zu treffen. Zuvor wollte sie noch den nahen Friseursalon aufsuchen, den ihr die Rezeptionistin empfohlen hatte. Sie habe Glück, meinte der Mann hinterm Tresen. Vor einer halben Stunde hatte eine Kundin ihren Termin für den nächsten Nachmittag abgesagt, den er nun gerne für Sandra reservierte.

Bergmann wartete bereits in der Lounge-Bar auf sie, sah sie jedoch nicht kommen. Auf einem türkisfarbenen Sessel in einer Fensternische sitzend, stierte er in die Karte. Den Espresso, der vor ihm auf dem Tisch stand, hatte er ausgetrunken. Erst als Sandra ihre Jacke über den braunen Fauteuil neben ihm warf, blickte er auf. »Da bist du ja endlich«, kommentierte er ihr Erscheinen. »Ich hab' schon befürchtet, dass du dich in der Großstadt verirrt hast, und wollte demnächst die Fahndung nach dir rausgeben«, machte er sich über die Kollegin aus der Provinz lustig.

Säuerlich grinsend nahm Sandra Platz. »Wenn du mich so sehr vermisst hast, hättest du mich ja anrufen oder mir eine Nachricht schicken können.«

»Das hab' ich doch getan.«

Sandra warf einen Blick auf ihr Handy. »Oh, das hab' ich gar nicht mitbekommen. Tut mir leid. Brennt es wo?«

Bergmann schüttelte den Kopf. »Nicht schon wieder. Und wenn, wären wir in Wien nicht zuständig. Falls du dich fürs Abendessen hübsch machen möchtest, solltest du dich beeilen. Sarah und David holen uns in einer halben Stunde ab.« Während er sprach, fächelte er sich mit der Karte Luft zu, als kämpfe er gegen eine Hitzewallung an.

»Menopause?«, rächte sich Sandra für seine Aufforderung, sich hübsch zu machen. Als ob sie für ihn nicht hübsch genug gewesen wäre. Oder für seine Kinder, die sie seit Jahren kannte. Sarah, die ihm seine Ex-Frau während aufrechter Ehe als Kuckuckskind untergejubelt hatte, und David, der von einem früheren One-Night-Stand stammte. Von der Existenz seines Sohnes hatte der Chefinspektor erst erfahren, als der junge Mann plötzlich vor ihm und Sandra gestanden war. Aber das war eine andere Geschichte.

Bergmann stellte das Fächeln ein und warf die Karte auf den Tisch.

»Ich möchte eure Familienzusammenkunft keinesfalls stören«, kam Sandra auf das Abendessen zurück.

Bergmann zuckte mit den Achseln. »Wenn du lieber hierbleiben möchtest …«

»Hab' ich das gesagt?«

Bergmann seufzte, als würde ihn die Unterhaltung anstrengen. »Du störst uns nicht, Sandra.«

»Warum sagst du das nicht gleich?«

»Hätte ich dich sonst eingeladen?«

»Ach, das war eine Einladung.«

Bergmann sank erschöpft in seinem Fauteuil zurück.

»Soll ich mein Dirndl anziehen?«, fragte Sandra. Vielleicht hatte sie eben wirklich zu empfindlich reagiert.

Bergmanns Mundwinkel wanderten nach oben. »Wenn du dir unbedingt Sarahs Spott zuziehen möchtest …«

»Damit könnte ich leben. Aber ich hebe mir die Verkleidung lieber für morgen auf.«

»Trinkst du einen Gin mit mir? Die haben an die 50 Sorten hier.« Bergmann wies mit dem Kinn zur Karte, die Sandra bei näherer Betrachtung als umfangreiche Fibel wahrnahm, in der sich alles um Gin drehte.

»Muss ich heute noch Autofahren?«, fragte sie mit Blick in die Karte.

Bergmann verneinte.

Sie legte die Karte auf den Tisch zurück. »Dann bestell mir bitte einen Gin Tonic.«

»Welchen Gin?«

»Such einen guten für mich aus.«

»Wie wär's mit Bio-Gin aus der Steiermark?«

»Gibt's den hier?«

Bergmann nickte. »Gibt es. Aus dem Sausal, wo der Steirerrausch zu Hause ist«, spielte er einmal mehr auf einen Mordfall in der Südsteiermark an.

»Und das Tonic?«

»Was ist damit?«

»Ist das auch bio?«

»Keine Ahnung.«

»Dann frag halt nach. Es gibt nämlich auch ein Bio-Tonic aus Österreich.«

»Was es nicht alles gibt«, stöhnte der Chefinspektor, der der »Bio-Masche« skeptisch gegenüberstand.

Ganz unrecht hatte er damit nicht. Wenn Supermärkte, selbst Diskonter, immer mehr Bioprodukte anboten, weil sie von den Kunden immer stärker nachgefragt wurden, stellte sich schon die Frage, wie biologisch, fair und nachhaltig diese Massen-Bio-Industrie wirklich produzierte. Das war mit ein Grund, warum Sandra lieber auf vertrauenswürdige, meist kleinere regionale Hersteller setzte. »Dann geh ich mich jetzt rasch duschen und umziehen«, sagte sie im Aufstehen.

6.

Sandra stand der Mund offen, als sie Sarah und David in der Lounge auf sie zukommen sah. Aus der frechen Göre, die sie zuletzt beim Open-Air-Konzert von Jessica Wind am Red Bull Ring in Spielberg getroffen hatte, war eine junge Dame geworden. Hübsch war das blonde Mädchen schon als Siebenjährige gewesen, als Sandra sie zum ersten Mal getroffen hatte. David hatte sich seit ihrer letzten Begegnung, als sie gleichzeitig Bergmann im Krankenhaus besucht hatten, kaum verändert. Nur seine blonden Locken trug er jetzt kürzer.

»Ich hab' für uns einen Tisch beim Inder reserviert«, verkündete er nach der überaus herzlichen Begrüßung. Er zog seinen Anorak aus, und Sarah schälte sich aus ihrem Teddymantel, ehe sie sich zu ihnen setzten.

»Passt indische Küche für dich, Sandra?«, erkundigte sich David.

Sie lächelte den jungen Mann an. Wäre sein Vater bloß so höflich und zuvorkommend wie er gewesen. »Ja, indisch passt wunderbar.«

»Siehst du, Papa! Und du hast gesagt, sie isst nur steirisches Bio-Zeug«, sagte Sarah und kassierte prompt einen mahnenden Blick ihres Vaters.

»Mir wäre eine Eitrige mit Bugl beim Würstelstand sowieso lieber«, knurrte er und erntete dafür umgehend einen vorwurfsvollen Blick seiner Tochter, den er gekonnt an sich abprallen ließ,

»Wäh, Papa! Du bist so was von grauslich«, rügte Sarah ihn.

David grinste in sich hinein, während der Kellner nach ihren Wünschen fragte.

»Für mich nix«, sagte Sarah.

»Wir sind schon am Sprung«, fügte David hinzu.

»Schreiben Sie die Getränke auf mein Zimmer.« Bergmann nannte dem Kellner seine Zimmernummer.

Sandra wartete, bis der Angestellte außer Hörweite war. »Ich esse überhaupt kein *Zeug*«, stellte sie klar und erklärte Sarah in aller Kürze, warum sie möglichst frische Lebensmittel aus der Region bevorzugte. Immerhin gehörte das Mädel der *Fridays for Future*-Bewegung an, die von den Älteren mehr Umweltbewusstsein einforderte. Demnach musste sie doch wissen, dass die Ernährung einen wesentlichen Beitrag zum Klima leistet.

Sarah blickte gelangweilt auf ihre Fingernägel, die in unterschiedlichen Farben lackiert waren. »Weiß ich eh. Aber man kann ja mal eine Ausnahme machen.«

»Ja, das kann man. Ab und zu habe ich auch nichts gegen exotisches Essen einzuwenden. Es sollte halt mit guten, am besten biologischen Produkten frisch zubereitet werden.« Während Sandra ihren Bio-Gin Tonic austrank, unterschrieb Bergmann die Getränkerechnung, die ihm der Kellner vorlegte.

»Bei unserem Inder wird eh alles frisch gekocht«, versicherte ihr Sarah. »Und es gibt urgute vegane Gerichte.«

Bergmann rollte mit den Augen.

Wenigstens hatte Sarah nicht »lecker« gesagt, dachte Sandra, die den deutschen Ausdruck, der längst auch in Österreich für alles und jedes verwendet wurde, niemals in den Mund genommen hätte. Immerhin gab es hierzulande so viele Ausdrücke, die nicht in Vergessenheit geraten sollten. Von g'schmackig über delikat bis hin zu vorzüglich und etliche mehr. »Bist du jetzt Veganerin?«, erkundigte sie sich. Bei einer Minderjährigen hielt sich ihre Begeisterung für streng pflanzliche Ernährung in Grenzen. Es sei denn, die fehlenden Nährstoffe wurden ausreichend ergänzt.

»Leider nein«, bedauerte Sarah. »Das erlaubt mir meine Mama nicht.«

»Und dein Papa erlaubt es dir auch nicht«, meldete sich Bergmann zu Wort. »Veganerin kannst du auch noch mit

18 werden, wenn du bis dahin nicht zur Vernunft gekommen bist.«

»Vegan ist urvernünftig, Papa. Allein die Rinder, die …«

»Spar dir deine Predigt«, unterbrach Bergmann seine Tochter. »Sie ändert ganz bestimmt nichts an meiner Meinung.«

»Oida, du checkst es voll nicht.« Sarah verdrehte dramatisch ihre Augen.

»Vorsicht, Fräulein«, warnte ihr Vater sie.

»Fräulein gibt's schon lang keines mehr. Außerdem werde ich erst in drei Jahren 18«, beschwerte sich Sarah.

»In zwei Jahren und neun Monaten, um genau zu sein«, entgegnete Bergmann gelassen.

»Du hast mir aber versprochen, dass ich heute vegan essen darf«, lamentierte Sarah weiter.

Bergmann blies Luft aus. »Ja eh. Heute darfst du. Ausnahmsweise.«

»Dir würde vegan auch nicht schaden.« Sarah stierte auf die Leibesmitte ihres Vaters. »Du hast schon wieder zugenommen, gell ja?«

Bergmann zog sein Bäuchlein ein und blickte an sich herab. »Wo denn?«

Sandra musste schmunzeln. Die 15-Jährige war so vorlaut wie eh und je. Trotz ihrer weiblichen Rundungen und einer Körpergröße, die bis auf drei, vier Zentimeter an Sandras 1,70 Meter heranreichte.

»Wenn ihr dann mit eurer Ernährungsdiskussion fertig seid's, könnten wir endlich gehen und was einschneiden«, schlug David vor. »Ich bin am Verhungern.«

Sarah sprang vom Sessel auf und griff nach ihrem Mantel, ehe es sich ihr Vater womöglich anders überlegte und sie zum Würstelstand schleppte.

Die drei Erwachsenen erhoben sich und schlüpften in ihre Jacken.

Sarah hakte sich bei David unter. »Gemma, Dave!« Sie zog ihren großen Bruder, der er aus biologischer Sicht gar nicht war, in Richtung Ausgang.

Bergmann sah seiner Tochter kopfschüttelnd nach.

»Irgendwann geht die Pubertät auch wieder vorbei«, versprach Sandra ihm.

Geräuschvoll entwich die Luft zwischen seinen Lippen. »Hoffentlich bald.«

»Gemma, Sascha!«, echote Sandra und folgte den beiden jungen Leuten aus dem Hotel.

KAPITEL 6

Freitag, 8. Jänner
Wien

1.

Die Alarmtöne holten Sandra unsanft aus dem Tiefschlaf. Sie tastete auf dem Nachtkästchen nach ihrem Handy, stellte den Alarm ab und beschloss, noch zwei Minuten liegen zu bleiben. So gut ihr das scharf gewürzte Okraschoten-Curry mit Naan gestern geschmeckt hatte, so schlecht hatte sie es vertragen. Trotz der ruhigen Lage ihres Hotelzimmers hatte sie stundenlang nicht einschlafen können.

Vielleicht hätte sie Bergmanns Angebot, nach dem Abendessen noch einen Verdauungs-Gin in der Lounge-Bar mit ihm zu trinken, besser annehmen sollen. Stattdessen dachte sie die halbe Nacht über den Mordfall nach, über Lilli und Luise Lex, deren Freunde und Feinde. Ein widersprüchliches Detail kam ihr plötzlich in den Sinn, das sie morgen mit Bergmann besprechen wollte. Warum war ihr das nicht längst aufgefallen? Irgendwann schlief sie über ihren Gedanken ein, die sich fortwährend im Kreis drehten, und wachte beim Weckruf wie gerädert auf.

Was ihr in diesem Zimmer fehlte, waren Teebeutel und ein Wasserkocher, damit sie ungestört zu sich kommen konnte. Ohne fremde, lärmende Leute beim Frühstück. Ein letztes Mal reckte und streckte sie sich gähnend in ihrem Bett durch, das breit genug für zwei war. Im dunklen Zimmer rappelte sie sich auf, schob den Vorhang beiseite, sodass ein wenig Licht hereinfiel. Ihr Blick wanderte von den silberfarbenen Kugeln im Innenhof zum Himmel, von dem nur ein graues Trapez zu sehen war.

Erst im Badezimmer schaltete sie das Licht ein und beeilte sich mit ihrer Morgentoilette.

20 Minuten später fand sie Bergmann, wo sie ihn vermutet hatte. An einem der kleineren Fenstertische im halb besetzten Frühstücksraum. Ganz bestimmt war das nicht seine erste Tasse Kaffee, die er an diesem Morgen trank. Bis auf einige Brotkrümeln und Eierspuren war sein Teller leergeputzt.

»Ich hab' schon geglaubt, dass du verschlafen hast«, meinte er grußlos.

Sandra schüttelte den Kopf, legte ihr Handy und die Zimmerkarte auf den Tisch. »Guten Morgen. Ich trink nur schnell einen Tee, dann können wir gleich aufbrechen.«

Bergmann sah auf sein Smartphone. »Du hast genau 15 Minuten ab jetzt.« Er sprang von seinem Sessel auf.

Womöglich war der notorische Frühaufsteher heute schon im nahen Burggarten laufen gewesen, was er gestern angedeutet hatte. »Warte doch einen Augenblick«, wollte sie ihn aufhalten. »Mir ist heute Nacht etwas in den Sinn gekommen.«

»Erzähl es mir später im Auto. Wir treffen uns dann in der Lobby.« Und fort war der Chefinspektor.

Sandra unterdrückte ein Gähnen und wandte sich dem Buffet zu. Sie wählte einen Ingwer-Zitronentee aus, hängte den Teebeutel in ein Häferl, das sie anschließend mit heißem Wasser befüllte. Ihren Frühstückstee konnte sie genauso gut am Zimmer trinken, beschloss sie und nahm sich eine Banane vom Buffet mit. Außerdem wollte sie noch mit Lilli Lex telefonieren.

2.

Bergmann lotste Sandra von der Garage auf die Zweierlinie, dann weiter stadtauswärts. Das Verkehrsaufkommen hatte sie sich in der Großstadt weitaus schlimmer vorgestellt. Wobei die meisten Fahrzeuge in Richtung Zentrum fuhren, während sie den westlichen Stadtrand ansteuerten. Einzig die Straßenbahn auf dem Schleichweg des Chefinspektors war lästig. Schon wieder bremste sie sich vor einer Haltestelle ein. Mit den Fingern aufs Lenkrad trommelnd, sah Sandra den Leuten beim Ein- und Aussteigen zu. Ob jung oder alt, die meisten waren in gedeckte oder dunkle Farben gekleidet, als wollten sie in der grauen Stadt bloß nicht auffallen. Einige trugen Mundnasenschutz, obwohl er nicht mehr vorgeschrieben war.

»Wolltest du mir vorhin nicht etwas erzählen?«, riss Bergmann sie aus ihren Beobachtungen.

Die Straßenbahn rollte wieder an.

Sandra stieg aufs Gaspedal. »Wahrscheinlich hat es nichts zu bedeuten«, sagte sie.

»Und wenn doch?« Bergmann streckte sich durch und gähnte.

»Mir ist gestern aufgefallen, dass Lilli Lex spontan zu einer kokosbestreuten Schwedenbombe gegriffen hat.«

Bergmann runzelte die Stirn. »Na und? Ich auch.«

»Isst du auch die andere Sorte, ohne Kokos?«

»Wenn ich es mir aussuchen kann, nicht.«

Sandra folgte der Straßenbahn. »Eben. Ich hingegen esse ausschließlich die mit Schokoladenglasur ohne Kokosstreusel.« Konzentriert überquerte sie die Kreuzung am Inneren Gürtel. Die Tramway hielt auf der linken Seite der Verkehrsinsel an, um erneut einige Fahrgäste aussteigen zu lassen und neue aufzunehmen.

Sandra fuhr rechts an der Insel vorbei, als hinter ihr gehupt wurde. Der nachfolgende Autofahrer mit Wiener Kennzeichen klebte förmlich an ihrem Heck. Anscheinend hatte er es besonders eilig. Die Ampel blinkte grün, als sie den Äußeren Gürtel überquerte. Der BMW hinter ihr bog nach links ab und verschwand aus ihrem Rückspiegel, während Sandra geradeaus weiterfuhr. Sie schimpfte dem Fahrer hinterher, als hätte dieser sie hören können.

»Was willst du damit sagen, Sandra?«, fragte Bergmann nach.

»Na was schon? Dass ihr total rücksichtslos seid«, schnauzte sie ihren Beifahrer an.

Bergmann hob die linke Augenbraue. »Ihr, die ihr zu Schwedenbomben mit Kokosstreuseln greift?«

Sandra musste lachen. »Eigentlich hab' ich die unfreundlichen Wiener gemeint. Aber egal, zurück zu den Schwedenbomben. Lilli Lex hat sich, ohne nachzudenken, eine mit Kokos genommen, die ihre Schwester bevorzugt hat, obwohl sie selbst laut ihrem Ex-Freund immer die andere Sorte gewählt hat.«

Bergmann kratzte sich am unrasierten Kinn. »Steht das so im Protokoll?«

»Nein, das hab' ich mir so gemerkt.«

Bergmann überlegte. »Willst du damit sagen, dass Lilli Lex gar nicht Lilli, sondern Luise Lex ist?«, vollzog er ihren Gedankengang nach.

»Es wäre doch möglich, dass Luise nach dem Tod ihrer Schwester deren Identität angenommen hat.«

»Warum, in Dreiteufelsnamen, sollte sie das tun?«

»Ich weiß es nicht. Könnte es mit dem Kind zu tun haben, das ihre Schwester erwartet hat? Was meinst du?«

»Du musst die linke Spur nehmen, um geradeaus weiterzufahren.«

Sandra blickte in den Rückspiegel, setzte den Blinker und wechselte die Spur.

»Lilli Lex hat auf mich ehrlich schockiert gewirkt, als wir sie gestern mit der Schwangerschaft ihrer Schwester konfrontiert haben«, sagte Bergmann. »Das kann also kaum der Grund für einen Identitätstausch gewesen sein.«

Sandra musste ihm zustimmen.

»Außerdem würde das doch jemandem auffallen«, fuhr er fort.

»Wegen der Haarfarbe? Die lässt sich rasch ändern.«

»Die Organe aber nicht. Luise Lex hat ihrer Schwester eine Niere gespendet. Lillis Ex-Mann hat uns ungefragt bestätigt, dass Luise damals die Spenderin und Lilli die Empfängerin war. Das stimmt mit dem Obduktionsbefund überein.«

»Und wenn Otto Sulzbacher gelogen hat und es genau umgekehrt war?«

»Dann müssten er und die überlebende Lex-Schwester unter einer Decke stecken.« Einmal mehr fuhr sich Bergmann über die Bartstoppeln. »Dann wäre nicht Luise, sondern Lilli Lex schwanger gewesen.«

»Und Fabian Köberl wäre der mutmaßliche Vater des Kindes.«

»Hätte er uns das verschwiegen?«

»Vielleicht weiß er nichts von der Schwangerschaft. Oder er hat sie deshalb getötet.«

Bergmann brummte ungläubig.

»Ich habe vorhin im Hotel mit Lilli Lex telefoniert«, fuhr Sandra fort.

»Hast du sie gefragt, ob sie vorgibt, ihre Schwester zu sein?«

Sandra verneinte. »Ich bin mit ihr die Namen auf der Anrufliste ihrer Schwester durchgegangen. Miriam ist noch dabei, die Männer alle durchzurufen und nach ihrem Verhältnis zu Luise Lex zu befragen. Außerdem nach ihren Alibis.«

»Habt ihr denn überprüft, ob es das Handy von Luise Lex war, das im Haus verbrannt ist?«

»Ja, natürlich. Es war auf die Firma angemeldet, wurde aber ausschließlich von Luise Lex verwendet«, bestätigte Sandra.

»Lilli Lex' Handy ist intakt und hat eine andere Nummer.«

»Die Handys könnten vor dem Brand absichtlich ausgetauscht worden sein.«

Bergmann zuckte mit den Achseln. »Was hat Lilli Lex denn zu den Anrufern gesagt? Ist jemand dabei, der ihre Schwester geschwängert haben könnte?«

»Sie kann sich nicht vorstellen, dass sie mit einem dieser Männer eine Affäre hatte. Angeblich waren das lauter geschäftliche Kontakte.«

»Das eine schließt das andere ja nicht aus.« Bergmann grinste Sandra vielsagend an.

Entweder spielte er auf Paul Stadler vom Raubdezernat an, mit dem Sandra eine Weile liiert gewesen war. Oder auf Miriam, die mit Stefan verheiratet war. Oder aber er meinte sein früheres Pantscherl mit der Gerichtsmedizinerin.

»Ich denke, du siehst schon wieder Gespenster, Sandra.«

»Ich hab' noch nie in meinem Leben ein Gespenst gesehen«, widersprach sie ihm.

»Ist es nicht viel wahrscheinlicher, dass Lilli Lex beide Schwedenbombensorten mag und mal diese, mal jene isst?«

Sandra zuckte mit den Achseln, den Blick auf die Abzweigung vor ihnen gerichtet. »Soll ich links oder rechts fahren?«

»Links am Ottakringer Friedhof vorbei auf den Berg hinauf.«

»Du meinst den Hügel da?«, fragte Sandra.

»Er heißt Gallitzin*berg*.« Bergmann betonte die letzte Silbe.

Sandra folgte der Linkskurve, bemüht, die Tempobeschränkung von 30 Stundenkilometern nicht zu überschreiten.

Links oder rechts. Lilli oder Luise. Schokolade oder Kokos.

»Ich kenne niemanden, der beide Schwedenbombensorten gleich gern mag«, sagte sie. Dasselbe galt für den Eislutscher mit zwei Stielen, den sie sich früher immer mit ihrem jüngeren Halbbruder hatte teilen müssen. Jedes Mal stritten sie sich um die grüne Hälfte. Und Sandra musste sich meistens mit der orangen begnügen.

»Was, wenn Lilli Lex ihrer Schwester zuliebe auf die Kokosstreusel verzichtet und deshalb immer die andere Sorte gegessen hat?«, fragte Bergmann. »Laut Zeugenaussagen war sie doch diejenige, die meistens zurückgesteckt oder eingelenkt hat.«

»Das könnte sein«, räumte Sandra ein. Diese Möglichkeit war ihr nachts ebenfalls durch den Kopf gegangen. »Und nun, da Lilli die freie Wahl hat, kann sie ihre Vorliebe für Kokos endlich ausleben.«

»Na, wenn das kein Mordmotiv ist«, witzelte Bergmann.

Bei Tageslicht betrachtet, kam Sandra ein Identitätstausch der Zwillinge ebenfalls absurd vor. Welchen triftigen Grund sollte es dafür geben? In schlaflosen Nachtstunden kam sie öfter ins Grübeln, und die Fantasie ging mit ihr durch. Damit war sie nicht allein. Das weit verbreitete Phänomen hatte biologische Ursachen, wusste sie. Zwischen 3 und 4 Uhr morgens schüttete der Körper verstärkt Melatonin aus. Dieses Hormon versetzte den Organismus in den Ruhemodus und sorgte für Erholung im Schlaf. Im Wachzustand trübte es jedoch die Stimmung, ließ die Gedanken kreisen und kleine Sorgen zu scheinbar unlösbaren Problemen anwachsen. Später am Morgen war alles nur mehr halb so schlimm. Wenn überhaupt.

»Fahr langsamer, Sandra. Wir sind gleich da.«

Sandra nahm Gas zurück. In ihrem Rückspiegel war diesmal niemand zu sehen, der sie anhupen oder drängeln konnte.

»Dort vorne rechts.« Bergmann zeigte auf ein zweistöckiges Gebäude mit Wintergarten und spitzem Vordach.

Sandra bremste sich ein. Das Einfahrtstor zum Parkplatz hinter dem kleinen Hotel stand offen. Die Fahrt hierher hatte keine halbe Stunde gedauert, stellte sie fest und den Motor ab. »Wir sind 19 Minuten zu früh dran.«

»Dann rufe ich jetzt in der Gerichtsmedizin an. Falls die Leiche der verstorbenen Lex-Schwester noch nicht von der Bestattung abgeholt worden ist, sollen sie den Zahnstatus mit dem von Luise Lex über ihren Zahnarzt abgleichen.«

Der Zahnstatus war – anders als die identische DNA von eineiigen Zwillingen – einzigartig wie die Fingerabdrücke, die bei Brandleichen wie dieser jedoch nicht mehr brauchbar waren. Ebenso wenig ließ sich nachvollziehen, welche der beiden Schwestern eine Niere gespendet, welche sie empfangen hatte. Zwar wurden auch Lebendspenden bei *Eurotransplant* registriert, allerdings waren alle anonymisiert, daher nicht zuordenbar. Und die Ärzte folgten selbst vor der Polizei ihrer Schweigepflicht, sofern kein Menschenleben akut gefährdet war.

»Passt«, meinte Bergmann, nachdem er aufgelegt hatte. Die Leiche lag noch im Gerichtsmedizinischen Institut in Graz. »Und jetzt lass uns noch ein bisschen die Beine vertreten«, schlug er vor.

Dagegen hatte Sandra nichts einzuwenden. Dem Wagen entstiegen, stellte sie fest, dass der Wind hier oben um einiges frischer wehte als im dicht bebauten Stadtzentrum. Von Abgasen war hier nichts mehr zu riechen. Sie schloss ihre Jacke und atmete tief durch, während sie zur

Straße gingen, von der sie gekommen waren. Vor dem Hoteleingang blieb sie stehen und blickte talwärts. »Was für ein grandioser Ausblick!«, bemerkte sie, während ihr der Wind die Haare zerzauste. Die große graue Stadt lag ihnen zu Füßen. Zumindest einen kleinen Teil davon konnte sie von hier aus überblicken. Auch der Stephansdom war zu sehen.

»Lass uns ein Stück weiter hinauf bis zur Feuerwehrwache spazieren«, schlug Bergmann vor.

Sandra folgte ihm auf die andere Straßenseite. Hinter der Schrebergartensiedlung ragte ein Schlot in die Höhe. »Was ist das dort hinten?«

»Die Müllverbrennungsanlage am Flötzersteig. Daneben ist die Baumgartner Höhe mit den Steinhofgründen.«

Sandra zog ihre Handschuhe an. »Steinhof? Die Nervenheilanstalt mit der düsteren Geschichte?«

Bergmann nickte. »Düster ist schwer untertrieben. Während des Nazi-Regimes wurde ein Großteil der Patienten der Psychiatrischen Anstalt am Steinhof in Tötungsstationen deportiert und dort ermordet, um Platz für die sogenannte *Jugendfürsorgeanstalt am Spiegelgrund* zu schaffen. In die Pavillons zogen behinderte und verhaltensauffällige Kinder und Jugendliche ein. Etliche von ihnen wurden absichtlich mit Tuberkulose infiziert, um sie als Versuchskaninchen für die Wirksamkeit von Impfstoffen zu missbrauchen. Andere starben bei klinischen Untersuchungen und Behandlungen, durch Folter oder Vernachlässigung. Viele wurden mit Schlafmitteln getötet oder verhungerten schlichtweg. Ihre Gehirne und Rückenmarkstränge wurden entnommen und zu Forschungszwecken aufbewahrt.«

»Wahnsinn«, meinte Sandra bestürzt. Etwas anderes fiel ihr dazu nicht ein. Schweigend trotteten sie nebeneinander her, an einer Reihe von Schrebergärten vorbei. Jedes Häuschen ein Unikat. Die jüngsten Bauten erinnerten sie an die Bauklötze ihres Halbbruders, mit denen er oft wütend um sich geschmissen und sie etliche Male getroffen hatte.

»Eigentlich sollte das historische Otto-Wagner-Areal mit dem Spital, seinen Pavillons, der Kirche und dem Jugendstiltheater als Weltkulturerbe geschützt werden«, erzählte Bergmann weiter. »Stattdessen hat man zuletzt im Osten des Areals grottenhässliche Wohnbauten errichtet. An die 100 uralte Bäume mussten den Baggern weichen. Dabei wäre alles noch viel schlimmer gekommen, hätte nicht die Bürgerinitiative jahrelang dagegengehalten. Nur ihrem Widerstand ist es zu verdanken, dass die ursprünglich weitaus umfangreicheren Pläne der gemeindeeigenen Baugesellschaft abgespeckt wurden. Immerhin sollen die jetzt die Jugendstilanlage des Otto-Wagner-Spitals und die Steinhofgründe erhalten und öffentlich zugänglich bleiben. Ein Teil davon als Universität mit Universitätscampus und Studentenwohnungen.«

»Wie kommt man überhaupt auf die Idee, ein solches Juwel zerstören zu wollen?«

»Aus Gemeinnützigkeit«, meinte Bergmann

»Ach … wie am Grundlsee?« Otto Sulzbacher hatte gestern unter anderem auch dieses Argument vorgebracht.

»In Wien stehen Tausende Wohnungen leer, die als Anlageobjekte gehortet werden, was die Wohnungspreise weiter in die Höhe treibt. Anstatt die Steuervorteile für Vorsorgewohnungen abzuschaffen und den vorhandenen Wohnraum als solchen zu nutzen, wird munter weiter gebaut. Immer mehr Grünflächen werden versiegelt. Im Fall von Steinhof, um leistbare Gemeindewohnungen zu errichten. Ein Viertel davon soll für betreubares Wohnen zur Verfügung stehen.«

»Gemeinnützigkeit rechtfertigt also Umweltzerstörung«, sagte Sandra. »Als wäre die Natur nicht von allgemeinem Nutzen und damit schützenswert. Waren denn nicht auch die Grünen in der Wiener Stadtregierung, als dieses Steinhof-Projekt beschlossen und umgesetzt wurde?«

Bergmann nickte. »Zehn Jahre lang. Und? Außer mehr oder weniger brauchbaren Maßnahmen, um den Autoverkehr in der Stadt lahmzulegen, ist nicht viel von ihnen gekommen. Oh doch, fast hätte ich es vergessen, ein Swimmingpool mitten am Gürtel als nicht minder fragwürdiges Vorzeigeprojekt.«

»Wien ist anders«, erinnerte sich Sandra an den Slogan auf den Plakaten an den Wiener Stadteinfahrten. Bestimmt hatten ihn die Werber anders gemeint, als ihn die Kritiker der Bundeshauptstadt verstanden, die meist aus den Bundesländern kamen. »Woher weißt du eigentlich so viel über die Steinhofgründe?«, fragte sie. Wien war schon lange nicht mehr der Lebensmittelpunkt des Chefinspektors. Und Umweltschutz zählte auch nicht zu seinen bevorzugten Themen. Als sich seine Tochter damals der FFF-Bewegung angeschlossen hatte, waren sie ständig aneinandergeraten.

»Sarah und ihre Mutter haben sich für die Erhaltung des Otto-Wagner-Areals und der Steinhofgründe eingesetzt«, antwortete Bergmann. »Sie haben Unterschriften gesammelt und was weiß ich noch alles getan, damit dieser Platz als Weltkulturerbe und der alte Baumbestand erhalten bleiben. Sie wohnen ganz in der Nähe am Wilhelminenberg.«

Sandra stemmte sich gegen eine Windböe, während sie weiter bergauf gingen. Nur gut, dass sich der Friseur später noch um ihre Haare kümmern würde. »Ist eine schöne Wohngegend«, stellte sie fest. Solange sie nicht völlig verbaut wurde.

»Ein bisschen weit weg vom Schuss. Die U-Bahn fährt nur bis Ottakring.«

Dafür fuhr gerade ein Autobus der Wiener Linien an ihnen vorbei und blieb an der nahen Station stehen. Wie ein E-Bus schaute er nicht aus. Und roch auch nicht danach. »Sag bloß, du fährst in Wien mit den Öffis«, sagte Sandra. In Graz stieg er weder in den Bus noch in die Bim ein. Lieber ließ er sich von ihr herumkutschieren. Privat ging er zu Fuß, fuhr mit dem Fahrrad oder mit dem Taxi, wusste sie. Allerdings waren die Entfernungen, die man in der Landeshauptstadt zurücklegen musste, um von A nach B zu gelangen, deutlich kürzer als in der flächenmäßig über dreimal so großen Bundeshauptstadt, die rund zwei Millionen Einwohner zählte.

»Sarah jammert immer über den stinkenden Bus, mit dem sie zur Schule fahren muss.« Bergmann wies mit dem Kinn auf den Autobus, der gerade aus der Station fuhr.

»Gibt es denn keine Öko-Busse in Wien, die mit Strom oder Wasserstoff angetrieben werden?«, fragte Sandra.

»Meines Wissens gibt es bislang nur einige wenige E-Busse in der City«, sagte Bergmann.

Bei der Feuerwache angekommen, machte er kehrt. »Lass uns zurück zum Hotel gehen«, schlug er vor.

Auf Franz Grimm war Sandra schon gespannt.

3.

An der Hotelrezeption erkundigte sich Sandra nach Franz Grimm.

»Zimmernummer?«, fragte die matronenhafte Frau hinter dem Tresen, die nur die Chefin des Hauses sein konnte.

»Die weiß ich leider nicht. Sandra Mohr mein Name …«

»Wir sind mit Herrn Grimm verabredet«, fiel ihr Bergmann ins Wort, ehe sie »LKA Steiermark« aussprechen konnte.

Sandra ließ ihren Polizeiausweis stecken.

Die Hotelière versuchte vergeblich, den Gast telefonisch in seinem Zimmer zu erreichen. Nachdem sie aufgelegt hatte, warf sie einen Blick auf die Uhr. »Schau'n S' doch mal im Wintergarten nach«, riet sie den Besuchern. »Die Frühstückszeit ist zwar schon vorbei, aber vielleicht sitzt der Herr ja noch bei Tisch.«

Wenn nicht, konnte sie ihn noch immer am Handy anrufen, überlegte Sandra.

Den vorderen Bereich des Wintergartens hatte ein junges Ehepaar mit zwei Kleinkindern in Beschlag genommen, die in einer Fremdsprache quengelten. Schwedisch, vermutete Sandra, als die Mutter auf den Buben einredete, der um einen leeren Tisch herumdüste. Auf alle Fälle klangen ihre Worte nach einer skandinavischen Sprache, nur nicht nach Finnisch.

Der hinterste Tisch war von einem Paar besetzt. Gertrude Grimm, diesmal im senfgelben Pulli zur grauen Glencheck-Hose, schaute dem lauten Treiben der kleinen Rabauken schmallippig zu. Die Halbglatze ihr gegenüber wandte ihnen den Rücken zu und musste demnach Franz Grimm gehören. Gertrude Grimm lehnte sich nach vorne, als sie die Ermittler kommen sah. Was sie zu ihrem Mann sagte, ging im Geschrei der Kinder unter.

»Guten Morgen«, grüßte Sandra, als sie den Tisch erreichten.

Bergmann begnügte sich mit einem formlosen Nicken.

Gertrude Grimm grüßte zurück, während sich ihr Mann den Mund mit der Serviette abwischte und diese auf den Tisch pfefferte.

Sandra blickte in zwei stechend blaugrüne Augen, die sie skeptisch musterten. Makrelenaugen kamen ihr in den Sinn. Über den dünnen, blassen Lippen des Mannes wuchs ein ergrauender Schnauzer. Zu seinen Jeans trug er ein kariertes Hemd, darüber eine dunkelgraue Strickweste. Sie schätzte ihn 15 bis 20 Jahre älter als seine Frau.

Weder machte Grimm Anstalten, sich zu erheben, noch bot er den Ermittlern Platz an. Immerhin rang er sich aber doch noch ein knappes »Morgen« ab.

»Wollen wir uns hier unterhalten, Herr Grimm? Oder lieber woanders?«, sprach Sandra ihn freundlich an. Wenngleich sie bezweifelte, dass sie den alten Grantscherm mit Charme oder guter Laune für sich einnehmen konnte.

»Woanders! Hier versteht man ja sein eigenes Wort nicht!«, beschwerte er sich lautstark.

Noch lauter als er kreischte jetzt eines der Kinder, dessen schrille Stimme durch Mark und Bein ging. Pippi Langstrumpfs Nachfahren waren offenbar nicht zu bändigen.

Auch Bergmann zuckte gequält zusammen, sagte jedoch nichts.

Dafür reichte es Franz Grimm. Erbost wandte er sich um und herrschte die Familie an. »Aus jetzt! Wir sind doch hier nicht bei den Hottentotten!«

Sandra stellte es die Nackenhaare auf. Nach der Geschichte der Kinder vom Spiegelgrund reagierte sie umso empfindlicher auf sein aggressives Verhalten. »Herr Grimm, bitte. Das sind kleine Kinder«, versuchte sie, ihn einzubremsen.

»Das sind keine Kinder, das sind Rotzpipn. Die sollen gefälligst daheim bleiben, wenn sie sich nicht benehmen können«, empörte sich Rumpelstilzchen.

Selbst wenn die Leute kein Deutsch verstanden, machte sein Tonfall, vor allem aber die beachtliche Lautstärke unmissverständlich klar, dass mit diesem Mann nicht gut Kirschen essen war.

»Herr Grimm, mäßigen Sie sich«, meldete sich Bergmann zu Wort.

»Man muss den Kindern doch Grenzen setzen«, gab seine Frau ihren pädagogischen Senf dazu.

Die junge Mutter sah peinlich berührt weg, bemüht, ihren Sohn zu beruhigen. Das Mädchen im Hochstuhl weinte. Vor Schreck hatte es seinen Schnabelbecher fallen lassen, nach dem sich der vollbärtige Vater nun bückte. Er drückte seiner Tochter den Becher in die Hand, sagte etwas zu seiner Frau, während er das Mädchen aus dem Hochstuhl hob. Die Mutter fing den tobenden Buben ein und zerrte ihn an der Hand aus dem Wintergarten.

Die Kinderstimmen entfernten sich allmählich. Es kehrte Ruhe ein. Nicht nur die Grimms atmeten erleichtert auf.

Dennoch fand Sandra die Reaktion des Mannes reichlich überzogen. Seine drei Söhne taten ihr von Herzen leid.

Nach diesem Auftritt musste sie doch annehmen, dass im Hause Grimm Zucht und Ordnung herrschte. Lilli Lex hatte mit der Beschreibung ihres ehemaligen Arbeitgebers offenbar nicht übertrieben. »Wollen wir uns an einen anderen Tisch setzen?«, schlug sie vor. Außer dem unaufgeräumten Frühstückstisch der Grimms und dem Schlachtfeld, das die Familie hinterlassen hatte, waren alle Tische abgeräumt, oder die Gedecke waren unberührt. Um diese Uhrzeit wurde bestimmt kein Frühstücksgast mehr erwartet. Kaum hatte Sandra ihre Frage ausgesprochen, betrat die Kellnerin den Wintergarten.

Gertrude Grimm winkte sie zu sich, damit sie das schmutzige Geschirr abräumte.

Bergmann bestellte einen Espresso, Sandra einen Kräutertee. Die Grimms wollten nichts mehr. Außer ihrer Ruhe. Doch die gönnten ihnen die Ermittler nicht.

Sandra erkundigte sich fürs Protokoll, wo sich Franz Grimm in den Abend- und Nachtstunden des 1. beziehungsweise 2. Jänners aufgehalten hatte. Wie nicht anders erwartet, wiederholte er die frühere Aussage seiner Frau und bestätigte damit ihr gemeinsames Alibi.

»Sie haben uns letztens gar nichts von dem Gerichtsprozess erzählt, den Ihr Mann gegen Luise Lex seinerzeit verloren hat. Darf ich Sie fragen, warum Sie uns das verschwiegen haben?«, sprach Sandra Gertrude Grimm an.

Verunsichert suchte die Frau den Blick ihres Mannes.

»Geh dich fertigmachen, Gerti. Ich red allein mit der Polizei«, antwortete ihr Mann.

»Aber …«

»Nix aber«, würgte Grimm den Protestversuch seiner Frau ab. »Das wird hier nicht lang dauern. Ich komm dann gleich nach.«

»Moment, Herr Grimm«, schritt Bergmann ein. »So geht das nicht. Frau Mohr hat Ihrer Frau eine Frage gestellt, also lassen Sie sie gefälligst selber antworten.« Der Chefinspektor hielt dem Makrelenblick stand.

»Na ja, dieser Prozess ist doch schon ewig her«, druckste Gertrude Grimm herum. »Außerdem haben Sie mich nicht danach gefragt.«

Bergmanns Augenbraue wanderte nach oben. Ehe er etwas antworten konnte, kehrte die Kellnerin mit ihren Getränken zurück. Gertrude Grimm nutzte die Gelegenheit, um sich aus dem Staub zu machen.

»Gut, Herr Grimm. Dann klären Sie uns jetzt bitte darüber auf, was damals vorgefallen ist.« Auch Bergmann konnte mit Blicken sprichwörtlich töten, wenn er es darauf anlegte.

»Was interessiert Sie überhaupt an dieser alten Geschichte?«

»Reden Sie schon, Herr Grimm«, blieb der Chefinspektor beharrlich.

»Oder was?« Franz Grimm biss dermaßen fest die Zähne zusammen, dass seine Kaumuskulatur hervortrat.

»Oder wir laden Sie offiziell nach Graz vor. Am besten erzählen Sie uns alles. Jetzt gleich. Die ganze Geschichte von vorne bis hinten. Hatten Sie eine Affäre mit Luise Lex? Haben Sie Ihre Frau deshalb auf Ihr Zimmer geschickt?«

»Wie kommen Sie darauf? Nein!«, blaffte er. »Die Lex-Schwestern waren nach ihrer Ausbildung bei mir im Unternehmen beschäftigt. Die Lilli in der Produktion, die Luise im Büro. Als meine Assistentin hat das hinterfotzige Luder auch mitbekommen, dass ich mit dem alten Grill um seine Trachtenmanufaktur verhandle. Ausspioniert hat sie mich und mir dann das Geschäft vermasselt«, erzählte er und berichtete weiter von der Klage, die ihn damals beinahe in die Insolvenz getrieben hätte.

»Und mit der Trachtenschau am Steirerball hat sie Ihnen schon wieder eins ausgewischt«, setzte Bergmann nach.

Grimm nickte zähneknirschend.

»Musste Luise Lex deswegen sterben?«, fragte der Chefinspektor weiter.

»*Ich* hab' sie ganz bestimmt nicht umgebracht.«

»Umgebracht?«

»Ich bin kein Brandstifter.«

»Sondern?«

»Was soll das? Ich lass' mir von Ihnen doch kein Verbrechen anhängen!« Rumpelstilzchen schnappte nach Luft.

»Sie haben ein Tatmotiv und ein ausgesprochen wackeliges Alibi«, sagte Bergmann.

»Und Sie haben absolut nichts gegen mich in der Hand«, erwiderte Grimm.

Abgesehen von einer mutmaßlichen Morddrohung gegen Luise Lex, die einige Jahre zurücklag.

»Was macht Sie da so sicher?« Bergmann kippte seinen Espresso hinunter.

»Meine Unschuld macht mich sicher.«

»Dann können Sie mir ja getrost ein paar Fragen beantworten. Wann haben Sie Luise Lex zuletzt gesehen und wo?«

Grimm überlegte, während er mit dem Nagel über das Tischtuch kratzte, als müsse er einen unsichtbaren Fleck entfernen.

Sandra stellten sich die Nackenhaare auf. Sie lenkte sich mit einem Schluck von ihrem Kräutertee ab.

»Das muss ein paar Wochen her sein … Ja, es war an einem Adventsamstag. Da hab' ich sie mit ihrer Schwester aus dem Antiquitätengeschäft in Bad Aussee kommen sehen. Die Gerti und ich waren gerade mit unserem Jüngsten unterwegs. Wir haben gleich die Straßenseite gewechselt.«

Sandra kaufte ihm diese Aussage ab. Inzwischen hatte er aufgehört, über das Tischtuch zu kratzen. »Das war dann auch das letzte Mal, dass Sie Lilli Lex gesehen haben?«

»Ja, aber ihren geschiedenen Mann hab' ich heuer schon gesehen«, fuhr er fort.

»Otto Sulzbacher?«

Grimm nickte.

»Wann und wo war das?«

»Am Neujahrstag. Auf der Tankstelle in der Bahnhofstraße.«

»In Aussee?«

Grimm nickte erneut.

»Sind Sie sicher?«

»Ja, freilich bin ich sicher. Ich hab' am Nachmittag einen Freund besucht. Und am Heimweg bin ich zum Tanken stehen geblieben.«

Die Ermittler warfen einander flüchtige Blicke zu, ließen sich ihre Überraschung aber nicht anmerken. Otto Sulzbacher war also am Todestag von Luise Lex in Bad Aussee gewesen. Möglicherweise auch am Grundlsee? Warum hatte er ihnen das verschwiegen, wenn er nicht der gesuchte Mörder und Brandstifter war?

»Ich war grad fertig mit dem Tanken und wollte losfahren. Der Otto ist mit seinem protzigen Porsche angerauscht. An der Zapfsäule neben mir hat er sich eingebremst und ist ausgestiegen.«

»Und weiter?«

»Nix weiter. Er hat telefoniert und sich der Zapfsäule zugewandt. Und ich bin nach Hause gefahren.«

»Wie spät war es da?«

»18 Uhr, vielleicht auch 18.15 Uhr.«

»Haben Sie noch den Beleg von der Tankstelle?«, fragte Bergmann.

Grimm hob seine rechte Gesäßhälfte an, um die Brieftasche aus der Hosentasche zu ziehen. Unter einigen Kassabons fand er den von der Tankstelle und reichte ihn dem Chefinspektor über den Tisch.

Sandra übernahm den Beleg, damit er nicht erst seine Brille hervorkramen musste. »18.13 Uhr«, las sie das Datum und die Uhrzeit laut ab.

Bergmann nickte kaum merklich. Exakt um diese Uhrzeit hatte Otto Sulzbacher mit Luise Lex telefoniert.

Sandra spürte ein Kribbeln im Bauch. Wenn das keine heiße Spur war! Sie fotografierte die Quittung und gab sie dem Besitzer zurück, als die Kellnerin erschien. »Dürfte ich bitte abkassieren? Wir haben Schichtwechsel.«

Bergmann bezahlte ihre Getränke. »Verraten Sie uns noch den Namen Ihres Freundes, den Sie vor dem Tanken besucht haben?«, fragte er, als die Kellnerin außer Hörweite war.

»Muss das sein? Ich mag ihn da nicht mit hineinziehen«, druckste Grimm herum.

»Warum denn so rücksichtsvoll auf einmal? Handelt es sich um eine Freundin?«, hakte Bergmann nach.

Grimm senkte den Blick und kratzte erneut mit dem Fingernagel über das Tischtuch.

»Ihre Frau muss davon nichts erfahren«, sagte Sandra. Hauptsache, er hörte zu kratzen auf.

Tatsächlich hielt der Mann inne und nannte einen Frauennamen, den sie sich notierte. Einige Routinefragen später verabschiedeten sie sich von ihm.

Die Matrone an der Rezeption sprach sie beim Vorbeigehen an. »Was war denn das vorhin für ein Wirbel im Wintergarten?«

»Die Kinder waren ein bisschen laut«, beschwichtigte Bergmann.

Stirnrunzelnd nahm die Frau ihre Brille ab. »Und deshalb plärren Sie so herum?« Sie sah Bergmann vorwurfsvoll an.

»Ich?«, fragte er perplex.

»Entschuldigen Sie bitte«, sagte Sandra. »Sind wir fürs Parken etwas schuldig?«

Die Hotelière schüttelte den Kopf.

Diesmal nahmen sie die beschilderte Hintertür, die direkt zum Parkplatz führte. »Was sagt man dazu?«, meinte Sandra, aufgekratzt über den neuen Hinweis. Damit stand Otto Sulzbacher ganz oben auf ihrer Verdächtigenliste. Sollte das Videoband der Tankstelle inzwischen gelöscht worden sein, würde ihnen ein Bewegungsprofil, erstellt aus seinen Handydaten, Klarheit verschaffen. Sie drückte auf den Funkschlüssel.

»Miststück«, sagte Bergmann.

Damit hatte er wohl kaum Otto Sulzbacher gemeint. War er beleidigt, weil Sandra ihn vor der Hotelchefin nicht verteidigt hatte? Sie stiegen in den Wagen ein.

»Was ist denn los?« Grinsend schnallte sich Sandra an. »Verstehst du jetzt keinen Spaß mehr?«

»Seit wann bist du lustig?«, konterte Bergmann.

Sandra verzog den Mund und startete den Motor. Kaum war sie losgefahren, griff der Chefinspektor zu seinem Handy, um die Staatsanwaltschaft anzurufen.

4.

Sandra blickte in den Badezimmerspiegel, während sie ihre Lippen einige Male aufeinanderpresste, um den Lippenstift gleichmäßig zu verteilen, den sie eben aufgetragen hatte. Ob der Brombeerton nicht doch zu dunkel war? Ein Geräusch ließ sie aufhorchen. Hatte es eben an ihrer Zimmertür geklopft?

Sie schaute auf die Armbanduhr. Für den Steirerball hatte sie ihre antike Jaeger-LeCoultre mitgenommen, die sie nur zu besonderen Anlässen trug. Paul hatte ihr die schlichte goldene Uhr mit dem schwarzen Lederband zu ihrem 35. Geburtstag geschenkt. Von allen Ex-Freunden war er mit Abstand der großzügigste gewesen. Und das war nur eine seiner zahlreichen positiven Charaktereigenschaften, für die sie ihn geliebt hatte. Wären sie sexuell auch nur annähernd kompatibel gewesen, hätte sie ihn wahrscheinlich geheiratet, vielleicht sogar das eine oder andere Kind von ihm bekommen. Aber es hatte eben nicht sein sollen.

Noch einmal hörte sie es klopfen. Diesmal lauter, eindringlicher. In fünf Minuten war sie mit Bergmann in der Lobby verabredet. Konnte er sich nicht so lange gedulden? Oder stand ein Hotelangestellter vor ihrer Zimmertür? Schwungvoll öffnete sie diese. »Ach, du bist es«, sagte Sandra überrascht.

Sarah sah in ihrem rosa geblümten Dirndl entzückend aus. Den Mantel hatte sie über den Arm geworfen. Die langen blonden Haare waren zu einem kunstvollen Zopf geflochten. Auf ihrem Kopf saß ein Kranz aus Stoffblumen in unterschiedlichen Rosatönen. Lilli Lex hätte ihn vermutlich »Headpiece« genannt, fiel Sandra der Fachausdruck wieder ein.

»Darf ich reinkommen?«

»Na klar. Du könntest mir mit meiner Dirndlschürze helfen.« Sandra ließ das Mädchen eintreten. Hübsche Schleifen und ordentliche Mascherln zu binden, lag ihr ebenso wenig wie Zöpfe flechten oder Locken eindrehen. Dafür war sie viel zu ungeduldig, mochte es lieber unkompliziert und praktisch. »Findest du meinen Lippenstift zu dunkel?«

Sarah kniff prüfend ihre kornblumenblauen Augen zusammen. »Die Farbe steht dir urgut.«

Ein solches Kompliment aus dem Mund eines Teenagers zählte doppelt. Oder sogar mehrfach. Dass Sarah keinen Kommentar zu ihrer Frisur abgab, war wohl kein so gutes Zeichen. Aber Sandra hatte sich auch nur die Spitzen schneiden und ihre halblangen Deckhaare an den Schläfen einflechten lassen.

Sarah warf ihren Mantel auf das Bett.

»Vorsicht, meine Schürze! Die verdrückt sich so leicht.«

»Mein Mantel liegt doch eh daneben.«

»Passt schon. Was wolltest du denn von mir?«, erkundigte sich Sandra, während sie sich nach ihren Schuhen umschaute, die vor der Kofferablage standen.

»Nix Bestimmtes. Der Papa hat schon wieder urgenervt. Drum bin ich zu dir geflohen.«

»Ach so. Glaub mir, niemand versteht das besser als ich.« Sandra zwinkerte dem Mädchen zu, ohne sich nach dem genauen Grund für die Verstimmung zu erkundigen. Stattdessen stieg sie in ihre Sämischlederschuhe, die Sarah kritisch beäugte, jedoch ebenso wenig kommentierte wie ihre Frisur. Wahrscheinlich fand sie die klassischen Pumps urspießig. Aber das war Sandra wiederum egal. »Hilfst du mir beim Binden?«, wiederholte sie ihre Bitte und griff nach ihrer Seidenschürze. »Die ist so rutschig. Und ich bin nicht besonders geschickt in solchen Dingen.«

»Links oder rechts?«, fragte Sarah.

Schokolade oder Kokos. Lilli oder Luise, fiel Sandra spontan der aktuelle Mordfall wieder ein. Sie legte ihre Schürze an und schlang die Bänder um ihre Taille nach vorne. »Steirerinnen binden die Dirndlschürzen traditionell hinten. Zumindest war das früher so üblich. Heutzutage gilt das wohl nur mehr für Witwen. Wohingegen vorne gebundene Schürzen für die Jungfernschaft der Trägerinnen sprechen.« Dementsprechend selten wurde diese Variante getragen. Auf Sarah schien sie wenigstens noch zuzutreffen.

»Also, wie jetzt?«, urgierte Sarah eine Entscheidung und nahm ihr die Bänder aus den Händen.

»Links. Ich bin ja noch zu haben.« Sandra lächelte sie an.

Sarah blickte skeptisch drein. »Warum eigentlich? Du bist doch eigentlich eh noch ganz hübsch für dein Alter.«

Sandras Augenbrauen wanderten nach oben. Das Kompliment hätte glatt von ihrem Vater stammen können, dachte sie, während Sarah sich ihrer Masche widmete. »Die meisten brauchbaren Männer meiner Generation sind längst vergeben und haben Familie«, erklärte sie. Oder sie waren geschieden, beziehungsgeschädigt respektive beziehungsunfähig, fügte sie gedanklich hinzu. Man musste dem Mädel ja nicht jetzt schon alle Illusionen über die Liebe rauben.

»Dann ist der Papa also nicht brauchbar?«

Sandra stutzte. »Dein Vater ist mein Boss, Sarah.«

»Na und? Die Mama hat doch auch ihren Boss geheiratet.«

»Aber ich liebe deinen Vater nicht.«

Sarah ließ von ihrer Schürze ab. »Nicht einmal ein kleines bisschen?«

Sandra schüttelte den Kopf. »Ich mag ihn, aber doch nur als Kollegen.«

»Schade, er steht nämlich voll auf dich.«

»Unsinn.«

»O ja, ich kenn' doch meinen Papa. Als er damals beinahe gestorben wäre, hab' ich gespürt, dass du ihn auch lieb hast.«

Sandra räusperte sich. »Ich verbringe beruflich sehr viel Zeit mit deinem Vater. Er ist ein guter Polizist und ein zuverlässiger Ermittlungspartner. Aber privat läuft ganz bestimmt nichts zwischen uns. Ich muss dich leider enttäuschen, Sarah.«

»Und warum geht's ihr dann zusammen auf den Steirerball?«

Touché. »Weil wir beruflich in Wien zu tun haben. Und dein Bruder beim Ball auftritt«, versuchte Sandra, die berechtigte Frage hinlänglich zu beantworten.

Sarah zog eine Schnute, während Sandra sich ihrem Spiegelbild zuwandte.

»Wow! Perfekt, die Masche, vielen Dank«, wechselte sie das Thema. »Und jetzt lass uns hinuntergehen. Dein Vater wartet bestimmt schon auf uns.« Warum wollte Sarah sie auf einmal mit ihm verkuppeln? Dass Bergmann seine Tochter auf sie angesetzt hatte, war kaum anzunehmen. Oder etwa doch? Sie schnappte ihren Lodenmantel, die Schlüsselkarte und zog die Tür hinter sich ins Schloss.

In der Lobby wäre Sandra fast an Bergmann vorbeigelaufen. Seine Haare waren kürzer geschnitten und gestylt, der Dreitagebart frisch getrimmt. Ob das seiner Tochter zu verdanken war?

Sarah musterte ihn, den Kopf zur Seite geneigt, die Hände in die Seiten gestemmt. Doch sie sagte nichts.

Über der grünen Seidenweste trug Bergmann einen anthrazitfarbenen Salonsteirer. Dazu seine neuen Schuhe. Nur die Krawatte fehlte zum Hemd. Aber das wäre für ihn wohl zu viel des Guten gewesen. Wie er so dasaß, die Beine übereinandergeschlagen, wirkte er auf Sandra weniger verkleidet, als sie sich selbst in ihrer Tracht fühlte. Seit sie in Wien waren, kam ihr der Chefinspektor verändert vor. Nicht nur, weil er die Haare schön hatte. Schon erstaunlich, was ein anderes Umfeld alles bewirken konnte.

»Können wir, meine Damen? Das E-Taxi wartet bereits.« Bergmann erhob sich.

»Taxi? Ich dachte, wir gehen zu Fuß«, erwiderte Sandra. »Es sind doch höchstens zehn Minuten bis zur Hofburg, hast du gesagt.«

»Meine Tochter sorgt sich um ihre Frisur.«

»Es ist urwindig draußen, Papa.«

»Und wem haben wir *deine* Frisur und den gestutzten Bart zu verdanken?«, erkundigte sich Sandra.

Bergmann fuhr sich über die Wangen. »Dem Friseur, zu dem mich meine Tochter am Nachmittag geschickt hat.«

»Gut gemacht, Sarah«, lobte Sandra das Mädchen.

Sarah lächelte sie an und schlüpfte in ihren Mantel.

»Du brauchst offenbar eine starke weibliche Hand«, sagte Sandra zu Bergmann, der seine Jacke anzog. Die passte zwar nicht zum Steireranzug, aber er würde sie sowieso an der Garderobe abgeben müssen.

»Den Anzug und die Weste hat ihm der David geborgt«, erklärte Sarah, was Sandra ohnehin wusste.

Bergmann verzog seinen Mund. »Zum Glück kann ich mich nicht selber sehen.«

»Wieso? Du schaust richtig fesch aus in diesem Anzug«, meinte Sandra. »Könntest glatt als Steirer durchgehen.«

Sarah hatte sich aus der Diskussion ausgeklinkt und war bereits am Ausgang.

»Hoppla! Ein Kompliment aus deinem Mund«, sagte Bergmann.

»Wenn du mir schon keines machst«, meinte Sandra schnippisch.

Bergmann musterte sie von unten bis oben. »Hm, originelle Frisur. Gemma, Gretl?« Er grinste über beide Ohren.

Offensichtlich hatte er sich doch nicht zu seinem Vorteil verändert, stellte Sandra fest. »Grawaldi«, murmelte sie und setzte sich in Bewegung.

»Na also, das klingt wieder ganz nach meiner Sandra.« Grinsend begleitete er sie zum Ausgang.

»*Deine* Sandra?«, brummte sie. Dabei musste sie froh sein, dass er sie nicht wieder »Liebling« genannt hatte.

Sarah wartete am Ausgang auf sie. »Was ist mit euch?«

»Ich bin halt nimmer der Jüngste«, wiederholte Bergmann, was seine Tochter ihm gelegentlich vorwarf.

Sarah stürmte auf das Taxi zu und riss die Beifahrertür auf. »Ich sitz' vorn«, verkündete sie.

»Wo denn sonst, Prinzesserl?«, stöhnte ihr Vater.

Sandra stieg schmunzelnd hinter dem Mädchen ein, während Bergmann um den Wagen herumging, um hinter dem Fahrer Platz zu nehmen.

Sehr weit sollte das E-Taxi nicht kommen. Bereits in der Operngasse stockte der Verkehr. Zu Fuß wären sie zweifellos schneller in der Hofburg gewesen, war sich Sandra jetzt schon sicher. Andererseits hatten sie es nicht eilig. Offiziell war die Eröffnung des Steirerballs erst für 21 Uhr angesetzt. Selbst wenn sie doppelt so lange wie zu Fuß brauchten, würde ihnen genügend Zeit bleiben, um sich vorher in den Ballräumen umzusehen und ihren reservierten Tisch im Metternichsaal zu finden. Sandras Füßen kam die Taxifahrt jedenfalls gelegen. Ihre Pumps würden sie noch früh genug drücken. Darüber hinaus blieb auch ihre »originelle« Frisur vom Wind verschont.

Sarah plapperte auf den jungen Taxifahrer ein, als wären sie befreundet. Beide standen auf die Musik von Jessica Wind, stellten sie fest. Dass ihr Bruder früher in der Band der bekannten Singer-Songwriterin gespielt hatte, fand der Taxler, der Archäologie studierte, urcool. Blieb zu hoffen, dass ihn seine Studienwahl nicht dazu zwang, sein Lebtag lang Taxi zu fahren. Es sei denn, er war mit diesem Job glücklich und zufrieden.

Der Wagen kroch bis zur Ampel weiter, die jetzt schon zum zweiten Mal auf Rot sprang. Bergmann beugte sich zu Sandra hinüber. »Das Ergebnis des Vaterschaftstests ist da«, sagte er leise, damit Sarah ihn nicht hören konnte.

Sandra wandte ihren Blick von der prachtvollen goldenen Kuppel der Secession ab. »Wie? Jetzt schon?«, raunte sie ihm zu.

»Ich hab' den Kaffeelöffel gestern mit dem Taxi ins Forensische Labor in Wien geschickt, bevor wir Lilli Lex in ihrem Hotel befragt haben.«

Deshalb hatte ihn Sandra vergeblich in der Lobby gesucht, nachdem sie von der Toilette gekommen war.

»Ich hab' meine alten Kontakte aktiviert, damit sich das Labor umgehend um den Vaterschaftstest kümmert. Luise

Lex hätte einen Buben zur Welt gebracht«, berichtete der Chefinspektor, was die Gerichtsmedizinerin am Fötus nicht erkennen hatte können, da sich die Geschlechtsmerkmale erst in der siebenten und achten Schwangerschaftswoche ausbildeten.

Erneut kam Sandra ihr eigener ungeborener Sohn in den Sinn. Sie schob den Gedanken beiseite »Und? Ist Lillis Ex-Mann der Vater des Embryos?«

Bergmann schüttelte den Kopf. »Den hat definitiv ein anderer gezeugt. Hat Miriam schon die Telefonkontakte von Luise Lex' Handy überprüft?«, wollte er wissen.

»Noch nicht alle. Immerhin wissen wir bereits, wer ihr Zahnarzt ist. Er ist aber erst am Montag erreichbar.

»Ich konnte Otto Sulzbacher auch noch nicht erreichen, um ihn zu seinem falschen Alibi zu befragen. Zurückgerufen hat er mich auch nicht.«

Als einer der Gastgeber des Steirerballs war der Mann heute bestimmt schwer beschäftigt, überlegte Sandra. Vielleicht ahnte er auch, dass sie ihm auf den Fersen waren. Der Staatsanwalt hatte Bergmann bereits die Befugnis erteilt, das Überwachungsvideo der Tankstelle und seine Handydaten anzufordern. Außerdem würde ihm demnächst eine Vorladung zur Einvernahme ins Haus stehen.

Unabhängig davon ging ihr Lilli Lex nicht aus dem Kopf. Oder Luise Lex. »Ich weiß, du hältst meine Theorie vom doppelten Lottchen für absurd und möchtest den Zahnstatus abwarten. Aber was ist mit Fabian Köberl? Vielleicht ist er ja der Vater«, flüsterte Sandra dem Chefinspektor zu.

»Mit dem hab' ich am Nachmittag telefoniert. Auch mit den Kollegen in Bad Aussee. Wir bekommen seine DNA.

Sie wollen ihm ehestmöglich eine Speichelprobe abnehmen und diese umgehend ins Labor schicken.«

Damit hatte Sandra nicht gerechnet. »Woher kommt auf einmal dein Sinneswandel?«

»Kein Sinneswandel. Reine Neugierde.«

»Hast du Fabian Köberl aufgeklärt, wofür wir seine DNA benötigen?«

Bergmann verneinte. »Es hat ihm gereicht, dass wir sie für einen Spurenabgleich brauchen. Ich hab' auch die Schwedenbombenvorliebe der beiden Schwestern hinterfragt. Du hattest recht.«

Sandra zuckte mit den Schultern.

»Außerdem hab' ich mich nach einer möglichen Schwangerschaft von Luise oder Lilli Lex erkundigt.«

»Und?«

»In beiden Fällen weiß er davon nichts.«

»Wenn er schlau ist, kann er sich jetzt zusammenreimen, dass wir seine DNA für einen Vaterschaftstest benötigen.«

»Und wenn schon. Lilli Lex weiß ja jetzt auch über die Schwangerschaft ihrer Schwester Bescheid.«

»Oder Luise Lex weiß über die Schwangerschaft *ihrer* Schwester Bescheid«, sagte Sandra.

»Nur nicht hudeln«, warnte Bergmann sie davor, voreilige Schlüsse zu ziehen. »Vom Hudeln kommen die Kinder.« Er grinste breit.

Einen unpassenderen Moment für diesen Spruch hätte er kaum wählen können. Sandra wandte sich ab und schaute aus dem Fenster. Das Taxi blieb neben dem Kunsthistorischen Museum stehen. Oder war es das Naturhistorische? Sie konnte sich einfach nicht merken, welches der beiden identischen, spiegelverkehrten Gebäude, die sich am Denkmal von Maria Theresia gegenüberstanden, welches war.

Natur- oder Kunstgeschichte. Schokolade oder Kokos. Lilli oder Luise. Plötzlich war da wieder dieses Kribbeln im Bauch, das ihr verriet, dass sie auf der richtigen Fährte war.

5.

Wieder rollte das Taxi einige Meter näher an den Eingang am Heldenplatz heran, als Falco seinen Refrain anstimmte: »Oh-oh, Vienna Calling …« Sarah hatte das Radio lauter gedreht, sang und shakte auf dem Beifahrersitz mit.

Ihre Stimme fand Sandra gar nicht mal schlecht. Bei einer Castingshow würde sie vielleicht sogar ein paar Runden weiterkommen. Aber diesen Floh wollte sie dem Mädchen gar nicht erst ins Ohr setzen. Bergmann reichte es schon, dass sein Sohn Berufsmusiker war. Obwohl er stolz auf David war, wünschte er sich wenigstens für Sarah einen soliden Job. Solange sie nicht Polizistin wurde.

Ihr Gesang schien auch dem Taxifahrer zu gefallen. Zumindest lächelten seine braunen gutmütigen Augen, die Sandra im Rückspiegel sehen konnte. Dass die 15-Jährige den Oldie aus den 1980ern überhaupt kannte, war wohl ihrem Vater zu verdanken, überlegte sie. In erster Linie war Bergmann zwar ein Jazzliebhaber, aber die Musik des großen österreichischen Popstars mochte er ebenfalls gern, zumal er damit aufgewachsen war. Möglicherweise spielte es auch eine Rolle, dass beide Männer gebürtige Wiener waren.

Kaum war der letzte Refrain ausgeklungen und Falco und Sarah verstummt, erreichte das Taxi die Zielgerade. Die Fassade des Kongresszentrums in der Hofburg strahlte im grünen Scheinwerferlicht. Ein untrügliches Zeichen, dass die altehrwürdigen Hallen der ehemaligen Kaiserresidenz heute Nacht den Steirern gehörten. Den Steirern in Wien. Jenen, die hier lebten und arbeiteten. Und jenen, die eigens aus der grünen Mark angereist waren, um bis in den frühen Morgen hinein zu tanzen und zu feiern.

Der Fahrer drehte das Radio leise, hielt das Taxameter und den Wagen an.

»Dann holst du mich also um Mitternacht wieder hier ab, okay?«, vergewisserte sich Sarah, während ihr Vater bezahlte.

»Ich werde pünktlich hier sein«, versprach der junge Mann, der Sarah nach dem Ball heimfahren sollte. »Schönen Abend und bis später, Sarah!«

Die junge Dame winkte dem E-Taxi lächelnd hinterher.

»Na servas«, sagte Bergmann. »Das ist vielleicht ein Almauftrieb hier. Bleib bei mir, Sarah, damit wir uns nicht verlieren.«

»Du willst jetzt aber nicht den ganzen Abend auf mir picken, Papa, gell?«

»Hab' ich nicht vor. Du kannst dich dann mit deinen Freundinnen in der Hofburg herumtreiben, wo immer du möchtest. Alkohol, Drogen und Schmusen sind verboten. Fünf Minuten vor Mitternacht treffen wir uns bei der Garderobe und setzen dich dann ins Taxi. Verstanden?«

»Yes, Sir, Sergeant, Sir!« Sarah nahm Haltung an und salutierte.

»Jawohl, mein herzallerliebster Papa, hätte mir gereicht«, entgegnete Bergmann.

Sarah verdrehte die Augen. »Vergiss nicht, mein herzallerliebster Papa, dass ich später mal das Heim für dich aussuche.« Sie grinste ihren Vater an.

Sandra musste lachen. Fast hätte man meinen können, die beiden wären blutsverwandt.

»Ich hätte dieses Rotzmensch damals doch zur Adoption freigeben sollen«, murmelte Bergmann, während sie inmitten der Menge einige Schritte näher an den Eingang heranrückten. Dass er das nicht ernst meinte, verstand sich von selbst. Immerhin hatten Sarah und er ihrem Stiefvater die Adoption verweigert, die sich ihre Mutter anlässlich der Geburt ihres Halbbruders gewünscht hatte. Wie doch die Zeit verging, überlegte Sandra. Seit September besuchte der kleine Luis die Volksschule.

»Ich hab' dich auch lieb, Papa«, behielt Sarah wie meistens das letzte Wort.

Sandra schaute sich um, woher die Blasmusik kam. Unweit vom Eingang spielte eine Kapelle auf. Rechter Hand wehten weiß-grüne Fahnen mit dem steirischen Wappen im Wind. Ein großes beleuchtetes Steiermark-Herz der Tourismuswerbung durfte freilich auch nicht fehlen. Direkt davor blitzten einige Fotografen um die Wette. Gerade richteten sie ihre Objektive auf einen hochrangigen Vertreter der steirischen Wirtschaftskammer und eine Bundesministerin, die bekanntermaßen gebürtige Steirerin war. In unmittelbarer Nähe der Politikerin stand ein Mann, den Sandra erst seit gestern kannte.

Otto Sulzbacher blickte sich suchend um.

Sandra wies mit dem Kinn in seine Richtung und stieß Bergmann mit dem Ellenbogen an. »Schau mal, dort drüben, neben dem Steirermark-Herz!« Einen Moment lang glaubte sie, dass der Immobilienentwickler, dessen Alibi heute geplatzt war, ihnen zuwinkte. Anscheinend hatte er aber jemanden anderen hinter ihnen gesichtet. Sie wandte sich um.

Unter den vielen Menschen konnte sie niemanden entdecken, der auf seine Geste reagierte. Sie schaute erneut in seine Richtung, als sich eine elegante Dame an ihr vorbeizwängte, die sie nur mehr von hinten sah. Ein auffälliger Blumenkranz zierte ihren blonden Bob. Den knöchellangen, taillierten schwarzen Trachtenmantel hatte Sandra schon einmal gesehen. In einer Wohnung in Bad Aussee. Lilli Lex strebte weiter auf Otto Sulzbacher zu.

»Was ist mit euch?«, drängte Sarah, während Bergmann und Sandra ihre Köpfe reckten, um dem Paar hinterherzustarren, das gleich in der Hofburg verschwinden würde.

»Gar nix ist mit uns«, sagte Bergmann.

An der Garderobe herrschte noch mehr Gedränge als vor der Hofburg. Immer wieder blickte sich Sandra um.

»Entspann dich. Der kommt schon noch in unsere Gasse«, sagte Bergmann.

»Willst du ihn hier und heute befragen?«

»Nervös machen will ich ihn. Vielleicht begeht er dann einen Fehler.«

»Falls wir ihm unter den 4.000 Leuten in der Hofburg überhaupt noch einmal begegnen.«

Bergmann zuckte mit den Achseln.

»Von wem sprecht's ihr zwei, bitte?«, fragte Sarah.

»Dienstlich, Mäuschen.«

»Mäuschen«, spuckte Sarah den Kosenamen aus Kindertagen verächtlich aus.

»Prinzesserl«, korrigierte sich Bergmann.

Das Mädchen seufzte theatralisch und gab seinen Mantel an der Garderobe ab.

Bergmann kassierte ihre Nummernmarke ein. »Das behalt ich, damit du mir nicht abposchst«, sagte er zu seiner Tochter und wollte gleich auch Sandras Garderobenzettel in seine Brieftasche stecken.

»Nichts da, Sascha«, hielt Sandra ihn auf. »Gib mir meine Marke bitte. Falls wir uns verlieren, wäre ich gern unabhängig.«

»Ich auch«, stöhnte Sarah. »Du hast es gut, Sandra.«

Dabei war es noch keine Stunde her, dass das Mädchen sie mit seinem Vater hatte verkuppeln wollen.

Auf der Feststiege ging das Gedränge weiter. Besonders wohl hatte sich Sandra bei solchen Massenanstürmen noch nie gefühlt. Nicht erst seit Corona. Als Polizistin wusste sie, welch schreckliche Folgen eine Panik haben konnte. Aber hier schoben sich die Ballgäste ganz gesittet Stufe für Stufe nach oben.

Bei den Marmorstufen warteten weitere Fotografen, um vorzugsweise prominente Gesichter abzulichten. Eine junge Fotografin bat auch sie, in ihre Kamera zu lächeln. Das Foto würde später auf einer der Pinnwände im Parterre aushängen und konnte für ein paar Euro als Erinnerung an eine rauschende Ballnacht mitgenommen werden.

Auf der Stiege verteilten Promotorinnen Give-aways an die Ballgäste, die sich an ihnen vorbeiwälzten. Bergmann griff bei den Mentholzuckerln zu, die er in seiner Hosentasche verschwinden ließ.

Gegen frischen Atem hatte Sandra nichts einzuwenden. Vielleicht brachte sie ihn heute Abend doch zum Tanzen.

Sarah grabschte sich ein Stück Schokolade vom Chocolatier aus Riegersburg, das sie sich gleich in den Mund steckte. Die dunklen Schokoladensorten enthielten keine Milch und waren daher laktosefrei und vegan, erklärte sie ihrem Vater, den das nicht interessierte. Die leere Schokoladenverpackung durfte er dennoch einstecken.

Nur noch wenige Stufen trennten sie vom Podest zwischen dem Parterre und dem Mezzanin, wo ein Kamerateam des ORF postiert war. Kamera und Mikrofon waren auf Lilli Lex im dunkelroten Brokatdirndl mit goldenen Ornamenten gerichtet. Die geschnürten Absatz-Stiefeletten hätte sie getrost auch in einem Wildwestfilm tragen können. Etwas abseits wartete Otto Sulzbacher im Salonsteirer.

Einmal mehr machte Sandra den Chefinspektor auf ihn aufmerksam, während Lilli Lex dem Interviewer Rede und Antwort stand. Just, als die Ermittler das Zwischenpodest erreichten, erlosch die Lampe an der Kamera.

»Guten Abend, Frau Lex!«, nahm Bergmann die Gelegenheit wahr, sie anzusprechen. »So schnell sieht man sich wieder, Herr Sulzbacher«, setzte er nach.

Beide reagierten irritiert. Gut möglich, dass sie sich von den Ermittlern verfolgt fühlten. Otto Sulzbacher fing sich zuerst wieder. Er lächelte die Kriminalpolizisten an, als wären sie alte Bekannte. »Was für eine Überraschung«, meinte er.

Das glaubte ihm Sandra aufs Wort. Trotzdem er sie letzthin belogen hatte.

»Ich wusste gar nicht, dass Sie heute Abend auch hier sind«, sagte Lilli Lex.

Die LKA-Ermittler antworteten nicht. Wozu hätten sie die beiden vorab informieren sollen? Eigentlich waren sie wegen David hier. Aber das ging sie nichts an.

»Das ist aber ein hübsches Dirndl«, lobte die Modedesignerin Sarahs Kleid. »Steht dir fantastisch.«

Sarah lächelte geschmeichelt zurück. »Oh, vielen Dank, Frau Lex! Sie sehen auch wunderschön aus. Was für tolle Stiefeletten. Und der Haarschmuck erst. Da kann meiner nicht mithalten«, sagte sie, nach ihrem Blumenkranz tastend.

Small Talk beherrschte Sarah, bemerkte Sandra. Trotz ihres zarten Alters. Hätte ihr Vater die Trachtendesignerin aus der Steiermark nicht mit dem Namen angesprochen, hätte sie diese vermutlich trotzdem erkannt. Immerhin war das Drama um die Zwillingsschwestern in den letzten Tagen nahezu in allen Medien, auf sämtlichen Kanälen breitgewalzt worden, Social Media inklusive. Der Marke *Lilli & Luise* aus der Ausseer *G'wandschneiderei* würde die PR ganz bestimmt nicht schaden. Der Preis dafür war allerdings ein ausgesprochen hoher, hatte er doch das Leben einer Schwester gekostet.

»Wir müssen weiter zum VIP-Empfang«, sagte Lilli Lex. »Vielleicht schaust du später bei meiner Trachtenschau vorbei. Um 23.30 Uhr im Zeremoniensaal geht es los.«

Sarah nickte erfreut.

Bergmann warf seiner Tochter einen mahnenden Blick zu, der das Lächeln aus ihrem Gesicht wischte.

»Was denn? Das geht sich doch locker aus, Papa.«

»Fünf vor zwölf an der Garderobe«, erinnerte er sie an ihre Vereinbarung.

»Ja eh«, murrte Sarah genervt.

»Seien Sie doch nicht so streng mit der jungen Dame«, riet ihm Lilli Lex. »Wie ist denn dein Name?«

»Sarah Bergmann.«

»Ich bin die Lilli«, erwiderte die Trachtendesignerin und öffnete ihr blumenbesetztes Handtäschchen. Ein rosa Satinband kam zum Vorschein, das in der Mitte mit drei Stoffblümchen besetzt war.

»Schau mal, Sarah. Das schenke ich dir, wenn du möchtest. Gibst du mir deine Hand?«

Verzückt schaute Sarah zu, wie Lilli Lex ihr das Bändchen ums Handgelenk legte und verknotete. »Pfo!«, bestaunte sie das gute Stück. »Das ist wirklich urschön. Danke, Lilli!«

»Gerne, Sarah. Dann bis später. Komm, Otto, wir müssen.«

»Auf Wiederschau'n«, verabschiedete sich Sulzbacher.

Bergmann sah ihn mit schmalen Augen an. »Wir werden uns früher wiedersehen, als Ihnen lieb ist. Die Vorladung zur kriminalpolizeilichen Einvernahme ist bereits auf dem Amtsweg.«

»Ach ja? Und weshalb?« Sulzbacher lächelte bemüht.

»Das erfahren Sie dann. Schönen Abend«, wünschte ihm der Chefinspektor.

»Aber …«

»Komm schon, Otto!«, unterbrach Lilli Lex den Einwand ihres Ex-Mannes und zerrte ihn am Arm zur nächsten Treppe, die ins Mezzanin hinaufführte.

»Warum wird der Mann einvernommen? Hat er was verbrochen?«, wollte Sarah wissen.

»Das wird sich dann herausstellen«, antwortete ihr Vater.

»Was für ein hübsches Band«, lenkte Sandra das Mädchen vom Kriminalfall ab, der es nichts anging.

Prompt streckte ihr Sarah den Arm entgegen. »Gell, ja? Urlieb von der Lilli.«

Und wieder hatte Lilli Lex ein Herz gewonnen, dachte Sandra. Nicht einmal Franz Grimm hatte ein schlechtes Wort über sie verloren. Umso mehr über ihre Schwester.

»Wollt ihr hier übernachten?«, drängte Bergmann.

Sarahs Aufmerksamkeit galt der jungen Frau mit dem goldenen Krönchen, die vom bekannten ORF-Redakteur interviewt wurde. »Was ist das für eine Prinzessin?«

»Das ist die Steirische Weinkönigin«, erklärte Sandra.

»Cool. Kann ich das auch werden?«, fragte Sarah, während sie ihren Weg nach oben fortsetzten.

»In Wien vielleicht. Vorausgesetzt, du weißt sehr viel über Wein. Dennoch könnte es schwierig für dich werden, weil deine Eltern keine Winzer sind oder sonst wie mit Wein zu tun haben.«

»Reicht es denn nicht, Wein zu trinken?«, fragte Bergmann.

»Wein trinkt man nicht, den genießt man«, erwiderte Sandra. »Du könntest dich aber für die Wahl der Narzissenhoheiten im Ausseerland bewerben«, wandte sie sich wieder seiner Tochter zu. »Dort dürfen Frauen ab 18 Jahren aus allen Bundesländern antreten. Solltest du allerdings zur Königin oder Prinzessin gewählt werden, musst du dich auf ein anstrengendes Jahr voller Veranstaltungen und offizieller Auftritte gefasst machen.«

Sarah wollte es sich noch überlegen. Beneidenswert, wie viel Zeit das Mädchen noch vor sich hatte, wie viele Möglichkeiten ihm offenstanden. Wobei man sich nie sicher sein durfte.

Wenig später hatten sie die Seitengalerie im Mezzanin erreicht. Die Standln der Winzer und Schmankerlproduzenten auf der *Steirischen Weinstraße* waren von Menschentrauben belagert. Bergmann schaffte es, zwei Gläser Grauburgunder und einen Isabellatraubensaft aus dem Vulkanland zu ergattern. Mit ihren Getränken zogen sie weiter, um einen Saal nach dem anderen zu erkunden.

Hier war das Treiben nicht mehr ganz so dicht, da sich die Besucher auf mehrere Säle verteilten. Einige, die Tische reserviert hatten, nahmen nach und nach ihre Sitzplätze ein, andere streiften wie sie durch die prunkvollen Räume oder standen beieinander und unterhielten sich. Alle schienen glücklich zu sein, dass nach den vielen Einschränkungen, die Corona mit sich gebracht hatte, endlich wieder in einem solchen Rahmen gefeiert werden durfte.

Sie inspizierten den Festsaal, der wie die Fassade des Kongresszentrums in der Hofburg in grünes Licht getaucht war. Über der Bühne prangte das steirische Wappen. Unter den Augen des Panthers warteten mehrere Sesselreihen auf die Ehrengäste, die demnächst zur Balleröffnung einziehen würden.

Ihre Orientierungsrunde beschlossen sie im Metternichsaal, wo sie eine leere Bühne vorfanden. Keine Spur von David und dem *Beat Club Graz*. Wahrscheinlich trieben sich die Musiker abseits der Öffentlichkeit im Künstlerbereich herum. Dafür warteten Sarahs Freundinnen und Leonies Eltern bereits am reservierten Tisch auf sie.

Sandra kannte Leonie vom Jessica Wind-Konzert am Red Bull Ring. Seither war sie bestimmt an die zehn Zentimeter gewachsen und hatte Gewicht zugelegt. In ihrem kurzen quietschbunten Dirndl, das besser auf ein Wies'n-Fest als in die Hofburg gepasst hätte, präsentierte sie ein beachtliches Dekolleté. Umso graziler war ihre kleinere dunkelhaarige Freundin im roten Leinendirndl, die sich ihnen als Marie vorstellte.

Sandra hätte früher nicht geglaubt, dass Trachten sogar bei der Jugend in der Bundeshauptstadt eines Tages so angesagt sein würden. Zuletzt hatten die Mädchen im Herbst auf der *Wiener Wiesn* abgefeiert, erzählte Leonie vom Volksfest, das alljährlich auf der Kaiserwiese im Prater stattfand.

Gemeinsam kehrten sie in den Festsaal zurück, um sich auf den höheren Logen Stehplätze zu suchen, von denen sie die Eröffnungszeremonie am Parkett einigermaßen überblicken konnten. Wenig später ging es auch schon los.

Zur zünftigen Blasmusik marschierten Kapellen aus der Weststeiermark unmittelbar vor dem Jungdamen- und Jungherrenkomitee ein. Nach und nach füllte sich das Parkett mit jungen Frauen in bunten Dirndln, die Haare mit Blumenkränzen von *Lilli & Luise* geschmückt. Die Burschen trugen Lederhosen und Westen über ihren weißen Hemden. Alle stellten sich in Reih und Glied auf, um für die nachfolgenden Ehrengäste Spalier zu stehen. An vorderster Front zog der Vereinsvorstand der *Steirer in Wien* ein, der, wie alle Ehrengäste, namentlich vom Moderator begrüßt wurde. Jeder im Saal sollte wissen, wer die Herrschaften waren. Der Obmann und seine Frau schritten voran. Ihm folgten Otto Sulzbacher nebst Lilli Lex, der Landeshauptmann der Steiermark mit seiner Gattin, der Bundeskanzler mit seiner Freundin und zahlreiche weitere Persönlichkeiten, die in der Steiermark Rang und Namen beziehungsweise in Österreich etwas zu sagen hatten. Franz und Gertrude Grimm zählten offenbar nicht dazu. Sandra hatte sie bislang nirgendwo entdecken können.

Nachdem die Ehrengäste in den Sesselreihen Platz genommen hatten, kündigte der bekannte steirische Moderator die Eröffnungspolonaise an.

Sarah, Leonie und Marie fanden die Schuhplattler- und Hebefiguren der Burschen, die über den Köpfen der anderen in den Kreisformationen liegend gedreht wurden, um nach einer Rolle schließlich wieder auf ihren Beinen zu landen, besonders lustig.

Anschließend hielt der Vereinsobmann seine Rede zum elften »fröhliganten« Steirerball in der Hofburg. Ihm folgten der Landeshauptmann, der Bundeskanzler und ein Tourismusmanager mit ihren launigen Wortspenden. Schließlich wurde mit Inbrunst die steirische Landeshymne angestimmt, begleitet von den Blasmusikanten auf der Bühne.

»Dieses schöne Land ist der Steirer Land, ist mein liebes teures Heimatland …« Als einzige Steirerin in ihrer Runde sang Sandra wie die meisten anderen im Festsaal lauthals das *Dachsteinlied* mit.

Nach dem Eröffnungswalzer des Jungdamen- und Jungherrenkomitees kehrten sie an ihren Tisch im Metternichsaal zurück. Ohne die Mädchen, die noch die Beauty-Lounge und die Ball-Disco im Parterre erkunden wollten. Während sie mit Sauvignon Blanc anstießen, erschien *Beat Club Graz* auf der Bühne, um für Partystimmung zu sorgen. Zu Gert Steinbäckers Hit *Steiermark* füllte sich die Tanzfläche rasch. Auch Leonies Eltern hielt es nicht länger auf ihren Stühlen.

Bergmann verweigerte beharrlich das Tanzen. Auch wenn ihm manches gefiel, was er hörte. Seine zwei linken Füße wollte er sich und Sandra nicht antun. Außerdem drückten ihn seine neuen Schuhe, warf er ihr vor.

Sandra schenkte ihm Wein nach. Vielleicht würde der Alkohol seine Tanzhemmung abbauen.

Einige Hits später tauchten die Mädchen auf. Leonie winkte David zu und tanzte mit ihren Freundinnen ausgelassen vor seiner Nase herum. Dass die meisten Songs viel älter als sie waren, schien sie nicht zu stören. Vermutlich, weil David sie spielte, den die Mädchen anhimmelten.

Leonies Eltern kehrten an den Tisch zurück und bestellten eine zweite Flasche Wein. Den Bieranstich im Wintergarten hatten sie verpasst. Aber Wein und Bier wollte ohnehin keiner mischen. Von den Cocktails in der *Pantherbar* würden sie ebenso die Finger lassen, um Kopfschmerzen vorzubeugen. Sarah kam an den Tisch, um Wasser zu trinken. Leonie zeigte stolz ihren Haarkranz her, den sie sich in der Beauty-Lounge hatte flechten lassen.

Als *Der Kommissar* von Falco erklang, zog Sarah ihren Vater unter Protest auf die Tanzfläche. So schlecht bewegte er sich gar nicht, fand Sandra. Trotz der neuen Schuhe, die ihm angeblich wehtaten. Nur sein Taktgefühl ließ ihn immer wieder im Stich. Warum hätte es ausgerechnet auf der Tanzfläche anders sein sollen, überlegte Sandra schmunzelnd. Als Leonies Vater sie zum Tanzen aufforderte, ließ sie sich nicht lange bitten. Nach einem Tanz kehrte er zu seiner Frau zurück, und Sandra schnappte Sarah ihren Vater weg. Wenigstens für einen Slowfox. Wenn man das, was sie aufs Parkett legten, so nennen durfte. »Du entschuldige, i kenn di«, sangen die meisten im Saal lauthals mit.

Die Zeit verflog im Nu. Sarah und ihre Freundinnen wollten die Trachtenschau von *Lilli & Luise* keinesfalls verpassen. Leonies Eltern hielten die Stellung, während

Sandra und Bergmann die Mädchen in den Zeremoniensaal begleiteten. Dort angekommen, zeigte sich der Chefinspektor von der Dixie-Band auf der Bühne begeistert. Insgesamt traten 22 Bands beim Steirerball auf, hatte Otto Sulzbacher letztens voller Stolz betont. So viele wie bei keinem anderen Ball in Wien.

Sarah blickte nervös auf ihre Uhr. »Wann fängt denn die Trachtenschau endlich an?«, jammerte sie vier Minuten nach 23.30 Uhr. »Sind wir hier überhaupt richtig?«

»Sind wir«, versicherte Sandra. »Das ist wahrscheinlich das letzte Lied«, glaubte sie und sollte recht behalten.

Bergmann wollte lieber ein Paar Sacherwürstel essen gehen als sich die Trachtenvorführung ansehen. Auf die Kernöleierspeise, die um 1.30 Uhr im Wintergarten ausgegeben wurde, konnte er nicht mehr warten. Sonst drohe ihm der Hungertod, war er überzeugt.

Sandra knurrte ebenfalls der Magen. Also beschlossen sie, das Ballbuffet zu besuchen, während die Mädchen die Trachtenschau verfolgten. »23.55 Uhr«, erinnerte Bergmann seine Tochter, als das erste Model über die Bühne stolzierte.

Sandra folgte ihm durch die Menge der Schaulustigen. Auf der anderen Seite der Bühne entdeckte sie Gertrude und Franz Grimm. Die LKA-Ermittler schienen den beiden nicht aufgefallen zu sein. Jedenfalls sah es nicht danach aus, als würden sie angestrengt wegschauen.

Auf dem Weg zum Ballbuffet stand der nächste Bekannte vor ihnen.

»Da schau an. Sie schon wieder.« Bergmann wollte an Otto Sulzbacher vorbeigehen, der sich ihm in den Weg stellte. »Was wollen Sie von mir? Wieso verfolgen Sie mich?«

»Wir verfolgen Sie nicht. Das bilden Sie sich ein, Herr Sulzbacher«, sagte Bergmann. »Liegt wahrscheinlich an Ihrem schlechten Gewissen.«

»Sparen Sie sich Ihre Anschuldigungen. Ich habe Ihnen nichts mehr zu sagen.«

Warum hatte er den Chefinspektor dann überhaupt angesprochen und ging ihm nicht aus dem Weg?

»Ich nehme an, es gibt hier Überwachungskameras?« Bergmann reckte sein Kinn in die Höhe und blickte sich demonstrativ um.

Sulzbacher bejahte seine Frage.

Der Chefinspektor sah ihm in die Augen. »Solche Kameras gibt es auch auf der Tankstelle in Bad Aussee«, sagte er. »Wo Sie am 1. Jänner um 18.12 Uhr zum letzten Mal mit Luise Lex telefoniert haben. Jetzt stellt sich natürlich die Frage, warum Sie uns das verschwiegen haben.«

Wenngleich diese Aussage noch gar nicht bewiesen war, verfehlte allein die Behauptung ihre Wirkung nicht.

»Das wird Ihnen mein Anwalt erklären.« Otto Sulzbacher wandte sich ab und ließ sie stehen.

»Was war das denn?«, murmelte Bergmann auf der *Steirischen Weinstraße*.

Sulzbacher hatte dieselbe Richtung wie sie eingeschlagen, war ihnen wenige Schritte voraus.

»Du wolltest ihn nervös machen. Das ist dir offenbar gelungen.«

Sulzbacher schaute über seine Schulter und beschleunigte seine Schritte, als er sie bemerkte.

»Will uns der jetzt abhängen?«, fragte Bergmann.

»Lass ihn. Der kommt uns eh nicht aus.«

»Provozieren darf ich ihn aber schon noch ein bisschen.« Kaum ausgesprochen, heftete sich Bergmann an die Fersen des Mannes, was dem nunmehr Verfolgten nicht entging. Er legte einen Zahn zu, rempelte einige Leute, die in seinem Weg standen, während er versuchte, in der Menge unterzutauchen. Bergmanns Jagdinstinkt war geweckt. Die Sacherwürstel mussten warten.

In ihren Pumps konnte Sandra kaum noch mit den Männern Schritt halten. Sie auszuziehen und ihnen barfuß hinterher zu hetzen, war zu dieser Jahreszeit freilich keine Option. »Ich kann nicht rennen mit diesen Schuhen, Sascha.«

Sulzbacher lief in seinen Haferlschuhen immer schneller auf die Feststiege zu.

»Den kauf ich mir jetzt. Fluchtgefahr … Ruf Verstärkung, Sandra! Frag nach Chefinspektor Martin Stein. Und setz Sarah ins Taxi!« Bergmann sprintete los.

»Mach ich«, bestätigte Sandra, als hätte er sie noch hören können. Seinen früheren Kollegen bei der Wiener Kriminalpolizei kannte sie bisher nur aus Erzählungen. Bergmann meinte es tatsächlich ernst.

»Bleiben Sie stehen, Sulzbacher!«, rief er.

Einige Ballbesucher schauten ihm erschrocken, andere neugierig hinterher.

Sandra blieb am Treppenabsatz stehen und griff zu ihrem Handy, während der Chefinspektor die Feststiege hinunterlief.

6.

Sandra wartete im Mantel am Eingang zur Garderobe auf Sarah. Der Garderobenfrau hatte sie erst ihren Polizeiausweis zeigen müssen, damit sie ihr Sarahs Mantel und Bergmanns Jacke ohne Marken aushändigte. Angestrengt blickte sie durch das hohe, vergitterte Fenster, um das Geschehen auf dem Heldenplatz einigermaßen mitzuverfolgen.

In den letzten Minuten waren mehrere Polizeiwagen mit Blaulicht vorgefahren und hatten sich rund um die Reiterstatue postiert. Außer einigen Gestalten konnte sie im spärlichen Licht der Straßenlaternen nicht viel erkennen. Nervös stieg sie von einem Bein auf das andere, blickte immer wieder auf ihr Handy. Für den Fall, dass der Chefinspektor eine Nachricht schickte. Drei Minuten vor Mitternacht. Wo blieb Sarah nur?

»Sandra! Wo ist denn der Papa?«

Ihre letzte Frage hatte sich damit erübrigt. Sarah stand mit ihrer Goodie-Bag hinter ihr.

Sandra reichte ihr ihren Mantel und nahm ihr das Papiersackerl der Steiermark Tourismuswerbung ab, auf dem die strammen Wadeln einiger Männer in Lederhosen abgebildet waren. »Er musste kurz weg, lässt dich aber lieb grüßen«, antwortete sie. »Morgen wird er sich bei dir melden.« Sarah war in ihren Mantel geschlüpft und nahm ihr ihre Beute wieder ab.

Sandra drückte ihr einen Fünfziger in die Hand. »Reicht das fürs Taxi?«

Sarah nickte und bedankte sich.

»Lass dir eine Quittung für den Papa geben, ja?«

Sarah versprach ihr, daran zu denken, und folgte ihr aus der Hofburg. Es hatte zu nieseln begonnen. Das Blaulicht in einiger Entfernung nahm das Mädchen nicht wahr, nur den Regen und das E-Taxi, das vor dem Eingang bereits wartete.

Sandra erkannte den Fahrer hinterm Lenkrad wieder und winkte ihm zu.

»War ein urcooler Steirerball. Mach's gut, Sandra! Und pass auf den Papa auf, ja?«

»Ich gebe mein Bestes«, versprach Sandra, als ihr Handy den Eingang einer Nachricht signalisierte. »Baba, Sarah. Komm gut heim!«

Sarah stieg in das Taxi ein, das gleich darauf davonrollte.

KAPITEL 7

Samstag, 9. Jänner
Heldenplatz, Wien

1.

»Flüchtiger gestellt«, las Sandra auf ihrem Handydisplay. »Einvernahme im Einsatzbus, Prinz Eugen-Reiterstatue am Heldenplatz. Kommst du? P.S.: Ist Sarah okay?«

»Sarah im Taxi, bin gleich da«, textete Sandra zurück und setzte sich in Bewegung. Es regnete etwas stärker, als sie über den Heldenplatz eilte. Bei den Streifenwagen angelangt, zeigte sie ihren Ausweis vor, um zum Polizeibus vorgelassen zu werden.

Otto Sulzbacher saß in Handschellen im Fond des VW-Transporters, als Sandra die Schiebetür öffnete. Bergmann nahm ihr seine Jacke ab und zog sie an. Dann ließ er sie einsteigen und ans Fenster setzen, um neben ihr Platz zu nehmen. »Wo waren wir stehen geblieben? Ach ja, Ihnen wurde bei unserer letzten Unterhaltung plötzlich übel. Deshalb hatten Sie es eilig, an die frische Luft zu kommen«, nahm er den Gesprächsfaden wieder auf.

Deswegen war Sulzbacher wie von der Tarantel gestochen vor einem Kriminalpolizisten getürmt? Wer sollte ihm das abkaufen?

»Es war eine Kurzschlusshandlung«, murmelte der Befragte, der sich dem getönten Fenster zuwandte. Im Licht der Straßenlaterne glitzerten die Regentropfen auf der Scheibe, seine Stirn und die Nase glänzten fahl. »Es war wohl alles zu viel für mich in letzter Zeit.«

Die ständigen Verzögerungen des Bauprojektes am Grundlsee? Der Steirerball? Der Mord? Die Brandstiftung? Sandra fragte sich, was von alledem der Mann meinte. Oder was sonst noch.

»Mit Ihrem Fluchtversuch haben Sie sich noch verdächtiger gemacht, als Sie es eh schon waren«, sagte Bergmann. »Also, geben Sie jetzt zu, vorgestern falsch ausgesagt zu haben? Sie waren am Abend des 1. Jänner in Aussee, nicht in Wien, oder?«

Sulzbacher sah noch immer aus dem Fenster, während er tief Luft holte und seufzte. »Ja, ich war in Aussee. Und danach am Grundlsee. Aber ich hab' die Luise nicht umgebracht.«

»Und warum sollten wir Ihnen das jetzt glauben?«

Otto Sulzbacher wandte sein Gesicht dem Chefinspektor zu. »Weil ich Ihnen jetzt die ganze Wahrheit sagen werde.«

»Da bin ich aber gespannt.« Bergmann nickte Sandra zu. »Wir werden Ihre Aussage aufzeichnen.«

Sie schaltete die Diktierfunktion auf ihrem Handy ein und legte es auf den Tisch.

»Als ich gegen 18.30 Uhr in der Lex-Villa angekommen bin, war Luise schon seit Stunden tot.« Er biss sich auf die Lippen. »Sie hat mich voll reingeritten.«

Sandra und Bergmann warfen einander Blicke zu. »Luise Lex?«, fragte der Chefinspektor nach.

»Nein, meine Ex-Frau. Lilli hat mich am Nachmittag angerufen und mir völlig hysterisch erzählt, dass sie gerade ihre Schwester erschlagen hat. Nicht absichtlich, sondern im Streit. Sie hat mich angefleht, ihr zu helfen, die Spuren zu beseitigen. Sie wollte, dass ich komme und die Villa für sie in Brand stecke, hat versprochen, alles für mich zu tun, wenn ich sie jetzt nur nicht im Stich lasse.«

»Sie hätte Ihnen auch ihr Seegrundstück überlassen«, hakte Bergmann nach.

Sulzbacher nickte. »Sie wäre sogar zu mir zurückgekehrt, wenn ich es darauf angelegt hätte.«

Also doch ein Neuanfang? Wenn auch nicht aus romantischen Gründen. Hatte Lilli Lex deshalb ihren jungen Geliebten verlassen?

»Ich hab' mich ins Auto gesetzt und bin losgefahren. Unterwegs hab' ich mir den Kopf zermartert, was zu tun ist. Immer wieder wollte ich die Polizei anrufen.«

»Haben Sie aber nicht. Aus Gier, vermute ich. Weniger aus sentimentalen Gründen.«

Sulzbacher überging die Frage des Chefinspektors. »Kurz vor der Tankstelle hat mich Lilli angerufen.«

»Mit dem Handy ihrer Schwester?«

»Das war nicht weiter ungewöhnlich. Sie hat nachgefragt, wo ich bleibe. Und ich hab' noch einmal versucht, sie zu überreden, sich der Polizei zu stellen. Ich bin ein solcher Volltrottel.« Er wollte aus dem Fenster schauen, doch die Scheiben waren inzwischen beschlagen.

»Wir wären Ihnen auch ohne diesen Anruf auf die Schliche gekommen«, meinte Bergmann im Brustton der Überzeugung.

Fragte sich nur, wann und wie.

»Und von der Tankstelle in Bad Aussee sind Sie direkt an den Grundlsee gefahren?«

»Ja. Wir haben besprochen, wie wir weiter vorgehen sollen. Lilli meinte es ernst. Ich sollte die Villa für sie in Brand stecken.«

»Warum? Das Haus war doch wunderschön, und sie ist sehr daran gehangen«, meinte Sandra. Zumindest hatte sie das Lilli Lex abgenommen.

»Für Lilli hatte es ohne ihre Schwester seinen Wert verloren. Sie wollte nicht mehr darin wohnen. Es war voller Erinnerungen, die sie auslöschen wollte.«

»Ihre Bluttat zum Beispiel«, meinte Bergmann trocken.

Sulzbacher verschränkte seine Finger. Mehr Bewegung ließen die Handschellen nicht zu. »Der Brand sollte möglichst alle Spuren beseitigen.«

»Aber das Haus war doch sowieso voller Spuren von beiden Bewohnerinnen«, wandte Sandra ein. »Und mit dem Brandmittel haben Sie neue Spuren hinterlassen. Haben Sie den Treibstoff aus den Kanistern in der Garage verwendet?«

Sulzbacher nickte. »Und meinen eigenen, den ich bei der Tankstelle in Aussee zuvor befüllt habe. Hätte ich das lieber bleiben lassen …« Er seufzte.

Dann hätte ihn Franz Grimm nicht an der Tankstelle gesehen und den Ermittlern den entscheidenden Hinweis liefern können.

»Sie haben noch einen Fehler begangen«, meinte Bergmann. »Als Sie die Treibstoffkanister vom Tatort entfernt haben.«

Sulzbacher sah ihn aus müden Augen an.

»Nobody's perfect«, meinte Bergmann süffisant.

Genauso wenig gab es den perfekten Mord.

»Mit Gebäuden kennen Sie sich berufsbedingt gut aus. Mit Brandanschlägen offenbar auch, habe ich recht?«, fuhr Bergmann fort.

»Ich war in meiner Jugend bei der Freiwilligen Feuerwehr.«

»Um welche Uhrzeit haben Sie das Feuer gelegt?«

»Gegen 2 Uhr morgens.«

»Warum erst so spät?«

»Ich habe gehofft, dass der Brand zu nachtschlafender Zeit nicht gleich entdeckt wird.«

Das Gegenteil hätte genauso gut eintreten können, dachte Sandra. Allerdings war der mutmaßliche Brandstifter mit den Örtlichkeiten bestens vertraut.

»Außerdem wollten Sie über alle Berge sein, wenn die Feuerwehr ausrückt«, ergänzte Bergmann.

Sulzbacher nickte.

»Und wo sind diese Kanister jetzt?«

»Meiner ist wieder im Auto. Die anderen habe ich gestern auf einer Baustelle in Wien entsorgt, unmittelbar bevor die Tiefgarage betoniert wurde.«

Kein schlechter Ort, um eine Leiche loszuwerden. Andererseits hätte sie tagelang unentdeckt irgendwo zwischengelagert und dann dorthin geschafft werden müssen, überlegte Sandra.

»Wissen Sie Näheres über den Tod von Luise Lex? Die Tatzeit? Das Tatwerkzeug? Den genauen Tatort?«, zählte Bergmann einige wesentliche Punkte auf.

»Lilli hat ihre Schwester mit einem Feuerhaken im Wohnzimmer erschlagen. Wann genau, das müssen Sie

sie selbst fragen. Ich habe die Leiche später in ihr Bett gebracht.«

»Damit es aussieht, als wäre Luise Lex im Schlaf verbrannt?«

»Lilli wollte es so. Sie hat sich immer wieder bei ihrer toten Schwester entschuldigt, hat ihr einen Blumenkranz auf die Brust gelegt und für sie gebetet. Sie bereut ihre Tat von Herzen. So gut kenne ich sie. Oder doch nicht?«, meinte er nachdenklich. »Ich hätte ihr eine solche Gewalttat niemals zugetraut.«

Also war die Leiche doch aufgebahrt und mit einem Blumenkranz geschmückt gewesen. Der Silberdraht war auf ihrer Brust geschmolzen, keine Silberkette, überlegte Sandra.

»Und was geschah danach?«, fragte Bergmann weiter.

»Lilli hat eine Mitarbeiterin angerufen, die in die *G'wandschneiderei* kommen sollte, um ihr ein Alibi zu verschaffen. Im Idealfall hätte sie dort bleiben sollen, bis der Brand entdeckt wird«, fuhr er fort.

»Aber die Frau war längst wieder zu Hause, als es brannte.«

Sulzbacher zuckte mit den Schultern und seufzte.

»Wissen Sie, welche Schwedenbombensorte Ihre Ex-Frau bevorzugt?«, warf Sandra ein.

Der Befragte sah sie einigermaßen verwundert an. »Schwedenbomben?«, wiederholte er.

»Wissen Sie es? Oder wissen Sie es nicht?«, hakte Bergmann unwirsch nach.

»Ja, Lilli isst nur die Schwedenbomben ohne Kokosraspel.«

»Und ihre Schwester die mit Kokos.«

»Ja, aber ich verstehe nicht, was …«

»Ist es möglich, dass Luise Lex Ihre Ex-Frau getötet hat und nicht umgekehrt?«, fragte Sandra.

Sulzbacher starrte sie entgeistert an. Er schüttelte den Kopf, während er fieberhaft nachdachte.

»Sie haben also nicht geplant, dass Luise nach dem Tod ihrer Schwester deren Identität annimmt?«, hakte Sandra nach.

»Wovon sprechen Sie?« Die Verwirrung des Mannes schien grenzenlos. So gut konnte sich niemand verstellen, sagte ihr die Erfahrung. Aber hätte er einen Rollentausch der Zwillinge nicht bemerken müssen? »Sie haben ausgesagt, dass Luise Ihrer Ex-Frau eine Niere gespendet hat. War es nicht genau umgekehrt?«

Sulzbacher zuckte mit den Achseln und fand seine Sprache wieder. »Lilli hat an diesem Abend zum ersten Mal konkret über die Organtransplantation gesprochen. Bis dahin wusste ich nicht, wer wem eine Niere gespendet hat. Ich habe auch nie nachgefragt.«

Ob die Transplantation so oder anders stattgefunden hatte, würde ihnen spätestens der Befund des Zahnarztes verraten.

Der Fall schien gelöst zu sein, glaubte Sandra. Sofern Frau Lex ebenfalls ein Geständnis ablegte. Ob sie nun Lilli oder Luise hieß.

»Könnten Sie versuchen, Ihre Ex-Frau anzurufen und sie zu uns zu bitten? Die Trachtenschau muss ja längst vorbei sein«, sagte Bergmann.

Otto Sulzbacher hob seine Hände von der Tischplatte hoch. »Leider komme ich momentan schwer an mein Handy ran. Es ist in meiner Manteltasche …«

Bergmann bat ihn aufzustehen und die gefesselten Hände hochzuheben.

Sandra behielt den Mann im Auge. Nicht, dass er noch einmal eine Kurzschlusshandlung setzte. Wobei er auch diesmal nicht sehr weit kommen würde. Draußen standen noch immer zwei Streifenwagen mit einsatzbereiten Kollegen.

Bergmann legte das Handy auf den Tisch. Wählen und telefonieren könne man auch mit Handschellen und Lautsprecherfunktion, meinte er.

Es läutete viermal, bis Lilli Lex das Gespräch annahm.

»Wo steckst du, Otto? Die Show war fantastisch«, schrie sie euphorisch, um die laute Musik zu übertönen.

»Es ist aus, Lilli.«

»Was? Ich hör' dich so schlecht. Die Musik … wart … hier ist es besser.«

»Ich hab' ein Geständnis abgelegt.«

Pause.

»Was soll das heißen?«

»Kannst du bitte herkommen, Lilli? Am besten klären wir das jetzt gleich.«

»Wo bist du überhaupt, Otto?« Die Euphorie schlug in Hysterie um.

Bergmann legte den Zeigefinger auf seine Lippen, damit Sulzbacher nicht mehr antwortete.

»Chefinspektor Bergmann hier, Frau Lex. Wir haben einige Fragen an Sie. Können Sie in fünf Minuten im Foyer sein? Ich schicke Ihnen gleich einen Kollegen, der Sie abholt. Und ziehen Sie sich warm an.«

Das galt wohl im doppelten Sinn.

2.

Bergmann bedankte sich bei Chefinspektor Martin Stein, der ihm die Verdächtige übergab.

»Was soll das, Otto? Was wollen Sie um diese Uhrzeit von mir?«, fragte Lilli Lex, als sie in den Einsatzbus stieg.

Drei Augenpaare richteten sich auf sie, während Martin Stein die Tür schwungvoll zuwarf, um draußen zu warten.

»Man bekommt ja kaum Luft hier drinnen«, beschwerte sie sich.

»Je schneller wir hier fertig sind, desto eher können Sie wieder aussteigen«, meinte Bergmann. »Setzen Sie sich.« Er wies ihr den Platz neben Otto Sulzbacher zu.

Der rutschte ans Fenster und legte die Hände auf den Tisch.

Erst jetzt bemerkte Lilli Lex die Handschellen. »Was hast du getan, Otto?«, fragte sie.

»Der Polizei die Wahrheit gesagt über Luises Tod und den Brand.«

»Was weißt du darüber? Hast du damit etwas zu tun?«, fragte Lilli Lex mit bangem Blick.

Sulzbacher lachte auf, ohne sie anzusehen. »Du hast deine Schwester getötet. Und ich habe eure Villa in Brand gesteckt, weil du mich darum gebeten hast«, wurde er deutlich.

»Was redest du da, Otto? Bist du völlig übergeschnappt?« Blankes Entsetzen spiegelte sich im Gesicht der Frau wider.

»Ich bitte dich. Hör auf zu lügen«, meinte Otto Sulzbacher. »Es ist aus.«

Lilli Lex fasste sich an den Mund, ehe sie weitersprach. »Du hast meine Schwester und mein Haus auf dem Gewissen? Und jetzt willst du mich mit hineinziehen? Warum, Otto? Was haben wir dir denn getan?«

Das waren alles berechtigte Fragen. Die Frau war entweder ahnungslos oder reif für einen *Oscar*.

Sulzbacher schüttelte schweigend den Kopf.

»Dir ist es doch nur um unser Anwesen gegangen. Von Anfang an. Deshalb hast du mich geheiratet. Und dich scheiden lassen, als du von mir nicht bekommen hast, was du wolltest. Und jetzt tötest du auch noch meine Schwester und fackelst meine geliebte Villa ab? Du bist ein Monster.« Sie bedeckte ihre Augen mit den Händen und schluchzte.

Sulzbacher hob seine Hände und klatschte Applaus.

Die Frau blickte wieder auf, sah von Bergmann zu Sandra. »Sie glauben doch nicht, dass ich meine Schwester …? Das ist völlig absurd! Soll ich jetzt auch noch für dich ins Gefängnis gehen, Otto?«, echauffierte sich Lilli weiter. »Er ist wahnsinnig. Bitte glauben Sie ihm kein Wort«, flehte sie die Ermittler an.

Bergmann stand auf. »Herr Sulzbacher, Sie sind vorläufig festgenommen und werden heute Früh dem Untersuchungsrichter vorgeführt. Selbstverständlich können Sie einen Rechtsanwalt hinzuziehen«, belehrte er den Tatverdächtigen über seine Rechte.

Lilli Lex erhob sich, um ihn vorbeizulassen. »Ich hoffe, du bekommst, was du verdienst.«

Sulzbacher stand kopfschüttelnd auf. »Das wünsche ich dir auch. Wie konnte ich dir nur so blindlings ins Messer laufen?«

Die Frau wich zurück, damit er sich an ihr vorbeizwängen konnte.

»Damit kommst du nicht durch«, fügte er hinzu, ehe er vor Bergmann aus dem Einsatzbus stieg.

Der andere Chefinspektor stieg aus dem zivilen grauen Audi A6 aus, um den mutmaßlichen Täter in Empfang zu nehmen und ihm in den Streifenwagen zu helfen. Nach einem kurzen Wortwechsel mit Bergmann wandte sich Martin Stein an den Fahrer des Streifenwagens. »Bringt's ihn in die Justizanstalt Josefstadt. Ich komme nach.«

3.

»Und nun zu Ihnen, Frau Lex«, sagte Bergmann, zurück im Einsatzbus.

»Sie haben den Mörder meiner Schwester gefasst. Dafür bin ich Ihnen sehr dankbar.« Sie lächelte Bergmann an.

»Die Unschuld vom Lande kaufe ich Ihnen nicht ab«, erwiderte er ungerührt.

»Ja dann, gute Nacht!« Die Frau erhob sich mit versteinertem Gesicht.

»Setzen Sie sich wieder hin«, forderte Bergmann sie auf.

Schnaubend nahm sie Platz. »Was wollen Sie denn noch von mir? Ich bin müde.«

»Wie lautet Ihr Name?« Bergmann sah sie weiterhin an.

Sie stutzte und wich seinem Blick aus. »Sie wissen doch, wie ich heiße.«

»Wie lautet Ihr Name?«, wiederholte der Chefinspektor eindringlicher.

»Lilli Lex.«

»Sind Sie sicher, dass Sie nicht Luise Lex heißen?«

»Was soll das? Wollen Sie meinen Führerschein sehen?« Ihre Stimme klang schriller und höher.

»Nicht nötig. Spätestens am Montag wird der Zahnstatus der Leiche mit dem von Luise Lex abgeglichen. Dann wissen wir zweifelsfrei, wer getötet wurde.«

Die Blondine wandte sich ab. »Schuld ist der Otto«, presste sie schließlich hervor.

Bergmann und Sandra sahen einander an.

»Ich fürchte, Sie sind schuldig, Frau Lex. Luise Lex, nicht wahr?«, fragte Sandra.

Ihr Gegenüber fuhr mit dem Zeigefinger über die beschlagene Scheibe, was einen klaren Streifen hinterließ. »Wie sind Sie darauf gekommen?«, wollte sie wissen.

»Die Schwedenbomben.«

Luise Lex ließ von der Scheibe ab und schaute Sandra verdattert an. Als der Groschen fiel, brach sie in Gelächter aus. Gleichzeitig liefen ihr die Tränen über die Wangen.

»Luise Lex«, sprach Bergmann sie lauter an, um sie zu übertönen. »Haben Sie Ihre Schwester Lilli Lex getötet?«

Das Lachen verebbte, die Tränen flossen weiter. »Es war keine Absicht«, versicherte Luise Lex auf einmal kleinlaut. Dann erzählte sie vom letzten Streit mit ihrer Zwillingsschwester.

Am Nachmittag des Neujahrstages offenbarte Lilli ihr, dass sie ihren jungen Liebhaber heiraten wollte. Als sie im Streit auch noch preisgab, ihre Lebensversicherung bereits zu seinen Gunsten geändert zu haben, sah Luise Lex rot. Mit dem nächstbesten Gegenstand schlug sie auf ihre Schwester ein. Ein einziger Hieb mit dem Kaminhaken reichte, um Lilli zu töten. Und Luise fasste einen perfiden Plan.

»Wann genau ist Ihre Schwester verstorben?«, wollte Sandra wissen.

»Gegen 14.30 Uhr, glaube ich.«, sagte Luise Lex.

»Dann haben Sie das Gemüse mit Feta zu Mittag gegessen, nicht am Abend.«

Luise Lex nickte.

»Wusste Herr Sulzbacher wirklich nichts von Ihrem Rollentausch?«, fragte Sandra weiter.

Luise Lex schüttelte den Kopf.

»Der Brand sollte gar nicht dazu dienen, die Spuren Ihrer Tat zu beseitigen. Das hätten Sie auch ganz allein und ohne Feuer geschafft«, meinte Bergmann. »Sie wollten damit den Verdacht von sich auf Ihren Ex-Schwager lenken. Die Beweislage und Indizien hätten ihn erdrückt. Dafür haben Sie gesorgt. Die vermeintliche Lilli hatte im Gegensatz zu ihm kein Tatmotiv. Zudem hätte ihr niemand zugetraut, Sie zu töten oder Ihre Villa in Brand zu stecken. Sie wären mit Ihrem Verwechslungsspiel vielleicht sogar durchgekommen, hätten wir es nicht durchschaut.«

Luise Lex wischte gedankenverloren auf dem Fenster herum.

»Wie haben Sie das mit den Haaren hinbekommen?«, wollte Sandra wissen. Wenn Otto Sulzbacher bei seiner Ankunft in der Villa vom Identitätstausch nichts bemerken sollte, musste sie ihn auch optisch täuschen.

Luise Lex wandte sich ihnen wieder zu. »Während der Otto von Wien unterwegs war, hab' ich meine Haare blondiert und gekürzt. Lilli hat immer eine Blondierung zu Hause gehabt, um zwischen den Friseurbesuchen ihren Ansatz selbst färben zu können.« Mit der Schere konnte die Schneiderin sowieso gut umgehen.

»Und die Haare Ihrer toten Schwester haben Sie auch gefärbt?« Das stellte sich Sandra nicht ganz so einfach vor.

Luise Lex schüttelte den Kopf. »Bei der Lilli hab' ich den Ansatzspray verwendet, mit dem ich meine ersten grauen Haare abgedeckt habe. Und ihre zusammengebunden, damit dem Otto nichts auffällt.« In Wien war sie dann beim Friseur gewesen, um den Bob fassonieren und heller färben zu lassen. Das Blond war nach dem Selberfärben ihrer haselnussbraunen Haare etwas dunkler geraten als bei ihrer Schwester, deren Haare seit vielen Jahren blondiert waren.

Auch Fabian Köberl konnte Luise Lex täuschen, als sie die vermeintliche Beziehung mit ihm beendete. Von der Schwangerschaft ihrer Schwester hatte sie wirklich nichts gewusst. Dass Fabian der Vater des ungeborenen Kindes war, bezweifelte sie ebenso wenig wie Sandra.

Selbst die Kriminalpolizistin fand es einmal mehr erstaunlich, wozu Menschen fähig waren. Nach der Tötung ihrer Schwester spannte Luise Lex den ahnungslosen Ex-Mann ihrer toten Schwester ein, der seiner Ex-Frau aus schlechtem Gewissen oder falsch verstandener Liebe aus der Patsche helfen wollte. Nicht zuletzt aber auch, weil er seinen eigenen Vorteil sah. Mit dem versprochenen Grundstück würde sein Chalet-Dorf einen direkten Seezugang bekommen, was den Wert immens steigerte.

Luise Lex tauschte die Handys, Handtaschen, Schlüssel und einige andere persönliche Gegenstände der Schwestern aus. Was ihr lieb und teuer war, schaffte sie ins Auto, um es später in der Ausseer Wohnung in Sicherheit zu bringen. Wie die Familienfotos.

»Haben Sie wegen der Lebensversicherung die Rolle Ihrer Schwester angenommen?«, wollte Bergmann wissen. Immerhin ging es um eine Million Euro. Als Luise wäre ihr gar nichts zugestanden, nachdem Lilli ihren Freund als Begünstigten in ihrer Polizze eintragen hatte lassen. Ob Fabian Köberl wusste, dass ihm nach Lillis Tod ein Batzen Geld ins Haus stand?

Luise Lex brach in Tränen aus.

Die Ermittler warteten, bis sie sich einigermaßen beruhigt und geschnäuzt hatte.

»Es ist mir nicht nur ums Geld gegangen«, schluchzte sie. »Ich wollte nicht mehr die unbeliebte Luise sein, sondern Lilli, die jeder mochte. Ich hatte es so satt, immer nur die Böse zu sein. Seit meiner Kindheit war ich die ›fiese Luise‹. Wie sehr ich mich auch bemüht habe. Selbst meine Eltern haben die Lilli mehr geliebt als mich«, beschwerte sie sich voller Selbstmitleid. »Wie soll ich denn jetzt nur weiterleben ohne meine Schwester?« Dass sie für ihr Schicksal selbst verantwortlich war, kam ihr offenbar nicht in den Sinn.

»Sie werden viel Zeit haben, darüber nachzudenken«, meinte Bergmann und klärte auch sie über ihre Rechte auf.

Es hatte zu regnen aufgehört, als sie auf den Audi zugingen.

»Können wir meine Sachen aus dem Hotel holen?«, fragte Luise Lex.

»Wir werden alles für Sie zusammenpacken und verwahren lassen. Sobald Sie auf freiem Fuß sind, bekommen Sie Ihre Sachen wieder«, versprach Sandra.

Martin Stein legte Luise Lex Handschellen an und half ihr beim Einsteigen.

»Danke für deine Unterstützung, Martin! Und lass mir Sarah Pauli schön grüßen«, sagte Bergmann zum Abschied.

Der Wiener Kollege versprach ihm, seine Grüße auszurichten, und stieg in den Wagen ein.

»Sag, wer ist eigentlich diese Sarah Pauli?«, fragte Sandra, als sich die Limousine entfernte.

»Eine Journalistin vom *Wiener Boten*, die ab und zu für Martin recherchiert.«

»Und woher kennst *du* sie?«

»Wir sind doch nicht verheiratet.«

Endlich hatte der Kindskopf seine Retourkutsche angebracht. Seufzend wandte sich Sandra ab und blickte zur Hofburg hinüber. Noch immer warteten dort einige Taxis auf Fahrgäste, die das Kongresszentrum womöglich erst im Morgengrauen verlassen würden.

»Hast du noch Hunger?«, fragte Bergmann.

Sandra nickte. »Und wie.«

»Dann lade ich dich zum Würstelstand auf die beste Eitrige der Stadt ein«, schwärmte er von der Käsekrainer.

»Hat der jetzt noch offen?«

»Bis 4 Uhr Früh. Gemma?«

»Kannst du denn noch gehen mit deinen *Leichenböck*'?«

»Sind gar nicht so unbequem«, gab er zu.

»Vielleicht solltest du öfter auf mich hören.«

»Tu ich doch. Ohne deine Beobachtungsgabe hätten wir diesen Fall nicht so schnell gelöst.«

»Upsi, das hat nach einem Lob geklungen«, meinte Sandra schmunzelnd.

»Deswegen musst du ja nicht gleich rot werden. Gemma«, wiederholte Bergmann und peilte die Hofburg an, um den kürzesten Fußweg zur Albertina einzuschlagen.

ENDE

STEIRISCHE KÜRBISKERN-SCHILCHER-TORTE
SANDRA MOHRS GEBURTSTAGSTORTE

Zutaten für 12 Tortenstücke
(Springform-Durchmesser 24 cm)

7 Eier
120 g Zucker
100 g gehackte Kürbiskerne
140 g Mehl
125 ml Kürbiskernöl
Butter für die Springform
2 Blatt Gelatine
125 ml Schilcher
eine Handvoll Weintrauben
500 ml Schlagobers
300 g Kochschokolade
gehackte und geröstete Kürbiskerne für den Tortenrand

Zubereitung
Backrohr auf 175 °C Umluft vorheizen. Die Eier mit dem Zucker schaumig rühren, die gehackten Kürbiskerne, das gesiebte Mehl und das Kürbiskernöl nach und nach unterheben. Die Masse gleichmäßig in eine gebutterte, etwas bemehlte Springform füllen. Im vorgeheizten Backrohr circa 35 Minuten backen.

Inzwischen die Gelatine im kalten Wasser einweichen, den Schilcher mit den Preiselbeeren kurz aufkochen, die ausgedrückte Gelatine untermischen und gut verrühren. Die gewaschenen, halbierten und entkernten Weintrauben dazugeben, danach einkochen lassen (reduzieren) und zum Auskühlen beiseitestellen.

Die Kochschokolade mit ein wenig Schlagobers über einem Wasserbad schmelzen, anschließend lippenwarm auskühlen lassen. Das restliche Schlagobers steifschlagen und untermengen.

Den fertig gebackenen Tortenboden aus dem Backrohr und der Springform nehmen, auskühlen lassen. Horizontal in drei gleich hohe Böden schneiden. Ein Viertel der Schokoladencreme auf den untersten Boden streichen, den mittleren Boden darauflegen, wieder mit Schokoladencreme bestreichen und den oberen Boden darauflegen. Die Torte oben (in der Mitte einen Kreis von circa 10 cm Durchmesser freilassen) und rundum mit der restlichen Schokoladencreme bestreichen. Im schokoladecremefreien Kreis die Schilcher-Reduktion verteilen, den Rand der Kürbiskern-Schilchertorte mit gehackten, gerösteten Kürbiskernen bestreuen. Torte kühlen, anschneiden und genießen.

GLOSSAR DER ÖSTERREICHISCHEN UND STEIRISCHEN AUSDRÜCKE UND ABKÜRZUNGEN

abposchen	abhauen
anlassig	aufdringlich
bacherlwarm	wohlig warm
Bersch, der	Bursche
BORG, das	Bundesoberstufenrealgymnasium
Bugl, der	Schwarzbrotscherzerl, Anschnitt eines Schwarzbrotlaibes
bunkert	untersetzt, klein und dick
Dosign, die	die von da, Einheimische
echige	echte
Eierspeise, die	Rührei
einschneiden	essen
Eitrige, die	Käsekrainer, geräucherte Brühwurst mit Käsestücken
Erdäpfel-Vogerlsalat, der	Kartoffel-Feldsalat
fade Zipf, der	Langeweiler
FFF	Fridays for Future – Schüler- und Studentenbewegung für Klimaschutzmaßnahmen, initiiert von Greta Thunberg
Freunderlwirtschaft, die	Vetternwirtschaft

Gatsch, der	Matsch
Germ, die	Hefe
geschnäuzt und gekampelt	wörtlich: geschnäuzt und gekämmt, umgangssprachlicher Ausdruck für (ausgeh-)fertig
g'medelt	umgangssprachlich für gemodelt, in Mustern gestrickt
grantig	schlecht gelaunt, missmutig
Grantscherm, der	notorisch schlecht gelaunter Mensch
Griaß enk!	Grüß euch!
Gschamsterer, der	Freund, Liebhaber
Haferlschuhe, die	feste Trachtenschuhe für Männer mit typischer Schnürung an den Außenseiten
Haube, die	Mütze
Haubenlokal, das	Sternelokal; Der Restaurantführer *Gault Millau* verleiht bis zu fünf Hauben an ausgezeichnete Gastronomiebetriebe.
Hendltreppe, die	Hühnerleiter
Jogltisch, der	massiver bäuerlicher Holztisch mit Trittleiste, um die Füße vor dem kalten Fußboden zu schützen; unterhalb der Tischplatte eine Brot-Schublade, bei größeren Tischen mehrere Laden für Besteck et cetera
Jo, wia hiazand?	Ja, wie jetzt?
KIT, das	Abkürzung für Kriseninterventionsteam

Kramuri, das	Krimskrams
Kriminesa, der	Kriminalpolizist
Matura, die	Abitur
Nitsch, Hermann	österreichischer Maler und Aktionskünstler, der vor allem mit seinen Schüttbildern bekannt wurde, für die er Tierblut anstatt Farbe verwendet
Pantscherl, das	Liebesaffäre
Pfiat enk!	Verabschiedung
Pick, der	hier: Groll; aber auch: Kleber
picken	kleben
Plättn, die	Plätte; traditionell in Handarbeit gebaute Ausseer Zille
Pleampl, der	Idiot, Trottel
Rexglas(l), das	Einmachglas
Rotzmensch, das	schlimmes Mädchen
Rotzpipn, die	freches Kind
Sacherwürstel, das	länger und etwas dunkler, feiner und stärker geräuchert als Frankfurter beziehungsweise Wiener Würstchen
Salonsteirer, der	auch *Altsteirer-Anzug;* Herrentrachtenanzug für festliche Anlässe
Schilcher, der	Roséwein ausschließlich aus Blaue Wildbacher-Trauben aus dem Schilcherland in der Weststeiermark
Schlagobers, das	Sahne
schöpfen	hier: arbeiten

Schwedenbomben, die	Schaumküsse in zwei Sorten, eine mit Kokosraspeln auf der feinen Schokoglasur, eine ohne; 1926 erfunden vom Wiener Konditormeister und Zuckerbäcker Walter Niemetz und seiner Frau Johanna, geschmacklich vollendet mit Hilfe eines schwedischen Freundes, nach dessen Herkunft sie zum Dank die Marke benannten.
Secession, die	denkmalgeschütztes Jugendstilgebäude in Wien, in dem zeitgenössische Kunst ausgestellt wird
Tocker, der	Trottel
Topfen, der	Quark
vernadern	verleumden, verraten, anschwärzen, schlechtmachen
»Vom Hudeln kommen die Kinder.«	Österreichisches Sprichwort; wörtlich übersetzt: Wer sich beeilt und nicht aufpasst, setzt Kinder in die Welt. Gemeint ist: Zu schnelles und nachlässiges Arbeiten macht noch mehr Arbeit.
Volksschule, die	Grundschule
Weana Bazi, der	abwertend für Wiener
ZIB	Abkürzung für *Zeit im Bild*; Nachrichtensendung des ORF
zwider	schlecht gelaunt

DANKE!

Johannes-Maria Lex für die äußerst hilfreichen und inspirierenden Einblicke in dein geliebtes Ausseerland und für deinen Familiennamen, den ich für die fiktiven Zwillinge Lilli und Luise vulgo Liesl und Loisl in *Steirertanz* verwenden durfte.

Beate Maxian für deine langjährige Freundschaft und die Romanfiguren Sarah Pauli und Chefinspektor Martin Stein aus deinen erfolgreichen Wien-Krimis, die ich mir für den Wien-Besuch meiner Ermittler ausleihen durfte. Ich bin schon sehr gespannt, wann und wo sich unsere Protagonisten wiederbegegnen, und freue mich auf unser beider Wiedersehen, sobald es das Virus zulässt.

Hannes Rossbacher für deine Liebe und bedingungslose Unterstützung in den vergangenen 28 Jahren. Mit dem Cover-Sujet von *Steirertanz* ist dir ein weiterer Volltreffer gelungen, der sich wunderbar in meine Steirerkrimi-Reihe einfügt. Ich bin sehr stolz auf dich und freue mich, dass du kürzlich als herausragender Pop Art-Künstler mit dem Goldenen Ehrenzeichen für Verdienste um die Republik Österreich ausgezeichnet wurdest.

Claudia Senghaas, dass du mich und meine Steirerkrimis seit über zehn Jahren als Lektorin begleitest und mir wegen der besonderen Umstände Aufschub gewährt hast.

Tourismusverband Ausseerland–Salzkammergut, Informationsbüro Grundlsee für alle Informationen, die mir bereitwillig zur Verfügung gestellt wurden. Möge euch mein Blick auf eure wunderschöne Region auch in schwierigen Zeiten zahlreiche, aber nicht zu viele, Gäste bescheren.

Andreas Zakostelsky, Obmann *Verein der Steirer in Wien*, Lisa Hakel und Edith Müller, Obmann-Stellvertreterinnen für eure Idee und die Anfrage, einen Steirerkrimi mit dem Steirerball zu verknüpfen, und alle Informationen, die ich in *Steirertanz* einfließen lassen durfte. Den ursprünglichen Plan, das Buch live beim Steirerball 2021 aus der Taufe zu heben, hat uns Corona leider vermasselt. Ich hoffe dennoch, dem »fröhliganten« Steirerball ein würdiges literarisches Denkmal gesetzt zu haben, und freue mich schon jetzt auf den elften Steirerball in der Hofburg – hoffentlich am 14. Jänner 2022.

Allen Leserinnen und Leser, die mich über die Jahre hinweg treu begleiten. Ohne euch gäbe es keine Steirerkrimis (mehr). Weder als Kriminalroman noch als Landkrimi-Verfilmung oder Spin-Off im TV. Ihr seid mein Ansporn, mir immer wieder neue Geschichten einfallen zu lassen, zu Ende zu denken und zu schreiben. Wie schwierig es manchmal auch sein mag.

LKA-Ermittler Sandra Mohr und Sascha Bergmann ermitteln:

1. Fall: Steirerblut
ISBN 978-3-8392-1136-6

2. Fall: Steirerherz
ISBN 978-3-8392-1243-1

3. Fall: Steirerkind
ISBN 978-3-8392-1396-4

4. Fall: Steirerkreuz
ISBN 978-3-8392-1536-4

5. Fall: Steirerland
ISBN 978-3-8392-1683-5

6. Fall: Steirernacht
ISBN 978-3-8392-1926-3

7. Fall: Steirerpakt
ISBN 978-3-8392-2044-3

8. Fall: Steirerquell
ISBN 978-3-8392-2265-2

ISBN 978-3-8392-2441-0

9. Fall: Steirerrausch
ISBN 978-3-8392-2414-4

10. Fall: Steirerstern
ISBN 978-3-8392-2593-6

11. Fall: Steirertanz
ISBN 978-3-8392-2861-6

Weitere Bücher von Claudia Rossbacher

Enter ermittelt
ISBN 978-3-8392-1371-1

Enter ermittelt in Wien
ISBN 978-3-8392-1877-8

Wer mordet schon in der Steiermark?
ISBN 978-3-8392-1775-7

SOKO Graz – Steiermark
ISBN 978-3-8392-2078-8

Hillarys Blut
ISBN 978-3-8392-2516-5

Griaß eich in der Steiermark
ISBN 978-3-8392-1365-0

GenussSpur Steiermark
ISBN 978-3-8392-2517-2